VALUE UP

기업 가치를 극대화하는
실질적 전략

신현한 지음

박영사

들어가며

가치의 개념

　　기업 가치를 평가하는 방법 중에 현금 흐름 할인 모형이 있습니다. 이 모형에 의하면 기업 가치는 미래 현금 흐름, 자본비용, 그리고 영구 성장률에 따라 결정되며, 기업 가치를 높이기 위해서는 각 요소를 개선해야 합니다. 코리아 디스카운트는 외국인 투자자들이 한국 기업에 대해 낮은 가치를 부여하는 현상을 의미하며, 한국 기업들이 코리아 디스카운트를 극복하고 기업 가치를 높이기 위해서는 미래 현금 흐름을 높이고, 자본비용을 낮추며, 영구 성장률을 개선하는 전략을 고려해야 합니다. 이 책은 각각의 요소를 개선하기 위한 이론적인 방안을 소개하고 구체적인 사례를 들어 기업 가치 개선의 실무적인 대안을 제시할 것입니다.

1. 미래 현금 흐름을 높이는 방법과 기업 가치

　　미래 현금 흐름은 기업이 영업 활동을 통해 창출할 수 있는 미래의 현금 흐름을 의미하며, 기업 가치의 중요한 부분을 차지합니다. 코리아 디스카운트의 주요 원인 중 하나는 비효율적인 경영으로 인해 한국 기업들의 현금 창출 능력이 낮다는 점입니다. 또한 M&A나 R&D, 디지털 경영, 인재유치 등의 장기적인 매출을 극대화하기 위한 전략을 제대로 수행하지 못한다는 아쉬운 점이 있습니다. 따라서 기업 가치를 높이기 위해 한국 기업들은 효율적이며, 전략적인 경영을 통하여 미래 현금 흐름을 높일 수 있는 방안을 마련해야 합니다. 이러한 목적을 달성하기 위해 책의 상당히 많은 부분은 기업이 미래 현금 흐름을 극대화할 수 있는 방안을 제시하고 있습니다.

2. 할인율을 낮추는 방법과 기업 가치

기업 가치를 결정하는 할인율은 기업의 가중평균자본비용(WACC)을 반영하는데, 이는 투자자가 요구하는 수익률을 뜻합니다. 자본비용이 높으면 기업의 미래 현금 흐름을 현재 가치로 환산할 때 더 높은 할인율을 적용하게 되어 기업 가치가 하락합니다. 한국 기업들이 디스카운트를 받는 이유 중 하나는 외국인 투자자들이 느끼는 높은 리스크를 반영해 높은 수익률을 요구하기 때문입니다. 특히, 한국 기업들이 직면한 정치적, 경제적, 그리고 북한과의 지정학적 리스크는 외국인 투자자들이 높은 수익률을 요구하게 만듭니다. 또한, 경영 투명성 부족이나 오너 중심의 지배구조 문제 역시 투자자들이 리스크를 더 크게 평가하는 이유입니다. 이를 개선하기 위해서는 투명한 경영과 재무 건전성을 강화하여, 기업이 장기적으로 안정적으로 운영될 것이라는 신뢰를 투자자들에게 심어줄 필요가 있습니다.

또한 한국 기업들은 글로벌 투자자들과의 신뢰를 쌓기 위해, 경영 방식을 글로벌 기준에 맞추고 ESG 경영을 도입하는 것이 필요합니다. 이를 통해 리스크를 줄이고 투자자들이 한국 기업에 대해 더 낮은 할인율을 적용할 수 있도록 해야 합니다. 할인율이 낮아지면, 기업의 미래 현금 흐름의 현재 가치가 더 높게 평가되어 기업 가치가 상승할 수 있습니다.

3. 영구 성장률을 높이는 방법과 코리아 디스카운트

기업 가치를 높이기 위한 또 다른 중요한 요소는 영구 성장률입니다. 영구 성장률은 기업이 장기적으로 지속 가능한 성장을 할 수 있을 것이라는 기대를 반영하는데, 이는 산업 전망, 기술 혁신, 경영 전략에 따라 달라집니다. 그러나 한국 기업들은 경영의 불투명성 때문에 낮은 성장률을 적용받는 경우가 많습니다. 코리아 디스카운트는 한국 기업들이 혁신 부족이나 산업 변화에 대한 적응력 부족 등의 문제로 인해 장기적인 성장 가능성이 낮다고 평가되는 경우 발생합니다. 이를 해결하기 위해 한국 기업들은 R&D 투자를 확대하고, 신기술 개발과 글로벌 시장 진출에 집중해야 합니다. 특히, 디지털 전환이나 친환경 기술과 같은 새로운 성장 동력에 대한 투자가 필요합니다.

또한 한국 기업들이 가업 승계 과정에서 발생하는 상속세 부담으로 인해 모험적인 투자를 주저하고, 보수적인 경영에 치중하는 경향이 있는데, 이는 장기적인 성장 잠재력을 제한하는 요소입니다. 이 책이 다루는 주제는 아니지만, 정부가 상속세 개혁을 통해 기업의 부담을 줄이고, 혁신적인 성장 전략을 추진할 수 있는 환경을 조성하면, 기업의 영구 성장률이 높아지고 그에 따라 기업 가치도 상승할 수 있습니다.

왜 "Value UP"인가?
지속 가능한 성장을 위한 실질적인 전략

오늘날의 비즈니스 환경은 매우 복잡하고 역동적입니다. 기술 혁신의 가속화, 글로벌 경쟁의 심화, 소비자 기대의 빠른 변화 등으로 인해 기업이 창출해야 할 '가치'는 단순한 재무 성과를 넘어섭니다. 이제 기업은 매출이나 이익뿐만 아니라 브랜드 신뢰, 고객 충성도, 혁신, 사회적 책임 등 다양한 가치를 추구해야 합니다.

특히 한국에서는 기업의 "밸류업"이 단순한 자산 가치 상승이나 수익성 강화에 그치지 않고, 지속 가능한 성장을 위한 전략적 경영의 핵심 개념으로 자리 잡고 있습니다. 기업 가치 극대화는 기업이 지속 가능한 성장을 위한 투자와 인수합병(M&A)을 추진할 수 있는 중요한 기반이 됩니다. 기업 가치가 높아질수록 재무적 여력이 커지고, 이를 통해 장기적인 성장을 도모할 수 있는 전략적 선택이 가능해집니다. 구체적으로 어떻게 기업 가치 극대화가 투자와 M&A를 가능하게 하는지 살펴보면 다음과 같습니다.

1. 자본 조달 비용 절감

기업 가치가 높다는 것은 시장에서 기업의 신뢰도가 높다는 의미입니다. 기업은 이로 인해 더 낮은 금리로 자금을 조달할 수 있으며, 자본 조달 비용이 낮아지면 자금 활용에 더 유리한 환경이 조성됩니다. 이를 통해 기업은 혁신적인 프로젝트나 신사업에 투자할 수 있는 자본을 확보하게 되며, 필요시 대규모 인수합병에도 자금을 효과적으로 사용할 수 있습니다.

2. 주식 발행을 통한 자본 조달

기업 가치가 높아지면 주가도 상승하게 되는데, 이를 통해 주식 발행으로 자본을 조달할 수 있는 기회가 확대됩니다. 주가가 높을 때 발행하는 주식은 더 적은 수의 주식만으로 필요한 자본을 모을 수 있으므로, 기업은 주주 가치를 희석시키지 않고 자본을 확보해 다양한 투자 및 M&A 기회를 추구할 수 있습니다. 이 과정에서 기업은 성장 가능성이 높은 새로운 시장에 진입하거나, 경쟁력을 강화할 수 있는 기술을 획득할 수 있습니다.

3. M&A 추진 능력 강화

기업 가치가 극대화되면, 다른 기업을 인수합병할 때 필요한 자금 동원 능력이 커집니다. 기업은 인수 자금을 현금, 주식, 또는 혼합 방식으로 조달할 수 있습니다. 특히 주가가 높다면 주식을 사용한 인수가 더 매력적일 수 있습니다. 또한, 기업 가치가 높다는 것은 해당 기업의 재무적 안정성이 뛰어나다는 신호이므로, 인수합병을 위한 협상에서 유리한 입장을 취할 수 있습니다.

4. 시장에서의 협상력 증가

기업 가치가 높을수록 시장 내 협상력이 강해집니다. 이는 인수하려는 타 기업과의 협상에서 유리한 조건을 끌어낼 수 있고, 투자 대상으로부터 좋은 조건으로 투자 유치를 할 가능성이 높습니다. 기업의 재무 상태가 튼튼하고 신뢰를 얻고 있다면, M&A 과정에서 인수 비용을 낮추거나 더 유리한 조건으로 계약을 체결할 수 있습니다.

5. 장기적인 혁신과 연구개발(R&D) 투자 가능성 확대

지속 가능한 성장을 위해서는 혁신과 연구개발(R&D)에 지속적으로 투자해야 합니다. 기업 가치가 극대화되면, 기업은 보다 장기적인 관점에서 기술 혁신에 투자할 수 있는 재정적 여력을 갖추게 됩니다. 이는 기술적 우위를 유지하거나, 미래 시장에서 경쟁력을 확보하는 데 중요한 역할을 하게 됩니다. 또한, 새로운 제품과 서비스 개발을 통해 성장 동력을 지속적으로 확보할 수 있습니다.

6. 시장 확장과 경쟁 우위 강화

기업 가치 극대화를 통해 확보된 자금은 기존 시장 외에도 신흥 시장 진출에 사용될 수 있습니다. 특히 글로벌 시장에서의 성장을 위해서는 대규모 자본이 필요할 때가 많습니다. M&A를 통해 현지 기업을 인수하거나, 기존 경쟁사보다 더 빠르게 시장에 진입하여 경쟁 우위를 점할 수 있습니다. 이를 통해 기업은 지속적인 성장을 위한 발판을 마련할 수 있습니다.

기업 가치 극대화는 단순히 기업이 더 많은 자금을 모을 수 있게 하는 것에 그치지 않고, 기업의 신뢰도와 재정적 안정성을 높여 지속 가능한 성장을 위한 투자와 M&A를 적극적으로 추진할 수 있는 기반을 제공합니다. 이를 통해 기업은 장기적인 관점에서 경쟁력을 강화하고, 새로운 성장 기회를 창출하며, 시장에서 지속 가능한 성장을 이루어나갈 수 있습니다.

이 책은 기업들이 실질적이고 실행 가능한 밸류업 전략을 이해하고 적용할 수 있도록 돕기 위해 기획되었습니다. 이는 기업이 단기적인 성과에만 집중하는 것이 아니라, 장기적인 관점에서 모든 이해관계자에게 가치를 제공하는 방법을 모색하는 과정입니다.

"Value UP"은 단순히 주가를 높이는 것이 아니라 기업의 내재 가치를 다각도로 향상시키는 것을 목표로 합니다. 이를 위해 기업은 장기적인 성장을 위한 전략적 접근과 구체적인 행동을 취해야 합니다. 다음은 기업이 실행할 수 있는 주요 밸류업 전략들입니다.

- **재무 구조 최적화**: 기업은 자본 비용을 줄이고 수익성을 개선하기 위해 부채 구조를 조정하거나 자본 효율성을 극대화해야 합니다. 예를 들어, 자본 구조를 개선하여 부채 비율을 낮추고 ROE를 향상시키며 재무적 안정성을 강화할 수 있습니다. 또한 저비용으로 자본을 조달하거나 기존 부채를 재구성하여 재무적 안정성을 높이는 것이 중요합니다.

- **운영 효율성 개선**: 기업 내부의 비효율적인 프로세스를 점검하고 디지털 전환이나 자동화를 통해 운영 효율성을 높이는 전략이 필요합니다. 예를 들어, 기업은 제조 공정에 디지털 트윈 기술을 도입하여 생산성을 향상시키고 이를 통해 비용 절감과 운영 효율성 개선을 동시에 이룰 수 있습니다. Lean이나 Six Sigma와 같은 방법론을 통해 낭비를 줄이고 프로세스를 최적화하는 것이 좋은 예입니다.

- **R&D 투자와 혁신 촉진**: 지속적인 연구개발(R&D) 투자와 혁신은 기업 가치를 장기적으로 높이는 중요한 요소입니다. 기업은 시장 변화에 민첩하게 대응하기 위해 제품과 서비스의 혁신을 지속하고 이를 통해 경쟁 우위를 강화할 수 있습니다. 특히 한국의 경우 반도체, 바이오, AI와 같은 첨단 기술 분야에 대한 투자가 기업의 밸류업에 중요한 역할을 할 수 있습니다.

- **ESG 경영 도입**: ESG는 이제 선택이 아닌 필수 사항입니다. ESG 등급의 상승이 주가 수익률과 직접적으로 연결되지 않는 반면, ESG 등급의 하락은 주가 수익률 감소로 이어집니다. 이는 투자자들이 ESG 성과 악화에 더 민감하게 반응한다는 점을 보여줍니다. 최근 조사에 따르면, 88%의 투자자들이 투자 결정 시 ESG 요인을 고려하고 있으며, 약 79%는 ESG를 중요한 요소로 평가하고 있습니다(출처: PwC 2022).

이러한 흐름에서 기업은 환경 보호, 사회적 책임, 투명한 지배구조를 강화함으로써 장기적인 신뢰와 가치를 창출해야 합니다. 예를 들어, 친환경 기술 개발이나 윤리적 경영을 실천함으로써 기업의 사회적 이미지를 개선하고 투자자와 소비자에게 긍정적인 평가를 받을 수 있습니다.

- **M&A와 전략적 제휴:** 인수합병(M&A)은 기업이 빠르게 규모를 확장하고 새로운 시장에 진입할 수 있는 강력한 수단입니다. 예를 들어, 기업은 경쟁사와의 M&A를 통해 시장 점유율을 증가시키고 이를 통해 시너지 효과를 극대화하며 비용 절감을 이룰 수 있습니다. 성공적인 M&A를 통해 시너지 효과를 창출하고 통합 과정에서 경영 효율성을 극대화하는 것이 중요합니다. 또한 전략적 제휴를 통해 부족한 자원을 보완하고 글로벌 경쟁력을 강화할 수 있습니다.

- **인적 자본 강화:** 인재는 기업의 가장 큰 자산입니다. 기업은 우수한 인재를 유치하고 내부 인재의 역량을 강화하는 데 투자해야 합니다. 예를 들어, 구글은 혁신적인 기업 문화를 통해 전 세계에서 우수한 인재를 끌어들이고 있으며, 넷플릭스는 '자유와 책임'이라는 원칙을 바탕으로 직원의 자율성을 극대화하여 인재 유치와 유지에 성공했습니다. 이러한 사례들은 조직의 혁신 역량을 높이고 지속 가능한 성장을 이끌어내는 데 중요한 역할을 하고 있습니다.

이 책에서는 기업이 위와 같은 전략을 통해 자발적으로 가치를 극대화할 수 있는 방법을 구체적으로 살펴볼 것이며, 재무 구조 개선, 운영 효율성 향상, 혁신 촉진, ESG 경영, 그리고 인재 관리 등 다양한 측면에서 기업 가치를 향상시키는 실질적인 전략들을 제시할 것입니다. 이 책을 통해 독자들은 실질적인 밸류업 전략을 이해하고 이를 통해 기업의 지속 가능한 성공을 이끌어낼 수 있을 것입니다.

목차

제5장   ESG 경영과 가치 창출

제7장   인적 자본과 조직 역량 강화

제1장

기업 가치의 재정의

전통적 재무 지표와
비재무 지표의 통합

    기업 가치는 오랜 기간 동안 주로 재무적 성과를 기반으로 평가되어 왔다. 매출, 이익, 자산 대비 부채 비율, 현금 흐름과 같은 전통적인 재무 지표는 기업의 건강 상태를 판단하는 주요 기준이었다. 이러한 지표들은 기업이 얼마나 많은 이익을 창출하고, 자산을 효과적으로 활용하며, 채무를 관리하고 있는지를 보여주는 핵심 척도이다.

    그러나 현대 경영 환경에서 기업의 가치는 단순히 재무적 성과로만 설명되지 않는다. 오늘날 기업들은 고객 만족도, 브랜드 가치, 직원의 행복, ESG(환경, 사회, 지배구조) 요인 등 비재무적 요소들도 중요한 가치 평가 기준으로 간주하고 있다. 특히 투자자들은 장기적인 지속 가능성에 대한 관심이 높아지면서, 기업이 창출하는 사회적, 환경적 영향까지 고려하여 투자를 결정하고 있다.

1 전통적 재무 지표

- **매출과 순이익**: 기업의 영업 활동을 통해 창출된 수익과 그에 따른 비용을 제외한 최종 이익을 나타내는 지표이다. 전통적으로 기업 가치를 평가하는 데 가장 중요한 지표로 사용되었다.

- **자산 대비 부채 비율**: 기업이 보유한 자산 대비 부채 비율은 재무 건전성을 평가하는 중요한 척도이다. 기업의 자본 구조가 건강한지, 지나치게 많은 부채를 보유하고 있지 않은지를 나타낸다.
- **현금 흐름**: 기업의 실질적인 현금 창출 능력을 나타내며, 이를 통해 기업이 지속적으로 운영될 수 있는지, 그리고 새로운 투자나 사업 확장을 위한 재원을 확보하고 있는지를 평가할 수 있다.

2   비재무 지표의 중요성

비재무 지표는 기업이 재무 성과 외에 어떤 가치를 창출하는지를 보여주는 척도로 점점 더 중요해지고 있다. 다음은 비재무 지표의 주요 예시들이다.
- **고객 만족도**: 고객 충성도와 만족도는 장기적으로 매출 증대와 기업 성장에 직접적인 영향을 미친다. 고객의 신뢰를 바탕으로 한 기업 이미지는 강력한 무형 자산이 될 수 있다.
- **브랜드 가치**: 브랜드는 기업의 정체성을 반영하며, 소비자와의 신뢰 관계를 구축하는 데 중요한 역할을 한다. 브랜드 가치는 기업의 시장 경쟁력과 직결되며, 재무적 성과로 쉽게 측정할 수 없는 강력한 자산이다.
- **ESG 성과**: 지속 가능한 경영을 위한 기업의 사회적 책임은 오늘날 투자자들이 주목하는 주요 지표 중 하나이다. 환경을 고려한 경영, 사회적 책임 실천, 투명한 지배구조는 기업의 장기적 가치 창출에 큰 영향을 미친다.
- **인적 자본**: 직원의 역량, 만족도, 이직률 등 인적 자본은 기업의 혁신과 성과에 직접적인 영향을 미치는 중요한 비재무적 요소이다.

우수한 인재를 확보하고 유지하는 능력은 기업 가치를 결정짓는 중요한 요인이다.

③ 성공적인 재무 지표와 비재무 지표의 통합 관리 사례

1. 통합된 재무적 및 비재무적 성과 관리 방법

현대 경영 환경에서 기업의 가치는 단순히 재무적 성과만으로 평가되지 않는다. 기업은 매출, 순이익 등 재무적 지표뿐만 아니라 고객 만족도, 브랜드 가치, ESG(환경, 사회, 지배구조) 등 비재무적 요소를 통합적으로 관리하여 장기적인 가치를 창출해야 한다. 이러한 통합적 관리는 지속 가능한 성장을 위한 필수적인 전략이다.

1) 균형 성과표(Balanced Scorecard) 활용

균형 성과표(BSC)는 기업이 재무적 성과와 비재무적 요소를 통합하여 관리할 수 있게 해주는 전략적 도구이다. 이를 통해 기업은 재무적 지표뿐만 아니라 고객 관점, 내부 프로세스 관점, 학습 및 성장 관점 등 다양한 요소를 평가할 수 있다. 이러한 접근 방식은 재무적 성과를 유지하면서도 고객 만족도, 프로세스 효율성, 직원 역량 개발 등을 균형 있게 관리하고, 일상적인 활동을 기업의 장기적 전략 목표와 정렬시키는 데 도움을 준다.

예를 들어, 삼성전자는 BSC를 활용해 제품 품질과 고객 만족도를 주요 성과 지표로 설정하고, 이를 재무적 목표와 연계하여 장기적 성장을 추진해 왔다. 이를 통해 단기적인 이익에만 집중하지 않고 브랜드 가치와 혁신 역량을 강화해 왔다.

2) ESG 경영 통합

비재무적 성과를 높이기 위해 ESG(Environmental, Social, Governance) 경영을 전략적으로 통합하는 것도 매우 중요하다. 이는 기업이 환경 보호, 사회적 책임, 투명한 지배구조를 통해 장기적인 가치를 창출하는 데 기여한다. ESG는 특히 글로벌 투자자들의 주요 관심사로, 장기적인 관점에서 투자 매력을 높이는 중요한 요소이다.

현대자동차는 ESG 요소를 경영 전략에 통합하여 전기차와 수소차 개발에 집중하며 탄소 배출 감소를 목표로 하고 있다. 이러한 전략은 환경적 책임을 다하는 동시에 글로벌 투자자들에게 긍정적인 평가를 받아, 결과적으로 기업의 재무적 가치 상승에 기여하고 있다.

3) 고객 경험(CX)과 직원 만족도(EX) 관리

고객 경험과 직원 만족도 관리는 장기적인 비재무적 성과를 개선하는 데 중요한 요소이다. 고객 경험은 브랜드 충성도와 재구매율을 높여 재무적 성과로 이어지며, 직원 만족도는 생산성 향상과 낮은 이직률을 통해 기업의 안정성을 높이는 역할을 한다.

스타벅스는 고객 만족도와 직원 만족도를 함께 관리하기 위해 '파트너'라는 용어로 직원들을 부르며, 복지와 교육에 적극적으로 투자하고 있다. 이러한 노력은 브랜드 이미지 강화와 충성도 높은 고객층 형성으로 이어져 매출과 수익성에도 긍정적인 영향을 미치고 있다.

2. 통합 관리를 통한 장기적 가치 창출 사례

위에서 설명한 관리 방법들을 실제 기업 사례를 통해 살펴보자. 이러한 사례들은 재무적 성과와 비재무적 요소의 통합적 관리가 어떻게 기업의 장기적 가치 창출에 기여하는지를 보여준다.

1) 유니레버(Unilever)

유니레버는 재무적 성과와 ESG 요소를 통합하여 장기적 가치를 창출한 대표적인 사례이다. 이 회사는 '지속 가능한 생활 계획(Sustainable Living Plan)'[1]을 통해 제품 생산 과정에서 탄소 배출을 50% 이상 줄이고, 사회적 책임을 다하는 데 집중해 왔다(출처: 유니레버 지속 가능한 생활 계획 보고서, 2023). 이러한 노력이 소비자들 사이에서 긍정적인 반응을 얻으며 브랜드 충성도가 증가했고, 결과적으로 매출이 성장하고 주가가 상승하는 결과로 이어졌다.

2) SK하이닉스

SK하이닉스는 직원들의 행복을 중요한 비재무적 지표로 관리하고 있다. 이를 위해 사내 복지 및 교육 프로그램을 강화하고, 직원들의 심리적 건강을 지원하는 다양한 정책을 도입했다. 구체적으로, SK하이닉스는 직원들의 복지를 위해 사내 어린이집과 피트니스 센터를 운영하고 있으며, 직원들의 일과 삶의 균형을 위해 유연 근무제를 도입하고 있다. 또한, 다양한 직무 역량 강화 프로그램과 리더십 교육을 제공하여 직원들의 경력 개발을 지원하고 있다. 이러한 접근은 직원들의 업무 몰입도를 높이고 혁신적인 아이디어 창출로 이어졌으며, 이는 기업의 기술 경쟁력 강화와 매출 증가에 기여했다.

3) 애플(Apple)

애플은 브랜드 가치를 중요한 비재무적 요소로 관리하여 장기적 성공을 이루었다. 혁신적인 제품 디자인과 사용자 경험을 중시하며, 소비자와의 정서적 연결을 통해 강력한 브랜드 가치를 구축했다. 이러한 브랜드 가치는 충성도 높은 고객층을 형성하고, 새로운 제품이

1　https://www.unilever.com/our-company/our-history-and-archives/2010-2020/

출시될 때마다 높은 판매 성과로 연결되어 기업의 재무적 성공을 지속적으로 견인하고 있다.

3. 재무적 및 비재무적 성과의 통합적 평가

기업은 통합적 평가 체계를 도입하여 재무적 성과와 비재무적 요소를 종합적으로 분석할 필요가 있다. 예를 들어, 매출과 순이익과 같은 재무적 지표와 더불어 고객 만족도 조사, 직원 참여도 조사, ESG 성과 보고서를 정기적으로 평가하고 이를 경영 의사 결정에 반영해야 한다. 이러한 통합적 접근은 기업이 단기적인 성과에만 그치지 않고, 장기적인 비전과 지속 가능한 성장을 위한 전략을 세우는 데 도움이 된다.

결론적으로 재무적 지표와 비재무적 요소를 통합적으로 관리하는 것은 기업의 장기적 가치를 창출하는 핵심 전략이다. 균형 성과표의 활용, ESG 경영 통합, 고객 경험과 직원 만족도 관리는 모두 이러한 통합 관리에 기여할 수 있는 중요한 방법이다. 이러한 통합적 접근은 기업이 지속 가능한 성장과 혁신을 이루는 데 도움을 주며 경쟁 우위를 확보하는 데 중요한 역할을 한다. 재무적 성과와 비재무적 성과를 함께 관리함으로써 기업은 단기적인 이익뿐만 아니라 장기적인 지속 가능성, 브랜드 가치 강화, 그리고 더 나은 투자 매력을 제공할 수 있다.

무형 자산(브랜드, 혁신, 신뢰)의 가치

① 무형 자산의 중요성

기업 가치는 더 이상 물리적 자산이나 재무적 성과만으로 설명되지 않는다. 오늘날 많은 기업의 성공은 눈에 보이지 않는 무형 자산에 크게 의존하고 있다. 무형 자산은 기업의 미래 성장을 주도하고, 장기적인 경쟁 우위를 제공하는 핵심 요소이다. 여기에는 브랜드, 혁신, 신뢰와 같은 요소들이 포함된다. 이러한 무형 자산들은 단기적인 재무 성과와는 다르게 직접적인 수익을 바로 창출하지 않더라도, 기업의 시장 가치와 지속 가능성에 결정적인 역할을 한다.

1. 브랜드 가치

브랜드는 단순한 로고나 슬로건 이상의 의미를 가진다. 브랜드는 소비자와의 정서적 연결고리를 형성하고, 그 결과 고객의 신뢰와 충성도를 확보할 수 있다. 강력한 브랜드는 다음과 같은 여러 가지 가치를 창출한다.

- **고객 충성도 강화:** 브랜드는 소비자에게 일관된 경험과 기대를 제공함으로써 충성도를 높인다. 브랜드 충성도는 가격 경쟁을 피하고, 장기적인 매출 성장을 보장할 수 있는 중요한 요소이다.

- **프리미엄 가격 설정:** 강력한 브랜드는 경쟁사보다 더 높은 가격을 책정할 수 있는 능력을 제공한다. 소비자들은 인지된 가치 때문에 기꺼이 더 많은 비용을 지불할 준비가 되어 있다.
- **시장 경쟁력:** 브랜드는 시장에서 차별화된 위치를 확보하는 데 중요한 역할을 한다. 특히 경쟁이 치열한 산업에서는 브랜드의 인지도가 기업의 지속 가능한 경쟁 우위의 핵심이 된다.

브랜드 가치는 물리적 자산처럼 쉽게 측정할 수 없지만, 그 영향력은 기업의 장기적인 수익성과 성장에 깊은 영향을 미친다. 강력한 브랜드를 구축하는 것은 단기적 투자 이상의 전략적 관점에서 접근해야 한다.

2. 혁신의 가치

혁신은 기업이 시장에서 지속적으로 성장하고 경쟁력을 유지하는 데 중요한 동력이다. 혁신은 제품 및 서비스의 개선뿐만 아니라, 새로운 비즈니스 모델이나 운영 방식의 도입을 통해 이루어진다. 기업이 혁신을 통해 창출할 수 있는 주요 가치는 다음과 같다.
- **새로운 수익원 창출:** 혁신을 통해 기업은 새로운 제품이나 서비스를 시장에 출시하여 기존의 수익 흐름을 다변화할 수 있다. 이는 경쟁사의 제품과 차별화되고, 시장에서 새로운 기회를 창출하는 데 도움을 준다.
- **비용 절감 및 효율성 향상:** 혁신은 단지 새로운 제품을 만드는 것뿐만 아니라, 운영 효율성을 높이고 비용을 절감하는 데에도 기여한다. 예를 들어, 자동화 기술이나 디지털 전환을 도입하여 생산성을 높이는 것이 그 예이다.
- **지속 가능한 성장:** 급변하는 시장 환경에서 기업이 지속적으로 성장하려면 혁신이 필수적이다. 혁신을 통해 기업은 변화하는

소비자 요구에 대응하고, 새로운 기술이나 시장 트렌드를 활용하여 선두 자리를 유지할 수 있다.

혁신은 단기적 성과가 아닌 장기적인 기업 성장을 위한 필수 요소이다. 이를 위해 기업은 연구개발(R&D)에 대한 지속적인 투자를 아끼지 말아야 하며, 혁신적인 조직 문화를 형성해야 한다.

3. 신뢰의 가치

기업이 시장에서 장기적으로 성공하기 위해서는 신뢰 구축이 필수적이다. 신뢰는 고객, 투자자, 파트너, 그리고 직원들 간의 모든 관계에서 중요한 역할을 한다. 신뢰는 기업의 투명성과 윤리성, 그리고 지속 가능성에 대한 인식과 밀접하게 연관되어 있으며, 이는 다음과 같은 가치를 제공한다.

- **고객 충성도 강화:** 신뢰는 브랜드와 마찬가지로 고객 충성도를 구축하는 데 중요한 역할을 한다. 투명하고 일관된 커뮤니케이션을 통해 고객에게 신뢰를 제공하는 기업은 경쟁에서 우위를 차지할 수 있다.
- **투자 유치:** 기업이 신뢰를 쌓으면 투자자들로부터 더 많은 자금을 유치할 수 있다. 특히 ESG 경영이 중요시되는 오늘날, 신뢰할 수 있는 기업은 장기적인 투자 가치를 창출할 수 있다.
- **협력 관계 강화:** 신뢰는 파트너십과 협력 관계에서 중요한 역할을 한다. 기업이 협력사와의 관계에서 신뢰를 쌓으면, 더 나은 조건으로 계약을 체결하거나, 장기적인 협력을 유지할 수 있다.

신뢰는 즉각적인 재무 성과로 측정될 수 없지만, 기업의 장기적인 성공을 좌우하는 중요한 무형 자산이다. 신뢰를 구축하는 기업은 위기 상황에서도 빠르게 회복할 수 있는 회복탄력성을 갖출 수 있다.

사례: 애플의 브랜드, 혁신, 신뢰를 통한 성장

브랜드, 혁신, 신뢰와 같은 무형 자산은 단일한 요소로 독립적으로 작용하지 않는다. 이들은 서로 유기적으로 연결되어 있으며, 기업이 이를 통합적으로 관리할 때 더 큰 가치를 창출할 수 있다. 예를 들어, 신뢰를 기반으로 한 브랜드는 더 강력한 혁신을 유도할 수 있고, 혁신을 통해 브랜드는 더욱 강화된다. 이러한 무형 자산의 조합은 기업 가치를 장기적으로 높이는 핵심 요인이다. 무형 자산들이 재무적 성과와 연결되며 장기적인 성장을 달성한 구체적인 사례로 애플(Apple)을 들 수 있다.

1. 브랜드 가치

애플의 브랜드는 단순한 제품을 넘어 소비자와의 정서적 연결을 형성하는 중요한 자산이다. 애플은 감성적인 광고 캠페인과 직관적인 제품 디자인을 통해 소비자와의 정서적 유대감을 형성하고, 브랜드 충성도를 높여왔다. 예를 들어, '1984' 슈퍼볼 광고와 같은 캠페인은 소비자들에게 강렬한 인상을 남겼고, 직관적이고 세련된 제품 디자인은 사용자의 감성을 자극하며 애플 브랜드에 대한 충성도를 강화했다. 아이폰, 맥북, 애플워치 등 애플의 제품들은 높은 가격에도 불구하고 강력한 고객 충성도를 확보하고 있다. 애플은 일관된 사용자 경험을 지속적으로 제공함으로써 브랜드 충성도를 유지하며, 고객들은 새로운 제품이 출시될 때마다 프리미엄 가격을 기꺼이 지불한다. 예를 들어, 2017년 아이폰 X 출시 당시 높은 가격에도 불구하고 전 세계적으로 높은 판매량을 기록하며 소비자들의 강한 브랜드 충성도를 보여주었다(출처: 애플 연간 보고서, 2017). 이러한 프리미엄 가격 전략은 애플의 매출과 이익률을 높이는 데 중요한 역할을 한다.

2. 혁신의 가치

애플은 지속적인 혁신을 통해 시장에서 선도적인 위치를 유지하고 있다. 예를 들어, 2007년 아이폰 출시와 2020년 M1 칩 개발은 애플이 기술적 우위를 유지하고 시장을 선도하는 데 중요한 역할을 했다. 예를 들어, Face ID 기술, M1 칩, 그리고 AirPods와 같은 혁신적인 제품들이 애플의 경쟁력을 유지하는 데 중요한 역할을 했다. 혁신적인 제품 디자인과 사용자 경험을 통해 소비자들에게 새로운 가치를 제공하며, 매년 새로운 제품군을 출시해 수익원을 다변화하고 있다. 특히 아이폰의 기술 혁신은 경쟁사와의 차별화를 확실히 하여 새로운 시장 기회를 창출했다. 또한 애플은 제조 공정의 자동화와 효율성을 높여 비용 절감에도 기여하고 있으며, 이는 장기적으로 재무적 성과에 긍정적인 영향을 미쳤다.

3. 신뢰의 가치

애플은 소비자들 사이에서 높은 신뢰를 유지하고 있다. 특히 보안과 프라이버시에 대한 엄격한 정책은 소비자들에게 강한 신뢰를 제공한다. 예를 들어, 애플은 데이터 암호화, 앱 추적 투명성(ATT) 기능, 그리고 사용자 데이터를 보호하기 위한 강력한 프라이버시 방침을 통해 소비자들에게 보안에 대한 신뢰를 주고 있다. 이는 디지털 시대에 매우 중요한 요소로 작용하며, 고객들은 애플의 제품을 선택하는 주요 이유 중 하나로 보안을 꼽는다. 이러한 신뢰는 고객 충성도를 높이고, 장기적인 수익성에 기여하고 있다. 또한, ESG 경영의 일환으로 애플은 지속 가능한 경영을 실천하며, 이를 통해 투자자들로부터 긍정적인 평가를 받고 더 많은 자금을 유치하는 데 성공했다.

결론적으로 애플은 브랜드, 혁신, 신뢰와 같은 무형 자산을 통합적으로 관리함으로써 장기적인 성장을 달성했다. 이러한 자산들은 서로 긴밀히 연결되어, 브랜드는 혁신의 가치를 더욱 부각시키고, 신뢰는 브랜드 충성도를 강화하여 장기적인 성장을 지원한다. 브랜드는 프리미엄 가격 설정과 고객 충성도를 강화하여 매출을 증대시켰으며, 혁신은 새로운 수익원을 창출하고 비용 절감에 기여했다. 또한 신뢰는 고객과 투자자, 파트너십을 강화하여 위기 상황에서도 안정적인 성장을 가능하게 했다. 예를 들어, 애플의 주가는 2010년부터 2021년까지 약 26배 상승했으며, 2021년 자기자본이익률(ROE)은 150%로 2019년 ROE 61%에 비해 비약적으로 개선되었다. 애플의 성공은 무형 자산을 전략적으로 관리함으로써 장기적인 경쟁 우위를 확보한 대표적인 사례로 볼 수 있다.

③ 사례: 코카콜라의 브랜드, 혁신, 신뢰를 통한 성장

무형 자산을 통해 장기적인 성장을 이룬 또 다른 기업의 사례로 코카콜라(The Coca-Cola Company)를 들 수 있다.

1. 브랜드 가치

코카콜라는 전 세계에서 가장 잘 알려진 브랜드 중 하나로, 브랜드 가치가 재무적 성과에 큰 영향을 미치고 있다. 코카콜라의 브랜드는 단순히 음료를 넘어서, 소비자와 감정적 연결을 형성하고 있다. '행복' 과 '공유'라는 메시지를 지속적으로 강조하며, 광고 캠페인을 통해 브랜드 충성도를 유지해 왔다. 코카콜라는 브랜드 인지도를 통해 경쟁 사보다 높은 가격을 유지할 수 있었고, 이는 장기적으로 매출 증가에 중요한 역할을 했다(출처: 코카콜라 연간 보고서, 2021). 브랜드 가치는 물리적 자산처럼 즉각적으로 측정되지 않지만, 코카콜라의 글로벌 성공의 핵심 동력으로 작용했다.

2. 혁신의 가치

코카콜라는 변화하는 소비자의 요구에 맞춰 제품 혁신을 이어갔다. 특히 설탕이 적은 음료나 제로 칼로리 음료를 개발하여 건강을 중시하는 소비자층을 공략했다. 이는 기존 제품 라인에 대한 소비자 수요가 감소할 때에도 새로운 수익원을 창출할 수 있었다. 코카콜라는 또한 패키징 및 제조 공정에서도 혁신을 추구하며 비용을 절감하고 환경친화적인 경영 방식을 도입했다. 예를 들어, 재활용 가능한 플라스틱 병을 도입하고, 경량화된 패키징을 통해 원자재 사용을 줄임으로써 비용 절감과 환경 보호를 동시에 이루었다. 이러한 혁신은 코카콜라가 글로벌 시장에서 지속 가능한 성장을 가능하게 했다.

3. 신뢰의 가치

코카콜라는 오랜 시간 동안 소비자들로부터 높은 신뢰를 얻어왔다. 제품의 품질을 유지하고 지속적으로 개선하는 한편, 사회적 책임을 다하려는 노력도 이어왔다. 특히 ESG 경영 측면에서 코카콜라는 환경 보호와 지역사회 기여에 대한 투자를 늘리며, 소비자와 투자자 모두로부터 긍정적인 평가를 받았다. 이는 투자자들로부터 장기적인 자금 유치에 유리하게 작용했고, 소비자들 사이에서도 신뢰를 기반으로 한 충성도를 더욱 강화시켰다.

결론적으로 코카콜라는 강력한 브랜드 가치, 지속적인 혁신, 그리고 고객과 투자자 간의 신뢰를 통해 재무 성과를 증대시키고, 장기적인 성장을 유지할 수 있었다. 이러한 무형 자산들은 서로 시너지 효과를 발휘하여, 브랜드는 혁신을 통해 소비자에게 더 많은 가치를 제공하고, 신뢰는 브랜드 충성도를 강화하여 기업의 안정적인 성장을 지원했다. 예를 들어, 2021년에는 코카콜라의 주가가 약 8% 상승했으며, 자기자본이익률(ROE)이 42.48%로 개선되었다(출처: 코카콜라 연간 보고서, 2021). 코카콜라는 브랜드 충성도를 통해 가격 경쟁을 피하며, 제품 혁신을 통해 새로운 수익 흐름을 창출하고, 신뢰를 바탕으로 위기 상황에서도 빠르게 회복할 수 있는 회복탄력성을 키웠다. 이는 무형 자산을 전략적으로 관리한 결과이며, 코카콜라는 이를 통해 세계적인 음료 시장에서의 지속적인 리더십을 유지할 수 있었다.

기업 가치를 평가하는
최신 트렌드

전통적으로 기업 가치는 주로 재무적 성과를 기준으로 평가되어
왔다. 매출, 이익, 자산 대비 부채 비율과 같은 지표들은 여전히 중요
한 역할을 하지만, 현대 경영 환경에서는 기업 가치를 평가하는 방식
이 더 복잡해지고 다차원적으로 변화하고 있다. 특히 ESG(환경, 사회, 지
배구조) 요인, 무형 자산, 디지털 혁신 등이 부각되면서 기업 가치를 평
가하는 새로운 트렌드들이 등장하고 있다.

1 ESG(환경, 사회, 지배구조) 성과 기반 평가

ESG는 기업의 비재무적 성과를 평가하는 중요한 기준으로 자리
잡았다. 투자자들은 이제 단순히 재무적 성과만이 아니라, 기업이 환
경적 책임을 다하고 있는지, 사회적 가치를 창출하고 있는지, 그리고
투명하고 윤리적인 지배구조를 갖추고 있는지에 큰 관심을 두고 있다.
ESG를 통해 기업 가치를 평가하는 주요 요소는 다음과 같다.

- **환경:** 탄소 배출량 감축, 자원 효율성, 재생 가능 에너지 사용 등
  기업의 환경 보호 노력이 가치를 높게 평가받는다. 환경적으로
  지속 가능한 경영은 장기적인 비용 절감과 리스크 관리에 중요

한 역할을 한다.

- **사회적 책임**: 기업이 사회적 공헌을 얼마나 하고 있는지, 직원 복지나 다양성을 어떻게 관리하는지, 그리고 지역 사회에 어떤 긍정적인 영향을 미치는지가 중요한 평가 요소로 고려된다.
- **지배구조**: 기업의 투명성, 경영진의 책임성, 주주 권리 보호 등이 기업의 가치를 평가하는 데 중요한 지표로 작용한다. 특히 주주와의 원활한 소통과 투명한 의사결정 과정은 기업 신뢰도를 높인다.

ESG는 특히 장기적인 관점에서 기업의 지속 가능성을 평가하는 중요한 기준이 되고 있으며, ESG 점수가 높은 기업은 더 많은 투자 기회를 유치할 가능성이 크다.

② 무형 자산의 중요성 증가

브랜드, 고객 충성도, 지식 재산, 혁신 역량과 같은 무형 자산이 기업 가치 평가에서 차지하는 비중이 점점 더 커지고 있다. 과거에는 물리적 자산과 재무적 성과가 주된 평가 기준이었다면, 현재는 다음과 같은 무형 자산들이 중요한 평가 요소로 고려되고 있다.

- **브랜드 가치**: 브랜드의 인지도와 소비자 충성도는 기업의 장기적인 시장 경쟁력을 결정짓는 요소이다. 강력한 브랜드는 높은 수익성뿐만 아니라, 위기 상황에서도 빠르게 회복할 수 있는 힘을 제공한다.
- **혁신 역량**: 기업이 기술적 혁신을 지속적으로 추진할 수 있는 능력, 특히 연구개발(R&D)에 대한 투자와 그 성과는 장기적인 성장 가능성을 평가하는 데 중요한 기준이 된다.

- 지식 재산권: 특허, 상표, 저작권 등의 지식 재산은 기술 기반 기업에서 핵심적인 무형 자산으로 간주되며, 기업의 독점적 시장 지위를 강화하는 중요한 수단이 된다.

무형 자산은 단기적인 재무 성과에 즉각적으로 반영되지 않을 수 있지만, 장기적으로 기업의 성장성과 경쟁력을 크게 좌우하는 요인이다.

③ 디지털 전환과 데이터 기반 가치 평가

디지털 전환과 데이터 분석은 기업 가치를 평가하는 최신 트렌드로 자리 잡고 있다. 특히 빅데이터, 인공지능(AI), 사물인터넷(IoT)과 같은 기술을 적극적으로 도입한 기업들은 그 자체로 새로운 가치를 창출하고 있으며, 이러한 기술의 활용 여부는 기업 가치를 평가하는 중요한 기준이 된다.

- 데이터 분석과 AI 활용: 기업이 얼마나 효과적으로 데이터를 수집하고 분석하여 의사결정에 활용하는지가 가치를 결정짓는 중요한 요소로 평가된다. 데이터 기반 경영은 기업이 변화하는 시장 환경에 신속하게 대응할 수 있는 능력을 제공하며, 이를 통해 비용 절감과 매출 증대를 동시에 달성할 수 있다.
- 디지털 트랜스포메이션: 전통적인 산업에서도 디지털화를 통해 운영 효율성을 극대화하거나 새로운 사업 모델을 창출하는 기업들은 더 높은 평가를 받는다. 디지털 기술을 통해 생산성과 고객 경험을 혁신하는 능력은 기업의 미래 가치를 크게 증대시킨다.

디지털 전환을 성공적으로 이끈 기업들은 기존 산업의 경계를 넘어서는 새로운 기회를 창출하고, 이는 궁극적으로 기업 가치에 긍정적인 영향을 미친다.

4   산업 간 융합과 플랫폼 비즈니스 모델

플랫폼 비즈니스 모델은 다양한 이해관계자들이 하나의 생태계 안에서 상호작용할 수 있는 환경을 제공하며, 이러한 모델은 새로운 가치를 창출하는 중요한 트렌드로 부각되고 있다. 기업은 더 이상 단일 제품이나 서비스 제공에 머무르지 않고, 산업 간 융합을 통해 다각적인 수익 모델을 만들어낸다.

- 네트워크 효과: 플랫폼 비즈니스 모델은 네트워크 효과를 통해 사용자 수가 늘어날수록 가치가 증가하는 특성을 가지고 있다. 이는 단기적으로는 수익이 크지 않더라도, 장기적인 시장 지배력을 확보할 수 있는 강력한 요소로 작용한다.
- 다각화된 수익 구조: 다양한 이해관계자들 간의 상호작용을 통해 기존의 한계점을 넘는 새로운 수익원을 발굴할 수 있으며, 이러한 비즈니스 모델은 특히 빠르게 성장하는 IT와 기술 중심의 산업에서 두각을 나타낸다.

플랫폼 비즈니스 모델을 채택한 기업들은 전통적인 가치 평가 방식으로는 쉽게 측정되지 않는 새로운 유형의 가치를 창출하며, 이는 미래 지향적인 가치 평가에서 중요한 요소가 된다.

5   주주 및 이해관계자와의 소통 강화

기업 가치를 평가하는 데 있어 중요한 최신 트렌드 중 하나는 주주 및 이해관계자와의 소통 강화이다. 기업은 더 이상 내부 의사결정만으로 운영되지 않으며, 외부 이해관계자들과의 지속적인 소통을 통해 신뢰를 구축하고 이를 통해 장기적인 가치를 창출해야 한다.

- **투명한 정보 공개:** 주주들에게 투명하게 기업의 재무적 및 비재무적 정보를 제공하고, 이를 통해 신뢰를 형성하는 것이 중요하다. 특히 투자자들은 장기적인 기업 전략과 그 성과에 대해 명확한 정보를 원한다.
- **이해관계자 참여:** 직원, 고객, 협력사, 지역사회 등 다양한 이해관계자들이 기업의 가치 창출 과정에 참여할 수 있는 구조를 만드는 것이 기업 가치를 높이는 데 중요한 요소로 작용한다.

기업의 투명성과 소통 능력은 주주뿐만 아니라, 시장 전체에서 신뢰를 구축하고 이를 통해 장기적인 가치를 창출하는 데 핵심적인 역할을 한다.

이와 같은 최신 트렌드들은 기업이 단순한 재무적 성과를 넘어, 장기적인 지속 가능성과 혁신적 경쟁력을 바탕으로 한 가치를 평가받는 방법을 제시하고 있다.

⑥ 사례: 최신 기업 가치 평가 트렌드를 성공적으로 반영한 유니레버

유니레버는 ESG 성과, 무형 자산, 디지털 전환 등 여러 측면에서 기업 가치를 강화해 온 대표적인 사례이다.

1. ESG 성과 기반 평가

유니레버는 지속 가능한 경영과 환경 보호에 있어 선도적인 역할을 해왔다. 특히 자사 제품 라인에 재활용 가능한 포장재를 도입하고, 탄소 배출량 감축을 위한 다양한 환경적 이니셔티브를 추진하면서

ESG 평가에서 높은 점수를 받았다. 유니레버의 이러한 노력은 사회적 책임을 다하고 있음을 보여주어 Permutable AI의 데이터에서는 환경 부문 74점, 사회 부문 95점, 지배구조 부문 52점을 받았고 S&P Global의 ESG 평가에서는 89점을 받았으며(출처: 2023년 ESG 보고서), 장기적으로는 더 많은 투자자와 소비자로부터 신뢰를 받는 계기가 되었다.

유니레버는 '지속 가능한 생활 계획(유니레버 Sustainable Living Plan)'을 통해 자원 절약과 사회적 가치 창출에 집중하고 있다. 이러한 계획을 통해 유니레버는 재무적 성과만이 아니라 비재무적 성과 역시 강조함으로써 장기적인 성장을 견인하고 있다.

2. 무형 자산의 중요성 증가

유니레버는 강력한 브랜드 포트폴리오를 보유하고 있으며, 이를 통해 장기적인 경쟁력을 유지하고 있다. 대표적으로 '도브(Dove)' 등 글로벌 브랜드들은 소비자 충성도를 바탕으로 시장에서 높은 수익성을 유지하고 있다. 도브의 경우, '진정한 아름다움(Real Beauty)' 캠페인을 통해 여성의 자존감을 높이고 다양성을 존중하는 메시지를 전달함으로써 사회적 가치를 창출하며 소비자와 감정적 연결을 강화했다. 이러한 캠페인은 미의 기준을 재정의하고, 소비자들에게 긍정적인 영향을 주며 위기 상황에서도 고객 충성도를 유지할 수 있는 중요한 요소로 작용했다.

유니레버의 혁신 역량도 무형 자산으로 평가된다. 예를 들어, 유니레버는 지속 가능한 제품 개발을 위해 바이오 기반 재료를 사용한 새로운 포장 기술을 도입했으며, 인공지능을 활용한 맞춤형 제품 추천 시스템을 개발하여 소비자 경험을 개선했다. 새로운 제품 개발과 연구개발(R&D)에 대한 지속적인 투자는 유니레버가 시장에서 지속적으로 경쟁 우위를 확보하게 하는 중요한 요소였다.

3. 디지털 전환과 데이터 기반 가치 평가

유니레버는 디지털 혁신을 통해 운영 효율성을 극대화하고, 고객 경험을 개선하는 데 집중했다. 특히 데이터 분석과 인공지능(AI)을 활용한 마케팅 전략을 통해 소비자의 요구에 맞춘 맞춤형 제품을 제공하고 있다. 이를 통해 비용 절감과 함께 매출이 증가하는 등 두 가지 목표를 동시에 달성하고 있다(출처: 2023년 재무 보고서).

예를 들어, 유니레버는 데이터 분석을 활용해 고객 선호도를 분석하고, 이를 바탕으로 새로운 제품을 개발하거나 마케팅 전략을 최적화하는 디지털 전환 전략을 적극적으로 추진해 왔다. 이는 기업 가치를 높이는 중요한 요소로 작용했다.

4. 산업 간 융합과 플랫폼 비즈니스 모델

유니레버는 전통적인 제품 제조업체에서 나아가, 플랫폼 비즈니스 모델을 구축하며 다양한 이해관계자들이 참여할 수 있는 생태계를 조성했다. 유니레버의 오픈 이노베이션 플랫폼은 다양한 파트너들과 협력하여 혁신을 촉진하고, 새로운 제품 및 서비스를 공동 개발하는 시스템을 구축했다. 예를 들어, '러브 뷰티 앤 플래닛(Love Beauty and Planet)' 제품 라인은 지속 가능한 재료와 포장재를 사용하여 개발된 혁신적인 제품으로, 이러한 오픈 이노베이션 플랫폼을 통해 탄생했다. 이는 무형 자산과 결합되어 장기적인 수익 창출과 시장 경쟁력을 확보하게 했다.

5. 주주 및 이해관계자와의 소통 강화

유니레버는 투명한 정보 공개와 이해관계자와의 소통을 강화하는 데 많은 노력을 기울이고 있다. 주주, 소비자, 직원, 지역사회와의 원활한 소통을 통해 장기적인 신뢰를 쌓고, 이를 통해 장기적인 가치를 창출해 왔다. ESG 보고서를 정기적으로 발행하고, 경영진의 의사결정 과정에서 이해관계자들의 의견을 적극적으로 반영하는 등의 노력이 기업 가치를 평가하는 데 중요한 역할을 하고 있다. 예를 들어, 2023년 플라스틱 사용 감축 목표 설정 과정에서 소비자와 환경 단체의 의견을 반영하여 더욱 야심찬 감축 목표를 설정했다.

6. 결론

유니레버는 ESG 성과, 무형 자산, 디지털 전환 등 최신 기업 가치 평가 트렌드를 성공적으로 반영한 기업이다. 이러한 노력으로 ROE(자기자본이익률)가 지난 5년간 업계 평균을 상회하는 높은 수준을 유지 하고 있으며, 단순한 재무적 성과를 넘어 장기적인 시장 경쟁력과 지속 가능한 성장을 가능하게 했다.

유니레버의 ROE

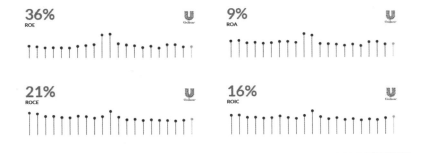

4. **RETURN ON CAPITAL**

Return on capital ratios give a sense of how well a company is using its capital (equity, assets, capital employed, etc.) to generate profits (operating income, net income, etc.). In simple words, these ratios show how much income is generated for each dollar of capital invested.

36% ROE

9% ROA

21% ROCE

16% ROIC

Return on Capital Comparison
Unilever PLC Competitors

Country	Company	Market Cap	ROE	ROA	ROCE	ROIC
UK	Unilever PLC LSE:ULVR	115.7B GBP	36%	9%	21%	16%
FR	L'Oreal SA PAR:OR	183.7B EUR	23%	13%	23%	16%
IN	Hindustan Unilever Ltd NSE:HINDUNILVR	5.8T INR	20%	14%	21%	18%
UK	HALEON PLC LSE:HLN	34.2B GBP	7%	4%	7%	5%
DE	Beiersdorf AG XETRA:BEI	27.7B EUR	9%	6%	12%	9%
US	Estee Lauder Companies Inc NYSE:EL	28.5B USD	4%	1%	10%	4%
JP	Kao Corp TSE:4452	3.1T JPY	8%	5%	8%	7%

UNLYF Profitability Analysis: Past Growth, Margins, Return on Capital, Free Cash Flow, and more - 유니레버 PLC - Alpha Spread

　　유니레버는 경쟁사들과 비교했을 때 전반적으로 우수한 성과를 보여주고 있다. 시가총액 면에서 유니레버는 L'Oreal SA에 이어 두 번째로 큰 기업이며, 다른 경쟁사들을 크게 앞서고 있다.

　　수익성 지표들을 살펴보면, 유니레버의 강점이 더욱 두드러진다. 특히 자기자본이익률(ROE)에서 유니레버는 36%로 압도적인 1위를 차지하고 있으며, 이는 두 번째로 높은 L'Oreal SA의 23%를 크게 상회한다. 다른 지표들인 총자산이익률(ROA), 투하자본이익률(ROCE), 투자자본이익률(ROIC)에서도 유니레버는 L'Oreal SA와 함께 최상위권을 유지하고 있다.

　　L'Oreal SA만이 유니레버와 비슷한 수준의 성과를 보이고 있으며, 일부 지표에서는 근소하게 앞서고 있다. 그러나 다른 경쟁사들은 대부분의 지표에서 유니레버에 크게 뒤처지는 모습을 보인다.

　　이러한 결과는 유니레버가 효율적인 자본 운용과 높은 수익성을 바탕으로 업계에서 선도적인 위치를 차지하고 있음을 잘 보여준다. 유니레버의 경영 전략과 사업 모델이 경쟁사들에 비해 우수한 재무적 성과로 이어지고 있다고 해석할 수 있다.

다음은 각 재무 지표의 정의와 설명입니다.

1. ROE(Return on Equity) – 자기자본이익률

ROE는 주주가 투자한 자본 대비 기업이 얼마나 효율적으로 수익을 창출하는지를 나타내는 지표입니다. 이는 기업이 주주로부터 받은 자본을 얼마나 잘 활용하여 이익을 창출했는지를 평가하는 데 사용됩니다. ROE가 높을수록 기업이 주주의 자본을 잘 활용하고 있다는 의미입니다.

① 공식

$$ROE = \frac{\text{순이익}}{\text{자기자본}} \times 100$$

② **사용 예시**: 주주 입장에서 투자 수익률을 평가할 때 사용합니다.

③ **의의**: ROE는 기업의 재무 건전성을 나타내며, 주주에게 얼마나 많은 이익을 창출할 수 있는지를 보여줍니다.

2. ROA(Return on Assets) – 총자산이익률

ROA는 기업의 자산을 얼마나 효율적으로 활용하여 이익을 창출했는지를 나타냅니다. 자산을 사용한 경영 효율성을 평가하는 데 사용되며, 기업이 보유한 모든 자산이 수익을 창출하는 능력을 보여줍니다.

① 공식

$$ROA = \frac{\text{순이익}}{\text{총자산}} \times 100$$

② **사용 예시**: 기업이 자산을 얼마나 효과적으로 운영하고 있는지 평가할 때 사용합니다.

③ **의의**: ROA는 자산이 많은 기업들, 예를 들어 제조업이나 부동산 업계에서 자주 사용되는 지표입니다.

3. ROCE(Return on Capital Employed) – 투하자본수익률

ROCE는 기업이 사용한 모든 자본(부채 및 자기자본 포함) 대비 얼마나 효율적으로 수익을 창출하는지를 측정합니다. 이는 기업이 자본을 효율적으로 활용하여 영업 이익을 창출하는지를 평가하는 데 사용되며, 기업의 경영 효율성을 나타냅니다.

① 공식

$$ROCE = \frac{영업이익}{투하자본} \times 100$$

(투하자본 = 총자산 - 유동부채)

② **사용 예시**: 기업이 장기적인 투자와 관련하여 얼마나 효율적으로 자본을 사용하고 있는지를 분석할 때 사용합니다.

③ **의의**: ROCE는 자본 집약적인 산업에서 중요한 지표로, 경영진이 자본(자기자본+부채)을 얼마나 효과적으로 사용했는지를 평가합니다.

4. ROIC(Return on Invested Capital) – 투자자본이익률

ROIC는 기업이 실제로 투자한 운영 자본 대비 얼마나 효율적으로 수익을 창출하는지를 나타냅니다. 이 지표는 기업의 실질적인 수익 창출 능력을 평가하는 데 사용됩니다. ROIC가 높으면 투자된 자본이 잘 활용되고 있음을 의미합니다.

① 공식

$$ROIC = \frac{세후 \ 영업이익}{투자자본} \times 100$$

(투자자본 = 운영에 사용된 자본(비운영성 자산 제외))

② **사용 예시**: 자본이 얼마나 효율적으로 사용되고 있는지, 투자 결정을 평가할 때 사용합니다.

③ **의의**: ROIC는 경영진이 투자 자금을 얼마나 잘 운영하고 있는지 보여주는 중요한 지표로, 지속 가능한 장기 수익성을 평가하는 데 사용됩니다.

5. ROCE와 ROIC의 주요 차이점

구분	ROCE	ROIC
사용 목적	총 자본의 효율성 평가	투자된 자본의 투자 성과 평가
이익 지표	EBIT(영업이익)	NOPAT(세후 영업이익)
자본 정의	총 자산 – 유동 부채	운영에 사용된 자본 (비운영성 자산 제외)
세금 반영 여부	세금 반영 안 함	세금 반영
적합한 기업 유형	자본 집약적 기업 (예: 제조업, 에너지)	모든 기업 유형, 특히 프로젝트 기반 또는 투자 성과를 평가할 때 적합

6. ROCE와 ROIC의 계산 예제

※ 주어진 값

- EBIT(영업이익): $100,000
- NOPAT(세후 영업이익): $75,000
- 총 자산(Total Assets): $500,000
- 유동 부채(Current Liabilities): $100,000
- 장기 부채(Long-term Debt): $200,000
- 자기 자본(Equity): $200,000
- 비운영성 자산(Non-operating Assets): $50,000

① **ROCE 계산:** ROCE는 다음과 같이 계산합니다.

$$ROCE = \frac{EBIT}{Capital\ Employed} \times 100$$

Capital Employed = 총 자산 - 유동 부채

$$= \$500,000 - \$100,000 = \$400,000$$

$$ROCE = \frac{100,000}{400,000} \times 100 = 25\%$$

② **ROIC 계산:** ROIC는 다음과 같이 계산합니다.

$$ROIC = \frac{NOPAT}{Invested\ Capital} \times 100$$

$$Invested\ Capital = (자기\ 자본 + 장기\ 부채) - 비운영성\ 자산$$

$$= (\$200,000 + \$200,000) - \$50,000 = \$350,000$$

$$ROIC = \frac{75,000}{350,000} \times 100 \approx 21.43\%$$

③ **결과**

- ROCE: 25.0%
- ROIC: 21.43%

④ **해석**

- ROCE는 기업의 총 자본(장기 부채와 자기 자본 포함)을 얼마나 효율적으로 활용했는지 보여줍니다. 이 기업은 총 자본에서 25%의 수익률을 창출했습니다.
- ROIC는 비운영성 자산을 제외한 실제 투자 자본에 대한 효율성을 나타냅니다. 이 기업은 투자 자본에서 약 21.43%의 수익률을 창출했습니다.

이를 통해 ROIC가 ROCE보다 낮은 이유는 비운영성 자산을 차감했기 때문입니다.

유니레버의 밸류에이션 지표를 평가하면, 현재 PER(21.5)은 업계 평균(17.2)과 중간값(17.9)보다 높아, 시장이 유니레버의 이익 대비 높은 가치를 부여하고 있음을 보여준다. PBR(7.9) 역시 업계 평균(1.6)과 중간값(6.3)보다 높아, 자산 대비 높은 평가를 받고 있다. EV/EBITDA(177.9)는 업계 평균(10.8)과 중간값(16.6)보다 상당히 높은 수준으로, 기업 가치 대비 현금흐름이 낮거나 프리미엄이 반영된 것으로 보인다. 전반적으로 유니레버는 높은 밸류에이션을 받고 있어 성장 기대감이 반영된 것으로 판단된다.

1. 유니레버의 PER

① PER(Price-to-Earnings Ratio)

주가수익비율이라고 불리며, 주식의 가격이 그 회사의 수익에 비해 어느 정도 비싼지를 나타내는 지표입니다. PER은 투자자들이 주당 순이익(Profit per Share, EPS)을 기준으로 기업의 주식을 어느 정도 가격에 사고 있는지를 나타내므로, 주식의 가치 평가에 자주 사용됩니다.

② PER의 공식

$$PER = \frac{주가}{주당순이익(EPS)}$$

- 주가: 주식 한 주의 현재 시장 가격
- 주당순이익(EPS): 회사의 순이익을 발행 주식 수로 나눈 값

③ PER의 해석

- 높은 PER: 주식의 가격이 회사의 수익에 비해 높다는 것을 의미합니다. 이는 투자자들이 해당 기업의 미래 성장 가능성에 대해 높은 기대를 가지고 있다는 뜻으로 해석될 수 있습니다.
- 낮은 PER: 주식의 가격이 회사의 수익에 비해 낮다는 것을 의미합니다. 이는 시장에서 그 기업이 저평가되고 있거나, 성장성이 낮다고 평가할 수 있습니다.

④ PER의 사용

- 기업 가치 평가: 투자자들은 PER을 통해 해당 주식이 적절한 가격인지, 과대평가되었는지, 혹은 저평가되었는지 판단할 수 있습니다.
- 기업 간 비교: PER은 같은 산업 내 기업들을 비교할 때 유용합니다. PER이 낮은 기업은 상대적으로 저렴하게 평가될 수 있으며, PER이 높은 기업은 더 큰 성장 기대를 반영할 수 있습니다.

⑤ PER의 단점

- 산업별 차이: PER은 동일한 산업 내에서 비교해야 의미가 있습니다. 산업별로 성장률과 이익 구조가 다르기 때문에 PER의 절대적인 수치는 기업의 진정한 가치를 반영하지 않을 수 있습니다.

- **이익 변동성**: 기업의 이익이 일시적으로 낮아지면 PER이 높아져서 과대평가된 것처럼 보일 수 있습니다.

⑥ 예시

만약 주가가 100,000원이고, 해당 기업의 주당순이익(EPS)이 10,000원이라면, 그 기업의 PER은 다음과 같이 계산됩니다.

$$PER = \frac{100,000원}{10,000원} = 10$$

즉, 이 기업은 주가가 순이익의 10배에 거래되고 있다는 의미입니다.

PER은 주식 시장에서 널리 사용되는 대표적인 가치 평가 지표로, 투자자들이 기업의 현재 가격과 미래 수익 잠재력을 비교하는 데 중요한 역할을 합니다.

2. 유니레버의 PBR

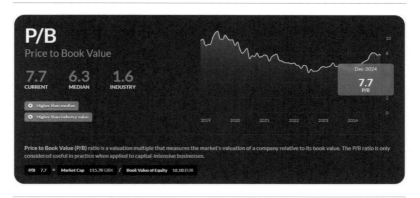

① **PBR**(Price-to-Book Ratio)

주가순자산비율이라고 하며, 기업의 시장 가치를 그 기업의 순자산(Book Value)과 비교하는 지표입니다. PBR은 주식이 순자산에 비해 어느 정도로 평가되고 있는지를 보여주는 지표로, 주식의 저평가 혹은 고평가 여부를 판단하는 데 유용하게 사용됩니다.

② PBR 공식

$$PBR = \frac{주가}{주당순자산가치}$$

- 주가: 주식 한 주의 현재 시장 가격
- 주당순자산가치(Book Value per Share, BVPS): 총 자산에서 총 부채를 뺀 순자산을 발행된 주식 수로 나눈 값

③ PBR 해석

- PBR이 1보다 낮은 경우: 주가가 회사의 순자산보다 낮게 평가된 경우로, 주식이 저평가되었을 가능성이 있습니다. 특히 자산가치가 높은 기업에서 이런 상황이 발생할 경우, 투자자들에게 매력적인 투자 기회가 될 수 있습니다.
- PBR이 1보다 높은 경우: 주가가 순자산보다 높게 평가된 경우로, 이는 투자자들이 기업의 미래 성장 가능성에 대해 긍정적인 기대를 가지고 있다는 뜻입니다. 다만, 지나치게 높은 PBR은 과대평가된 주식일 수 있습니다.

④ PBR의 사용 목적

- 저평가된 기업 찾기: PBR은 자산에 비해 주식이 저평가된 기업을 찾는 데 도움이 됩니다.
- 기업 간 비교: 같은 산업 내의 여러 기업들을 비교하여 자산 대비 주가의 상대적 평가를 확인할 수 있습니다.
- 산업 특성: 자본집약적인 산업(예: 은행, 제조업)에서는 PBR이 더 중요하게 사용됩니다. 그 이유는 이들 기업들이 자산을 많이 보유하고 있고, 자산의 가치가 기업 운영에 중요한 역할을 하기 때문입니다.

⑤ PBR의 한계
- **산업별 차이**: PBR은 자산이 많은 산업에서는 유용하지만, 기술 기업이나 서비스 기업처럼 무형 자산의 가치가 중요한 산업에서는 자산이 적기 때문에 PBR이 높을 수 있으며, 이 경우 적절한 지표로 보기 어렵습니다.
- **자산 평가의 한계**: 순자산가치(Book Value)는 과거의 자산 가치 기준으로 평가되기 때문에 실제 시장 가치와 차이가 있을 수 있습니다. 자산이 낡거나 그 가치가 감소했을 경우, PBR의 해석이 왜곡될 수 있습니다.

⑥ 예시

만약 회사 A의 주가가 100,000원이고, 주당순자산가치가 50,000원이라면, 이 회사의 PBR은 다음과 같이 계산됩니다.

$$PBR = \frac{100,000원}{50,000원} = 2$$

이 경우, 주가는 순자산의 2배로 거래되고 있음을 나타냅니다.

PBR은 특히 자산 기반 기업에서 유용한 지표로, 자산 대비 시장 평가를 통해 기업의 저평가 여부를 판단할 수 있습니다.

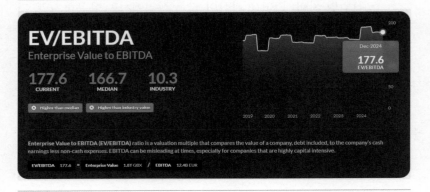

① EV/EBITDA(Enterprise Value to EBITDA) - EV/EBITDA 비율

EV/EBITDA는 기업의 가치를 영업현금흐름(EBITDA)과 비교하는 평가 지표입니다. 이는 기업의 전체적인 가치를 평가할 때 사용되며, 기업의 부채와 자본을 모두 포함하는 EV(기업 가치)를 사용하여 EBITDA 대비 얼마나 비싼지 또는 저렴한지를 나타냅니다. 낮은 EV/EBITDA는 저평가된 것으로 해석될 수 있습니다.

- 공식

$$EV/EBITDA = \frac{EV(기업\ 가치)}{EBITDA}$$

- 사용 예시: M&A(인수합병)에서 기업 가치 평가 또는 여러 기업 간 비교 분석에 사용합니다.
- 의의: EV/EBITDA는 기업의 수익성과 부채를 모두 고려한 종합적인 가치 평가 방법으로, 특히 현금흐름이 중요한 산업에서 자주 사용됩니다.

이들 지표는 각기 다른 측면에서 기업의 성과와 효율성을 평가하며, 기업의 장기적이고 지속 가능한 수익 창출 능력을 파악하는 데 중요한 도구로 사용됩니다.

② EV(Enterprise Value)

EV는 기업 가치를 의미합니다. 기업의 전체적인 시장 가치를 나타내는 지표로, 단순히 주식시장에서의 시가총액만이 아니라 기업의 부채와 현금을 모두 고려하여 기업이 실제로 얼마나 가치가 있는지를 평가합니다. EV는 회사가 인수 또는 매각될 때 실제로 지불해야 할 금액을 측정하는 데 중요한 역할을 합니다.

- EV 구성 요소
  - 시가총액(Market Capitalization): 회사의 주식 가격에 발행된 주식 수를 곱한 값으로, 기업의 주식 시장 가치입니다.
  - 부채(Debt): 기업이 차입한 총 부채를 의미합니다. 여기에는 장기 및 단기 부채가 포함됩니다.
  - 현금 및 현금성 자산(Cash & Cash Equivalents): 기업이 보유한 현금 자산을 의미합니다. EV 계산에서 현금을 차감하는 이유는, 기업이 실제 인수될 때 현금을 사용할 수 있기 때문입니다.
- EV 공식

  EV = 시가총액 + 총 부채 - 현금 및 현금성 자산
- EV의 사용 목적
  - 인수합병(M&A) 평가: EV는 기업을 인수하려는 기업이 실제로 지불해야 할 총 금액을 나타내기 때문에, 인수합병에서 중요하게 사용됩니다.
  - 기업 간 비교: 시가총액만을 비교하는 것보다, 기업이 가진 부채와 현금을 고려하는 EV를 사용하는 것이 더 정확한 비교가 가능합니다.

- EV/EBITDA 비율 분석: EV는 EBITDA와 함께 사용되어 기업의 가치를 평가하는 데 사용됩니다. 낮은 EV/EBITDA 비율은 저평가된 기업일 가능성이 있습니다.
- EV와 시가총액의 차이
  - 시가총액은 기업의 주식가치만을 반영하지만, EV는 부채와 현금도 반영하므로 더 포괄적인 기업 가치를 나타냅니다.
  - 예를 들어, 시가총액이 높은 기업이라도 부채가 많다면 EV는 상대적으로 더 높아지게 됩니다. 반대로 현금이 많다면 EV는 낮아집니다.
- EV 예시: 만약 회사 A가 시가총액 100억 원, 부채 50억 원, 현금 20억 원을 보유하고 있다면 EV는 다음과 같습니다.

$$EV = 100억 + 50억 - 20억 = 130억 원$$

이런 방식으로 EV는 기업의 전체 가치를 더 정확하게 반영합니다.
- EV의 의의: EV는 기업의 본질적인 가치를 평가하는 중요한 지표로, 특히 기업의 인수합병이나 비교 분석 시에 시가총액보다 더 정확한 평가를 제공합니다.

③ EBITDA(Earnings Before Interest, Taxes, Depreciation, and Amortization)

이자비용, 세금, 감가상각비, 무형자산 상각비를 공제하기 전의 영업이익을 나타내는 지표입니다. 즉, 기업의 **핵심 영업활동에서 발생하는 이익**을 측정하는 데 사용됩니다. EBITDA는 기업의 실제 영업 성과를 보여주기 위해 이자와 세금과 같은 비영업적 항목, 그리고 감가상각비와 무형자산 상각비와 같은 비현금성 비용을 제거하여 계산합니다.

- **EBITDA의 핵심 내용**
  - **영업 성과 평가:** EBITDA는 기업이 본질적인 영업 활동을 통해 벌어들이는 현금흐름을 측정합니다. 이는 이자와 세금처럼 기업의 재무 구조에 따른 영향을 배제하고, 자산의 가치 감소를 반영하지 않기 때문에 영업 성과를 보다 투명하게 평가할 수 있습니다.
  - **비영업적 요소 배제**
    - **이자비용:** 기업의 자본 구조나 부채에 따른 비용을 제외함
    - **세금:** 기업의 조세 환경에 따른 세금을 배제함
    - **감가상각비:** 물리적 자산의 가치 감소를 반영하는 비용으로, 비현금성 비용이므로 EBITDA에서는 제외됨
    - **무형자산 상각비:** 특허나 상표 같은 무형 자산의 가치 감소도 비현금성 비용으로 제외됨
- **EBITDA의 공식**

  EBITDA = 순이익 + 이자비용 + 세금 + 감가상각비 + 무형자산 상각비
- **EBITDA의 장점**
  - **기업 간 비교 용이:** 재무 구조나 세금 체계가 다른 기업들 간에 공정하게 비교할 수 있는 지표입니다.
  - **현금 흐름과의 유사성:** EBITDA는 실제 현금 흐름에 가까운 값을 제공하여, 기업이 본질적으로 얼마의 수익을 창출하는지 평가하는 데 유용합니다.
- **EBITDA의 단점**
  - **비용 과소평가:** 감가상각비와 무형자산 상각비를 제외함으로써 자본 집약적인 산업에서는 실제 비용을 반영하지 않기 때문에 자산의 마모와 교체를 무시할 수 있습니다.

- 현금흐름과는 차이: EBITDA는 비현금성 비용을 제외하지만 실제 현금흐름을 나타내는 것은 아닙니다. 따라서 기업의 실제 재무 건전성을 평가하는 데 한계가 있습니다.
- 예시: 만약 한 회사가 100억 원의 순이익을 올렸고, 이자비용이 10억 원, 세금이 15억 원, 감가상각비가 5억 원, 무형자산 상각비가 3억 원이라면, 이 회사의 EBITDA는 다음과 같이 계산됩니다.

EBITDA = 100억 + 10억 + 15억 + 5억 + 3억 = 133억 원

EBITDA는 기업의 영업 성과를 파악하고 인수합병 시 기업의 가치를 평가할 때 널리 사용되는 지표입니다.

제2장

재무 구조 최적화

자본 비용 절감과
부채 재구성

기업이 장기적으로 지속 가능한 성장을 이루기 위해서는 재무 구조의 효율성을 극대화하는 것이 필수적이다. 재무 구조는 기업의 자금 조달 방식, 자본 비용, 부채 비율 등과 관련이 있으며, 이를 최적화함으로써 기업은 자원을 효율적으로 활용하고, 비용을 절감하며, 리스크를 줄일 수 있다. 특히 자본 비용을 줄이고, 부채 구조를 적절히 재구성하는 전략은 기업의 재무적 안정성을 높이고, 경영 유연성을 확보하는 데 매우 중요한 역할을 한다.

1 자본 비용 절감

자본 비용은 기업이 자본을 조달하기 위해 지불해야 하는 비용을 의미하며, 이는 주로 부채 비용(이자)과 자기자본 비용(배당금 또는 주가 상승 요구)으로 나뉜다. 자본 비용을 절감하면 기업은 같은 자본으로 더 많은 투자 기회를 창출할 수 있으며, 이는 결국 더 높은 수익성과 안정성으로 이어질 수 있다.

- 부채 비용 절감: 부채는 일반적으로 자기자본보다 비용이 낮지만, 부채 비율이 지나치게 높을 경우 금융 비용이 과중되고 재

무적 위험이 증가할 수 있다. 부채 비용을 절감하기 위해 기업은 금리가 낮은 시기에 자금을 조달하거나, 기존 부채를 저금리로 리파이낸싱(재차입)하는 전략을 사용할 수 있다. 또한, 부채의 만기를 연장하거나 이자율을 고정으로 변경하여 이자 부담을 안정적으로 관리할 수 있다.

- **자기자본 비용 절감**: 자기자본 비용은 투자자들이 기업의 주식을 보유하는 대가로 기대하는 수익률을 의미한다. 이를 낮추기 위해서는 기업의 위험 요소를 줄이고, 안정적인 성장을 통해 투자자들의 신뢰를 얻는 것이 중요하다. 예를 들어, 배당 정책을 최적화하거나 주주 가치 극대화에 집중함으로써 투자자들의 기대 수익률을 조정할 수 있다. 또한, 기업의 성장 가능성을 높여 주가를 상승시킴으로써 자기자본 비용을 줄일 수 있다.

---

2 **부채 재구성**

부채 재구성은 기업이 기존의 부채를 새로운 부채로 교체하거나, 부채의 조건을 변경하여 재무 구조를 개선하는 과정을 의미한다. 이는 자금 조달의 유연성을 높이고, 재무적 위험을 줄이며, 더 나은 재무 성과를 이루는 데 필수적인 전략이다. 다음은 부채 재구성에서 중요한 몇 가지 요소들이다.

- **리파이낸싱**(Refinancing): 리파이낸싱은 기존의 부채를 새로운 조건으로 갱신하거나, 더 낮은 금리로 대체하는 과정이다. 금리가 하락하는 경제 환경에서는 기존의 고금리 부채를 낮은 금리로 재차입함으로써 이자 비용을 크게 줄일 수 있다. 이를 통해 기업은 매월 또는 매년 지불하는 금융 비용을 절감하고, 더 나은 현금 흐름을 유지할 수 있다.

- **부채의 만기 구조 조정**: 부채의 만기는 기업의 현금 흐름과 맞지 않을 경우 유동성 문제를 초래할 수 있다. 따라서 단기 부채를 장기 부채로 전환하여 만기를 연장하거나, 특정 시기에 집중된 부채 상환을 분산시켜 기업의 현금 흐름을 더 안정적으로 관리할 수 있다. 만기가 짧은 부채를 장기로 조정하는 것은 재무적 압박을 줄이고, 기업이 예측 가능한 재무 관리를 할 수 있도록 돕는다.
- **고정 금리와 변동 금리의 선택**: 부채 재구성 시 고정 금리와 변동 금리의 선택은 매우 중요한 결정 요소이다. 고정 금리는 금리가 상승하는 경제 상황에서 유리하며, 장기적인 이자 비용을 예측할 수 있어 재무 관리의 안정성을 제공한다. 반면, 변동 금리는 금리가 하락하는 시기에 더 저렴한 금융 비용을 제공할 수 있지만, 금리 상승 위험을 동반한다. 기업은 경제 환경과 금리 변동 전망을 고려하여 적절한 금리 구조를 선택해야 한다.

부채의 만기 구조는 기업이나 개인이 빌린 자금을 상환하는 일정이나 기간을 의미하며, 단기 부채와 장기 부채로 구분됩니다. 이는 기업의 자금 조달 전략과 재무 건전성에 큰 영향을 미치며, 자산과 부채의 매칭(자산의 현금 흐름과 부채의 상환 기간을 맞추는 것)을 통해 리스크를 관리하는 데 중요한 역할을 합니다.

1. 부채의 만기 구조 종류

① 단기 부채(Short-Term Debt)
- 만기 1년 이내에 상환해야 하는 부채입니다. 예를 들어, 기업이 현금 흐름을 일시적으로 확보하기 위해 발행하는 기업어음(Commercial Paper), 운전자금 대출, 단기 대출 등이 단기 부채에 속합니다.
- 장점: 금리가 낮을 수 있으며, 자금을 빠르게 조달할 수 있습니다.
- 단점: 상환 압박이 크며, 재차 대출을 받아야 할 경우 금리가 상승할 위험이 있습니다.

② 장기 부채(Long-Term Debt)
- 만기 1년 이상의 부채로, 회사채(Bonds), 장기 대출, 리스 등이 해당됩니다. 장기 부채는 기업이 자산을 장기적으로 운용할 수 있는 안정성을 제공합니다.
- 장점: 자금 상환 부담을 장기간에 걸쳐 분산할 수 있어 현금 흐름 관리에 유리합니다.
- 단점: 금리가 높을 수 있고, 장기 부채를 많이 사용할 경우 부채 비율이 증가해 재무 리스크가 커질 수 있습니다.

2. 부채 만기 구조의 중요성

- **유동성 관리**: 적절한 만기 구조를 설계하면, 기업은 단기 부채 상환에 대한 부담을 줄이고, 장기적으로 안정적인 자금 운용이 가능합니다.
- **금리 리스크 관리**: 금리 변동을 고려해 만기 구조를 설계하면 금리 리스크를 줄일 수 있습니다. 예를 들어, 금리가 상승할 경우, 장기 고정금리 부채는 유리하지만, 단기 변동금리 부채는 금리 상승에 민감할 수 있습니다.
- **재무 유연성**: 장기 부채와 단기 부채를 적절히 배합함으로써 기업은 필요할 때 자금을 유연하게 조달할 수 있으며, 이는 사업 확장 및 재무적 불확실성에 대비하는 데 유리합니다.

3. 부채 만기 구조의 예시

- **자산-부채 매칭**(Asset-Liability Matching): 예를 들어, 기업이 대규모 설비 투자와 같은 장기 자산을 보유할 때는 장기 부채를 통해 자금을 조달하는 것이 바람직합니다. 반면, 일시적인 운전자금 필요를 충족시키기 위해서는 단기 부채를 사용하는 것이 유리합니다.

4. 부채 만기 구조 관리 전략

- **단기 부채의 비율 최적화**: 단기 부채를 사용하면 이자 부담이 적지만, 상환 압박이 크므로 적절한 비율로 단기 부채를 유지하는 것이 중요합니다.
- **장기 부채의 균형 유지**: 장기 부채는 안정성을 제공하지만, 과도한 장기 부채는 금리 부담과 함께 부채 비율을 높일 수 있습니다.

- **현금 흐름 예측과 매칭**: 미래 현금 흐름을 예측하여, 이를 바탕으로 단기 및 장기 부채를 매칭함으로써 부채 상환 리스크를 줄일 수 있습니다.

결론적으로, 부채의 만기 구조는 기업의 자금 조달 전략, 금리 리스크 관리, 그리고 재무 안정성에 중요한 영향을 미치는 요소입니다. 이를 적절히 관리함으로써 기업은 자본 비용을 절감하고, 더 나은 재무 성과를 달성할 수 있습니다.

시장금리(Market Interest Rate), 고정금리(Fixed Interest Rate), 변동금리(Floating/Variable Interest Rate)는 자금 조달과 대출 등 금융 거래에서 매우 중요한 역할을 하는 개념들로, 금리가 어떻게 결정되고 변동하는지에 따라 차입자와 대출자에게 각각 다른 영향을 미칩니다. 각각의 정의와 차이점을 설명하겠습니다.

1. 시장금리(Market Interest Rate)

시장금리는 경제 전반에서 자금의 수요와 공급에 따라 결정되는 금리로, 금융 시장에서 실제 거래가 이루어지는 금리입니다. 이는 경제 상황, 통화정책, 물가 상승률, 정부의 금리 정책, 국제 금리 변동 등에 의해 영향을 받습니다. 시장금리는 일반적으로 국채 금리나 은행 간 금리(예: LIBOR, SOFR) 등을 통해 관측할 수 있으며, 이 금리를 기준으로 대출 금리, 예금 금리 등이 결정됩니다.

- 예시: 중앙은행이 금리를 인상하면, 시장금리도 상승하는 경향이 있으며, 이로 인해 대출 금리가 높아지고 자금 조달 비용이 증가합니다.

2. 고정금리(Fixed Interest Rate)

고정금리는 대출이나 투자에서 일정 기간 동안 변하지 않는 금리를 말합니다. 고정금리로 자금을 빌린 경우, 금리가 계약 기간 동안 변하지 않기 때문에, 금리가 상승하거나 하락하더라도 동일한 금리로 이자 비용을 지불하게 됩니다. 이는 예측 가능한 이자 비용을 제공하므로, 금리 변동에 대한 불확실성을 회피하고 싶은 차입자에게 유리합니다.

- 장점: 금리가 상승할 경우에도 계약 당시의 낮은 금리로 이자를 지급할 수 있습니다.

- **단점:** 금리가 하락할 경우, 고정된 높은 금리를 지불해야 할 수 있습니다.
- **예시:** 주택 담보 대출에서 10년 고정금리를 선택하면, 10년 동안 금리가 변동하지 않고 일정한 이자율로 대출 상환이 이루어집니다.

3. 변동금리(Floating/Variable Interest Rate)

변동금리는 시장 금리나 특정 기준 금리(예: LIBOR, CD금리, COFIX)에 따라 변동하는 금리를 의미합니다. 대출이나 투자 기간 동안 금리가 시장 상황에 따라 주기적으로 조정되며, 변동금리는 일반적으로 고정금리보다 초기 금리가 낮지만, 금리 상승 시 더 높은 이자 부담이 발생할 수 있습니다.

- **장점:** 금리가 하락할 경우 이자 부담이 줄어들 수 있습니다.
- **단점:** 금리가 상승할 경우 이자 비용이 증가할 수 있으며, 불확실성이 큽니다.
- **예시:** 변동금리 주택 대출을 받은 경우, 대출자는 금리가 상승하면 더 많은 이자를 지불해야 하고, 금리가 하락하면 이자 부담이 줄어듭니다.

4. 차이점 요약

- 시장금리는 경제 상황에 따라 변화하는 금리로, 고정금리와 변동금리 모두 시장금리에 영향을 받습니다.
- 고정금리는 계약 기간 동안 변하지 않는 금리로, 금리 상승 리스크를 회피할 수 있지만, 금리 하락 시 이점이 적습니다.
- 변동금리는 일정 기간마다 시장금리에 따라 변동하는 금리로, 금리 하락 시 이익을 얻을 수 있지만, 금리 상승 시 부담이 커질 수 있습니다.

각 금리 유형은 자금 조달 시 차입자의 위험 회피 성향, 시장 상황, 경제 전망에 따라 선택이 달라질 수 있습니다.

③ 최적 자본 구조 결정

기업이 자본 비용을 절감하고 부채 구조를 재구성하기 위해서는 최적의 자본 구조를 결정하는 것이 중요하다. 자본 구조는 기업이 부채와 자기자본을 어떻게 조합하여 자금을 조달하는지에 대한 전략적 결정이다. 다음은 최적 자본 구조를 결정하기 위한 주요 고려 사항들이다.

- **부채와 자기자본 비율의 균형**: 기업은 부채와 자기자본의 비율을 적절히 조정하여 재무적 위험을 관리해야 한다. 지나치게 높은 부채 비율은 기업의 지급 능력에 부담을 줄 수 있으며, 반대로 너무 낮은 부채 비율은 회사 전체의 자본 비용을 증가시킬 수 있다. 기업은 적절한 부채와 자기자본의 비율을 유지하여 자본 비용을 최소화하고 재무적 유연성을 극대화해야 한다.
- **기업의 성장 단계와 자본 구조**: 기업의 성장 단계에 따라 적합한 자본 구조는 다를 수 있다. 예를 들어, 성장 초기 단계의 기업은 자기자본을 중심으로 자금을 조달하는 것이 일반적이며, 이는 리스크가 크지만 잠재적 수익이 높기 때문이다. 반면, 성숙기에 접어든 기업은 안정적인 현금 흐름을 바탕으로 부채를 더 적극적으로 활용하여 자본 비용을 절감할 수 있다.

④ 실무자를 위한 구체적인 전략과 사례

자본 비용 절감과 부채 재구성은 기업이 지속 가능한 성장을 이루고, 경영 환경의 변화에 민첩하게 대응하기 위해 필수적인 재무 전략이다. 기업은 금리 변화, 시장 상황, 재무 상태 등을 종합적으로 고려하여 최적의 자본 구조를 결정하고, 자본 비용을 효율적으로 관리해야 한다. 이를 통해 기업은 재무적 안정성을 확보하고, 성장 기회를 극대화할 수 있다. 이 장에서는 자본 비용 절감과 부채 재구성의 구체적인 전략과 이를 실현하기 위한 다양한 사례들을 다루며, 기업이 재무 구조를 최적화하는 방법에 대해 깊이 있게 탐구할 것이다.

1. 자본 비용 절감을 위한 전략

자본 비용을 절감하는 것은 기업의 재무 성과를 향상시키고 경쟁 우위를 확보하는 데 핵심적인 요소이다. 다음은 자본 비용을 줄이기 위한 구체적인 전략들이다.

1) 저금리 부채 활용

- 시장 금리 모니터링: 시장 금리가 하락하는 시기를 포착하여 저금리로 부채를 조달한다.
- 장기 고정 금리 부채 발행: 금리가 낮을 때 장기 고정 금리로 부채를 발행하여 향후 금리 상승 리스크를 회피한다.
- 정부 지원 금융 프로그램 활용: 정부나 공공 기관에서 제공하는 저금리 대출이나 보조금 프로그램을 적극 활용한다.
- 사례: Toyota는 저금리 부채 활용의 성공적인 사례로, 장기 고정 금리 부채를 발행하여 자본 비용을 효과적으로 관리한 대표적인 기업이다. Toyota는 연구 개발 및 전 세계 운영에 막대한 투자를 하면서도, 부채를 조달하는 데 있어 신중한 전략을 취해왔다. 특히 금리가 낮은 시기에 장기 고정 금리 부채를 발행하여 향후 금리 상승에 대한 리스크를 회피하고 있다. 이러한 전략은 S&P와 Moody's 같은 주요 신용 평가 기관들로부터 여전히 높은 신용 등급을 유지하게 해주었으며, 이는 Toyota가 부채 조달에 있어

경쟁 우위를 확보할 수 있게 했다(Global Finance Magazine).[1] 또한, 미국의 반도체 산업은 2023년 CHIPS for America 프로그램을 통해 저금리 대출 및 정부 보조금을 활용하여 경쟁력을 강화한 또 다른 사례이다. 이 프로그램은 반도체 연구 및 제조 역량을 강화하기 위해 약 500억 달러의 자금을 제공하며, 많은 기업들이 이를 통해 저금리로 자본을 조달하고 있다. 이러한 정부 지원 금융 프로그램은 기업들이 자본 비용을 절감하고 장기적인 성장 기반을 마련하는 데 중요한 역할을 했다. 이와 같은 사례들은 기업들이 금리 하락 시점에서 저금리 부채를 효과적으로 활용하고, 정부의 지원 프로그램을 통해 자본 비용을 절감하는 전략을 통해 성공적으로 재무적 안정을 유지한 예시이다(U.S. Department of Commerce)(Treasury Fiscal Service).[2, 3]

2) 자기자본 비용 관리

- **배당 정책 최적화**: 배당 성향을 조정하여 내부 유보 자금을 확보하고, 이를 통해 외부 자금 조달 필요성을 줄인다.
- **자사주 매입 프로그램**: 주가가 저평가되었다고 판단될 때 자사주를 매입하여 주주 가치를 높이고 자기자본 비용을 관리한다.
- **신용 등급 개선**: 재무 건전성을 강화하여 신용 등급을 높임으로써 투자자들의 기대 수익률을 낮추고 자기자본 비용을 줄인다.
- **사례**: 성공적인 자본 비용 절감 사례로 마스터카드(Mastercard)를 들 수 있다. 마스터카드는 자사주 매입과 배당금 증액을 통해 자

---

1 https://gfmag.com/data/companies-largest-debt-world/

2 https://www.commerce.gov/news/blog/2024/01/2023-brings-record-investments-and-funding-opportunities-support-american

3 https://fiscal.treasury.gov/files/reports-statements/financial-report/2023/executive-summary-2023.pdf

본 비용을 관리하고 주주 가치를 극대화한 사례이다. 마스터카드는 2024년 1분기부터 16% 배당금 인상과 더불어, 약 110억 달러 규모의 자사주 매입 프로그램을 발표했다. 이를 통해 마스터카드는 주식 수를 줄여 주당 순이익(EPS)을 상승시키고, 시장에서의 주가 상승을 유도함으로써 주주 가치를 증대하였다. 이러한 전략은 배당 성향을 최적화하고 내부 유보 자금을 확보하면서도 주주에게 안정적인 수익을 제공하는 데 기여하였다. 또한, 신용등급 개선 측면에서도 마스터카드는 꾸준한 재무 건전성 관리와 강력한 현금흐름을 통해 투자자들의 기대 수익률을 낮추어 자기자본 비용을 절감할 수 있었다. 마스터카드는 글로벌 결제 네트워크에서 강력한 입지를 가지고 있어 이러한 전략을 뒷받침할 수 있었다. 이러한 사례는 마스터카드가 자본 비용 절감과 주주 가치를 제고하기 위해 배당 정책 최적화와 자사주 매입을 효과적으로 활용했음을 보여준다(McKinsey & Company)(markets.businessinsider.com)(J.P. Morgan | Official Website).[4, 5, 6]

4 https://www.mckinsey.com/capabilities/strategy-and-corporate-finance/our-insights/the-strategy-and-corporate-finance-blog/share-repurchases-and-dividends-which-create-more-value

5 https://markets.businessinsider.com/news/stocks/mastercard-s-strategic-buyback-program-and-dividend-increase-bolster-buy-rating-1032883419

6 https://www.jpmorgan.com/insights/global-research/markets/stock-buybacks

자사주(自社株, Treasury Stock)는 기업이 발행한 주식 중에서 다시 회사가 자체적으로 매입한 주식을 의미합니다. 자사주는 기업이 직접 소유하는 주식으로, 외부 투자자들에게 유통되지 않습니다. 자사주 매입은 주주 가치 제고, 자본 구조 최적화, 경영권 방어 등의 다양한 목적으로 사용됩니다.

자사주 매입의 목적

- **주주 가치 제고:** 자사주를 매입함으로써 시장에 유통되는 주식 수가 줄어들고, 주당 순이익(EPS)이 증가하게 됩니다. 이는 주가 상승을 유도할 수 있으며, 주주들에게 더 높은 가치를 제공할 수 있습니다.
- **주식 가치 안정:** 주식 가격이 저평가되었다고 판단될 때 자사주를 매입하면 주가를 안정시키는 효과를 얻을 수 있습니다. 이는 기업의 재정적 안정성을 투자자들에게 보여줄 수 있는 긍정적인 신호로 작용합니다.
- **경영권 방어:** 자사주 매입은 적대적 인수합병(M&A)을 방어하기 위한 전략으로도 사용됩니다. 자사주를 많이 보유하면 외부 세력이 경영권을 위협하는 상황에서 경영권 방어에 도움이 됩니다.
- **배당 대안:** 자사주 매입은 배당금 지급의 대안으로 사용될 수 있습니다. 배당금을 늘리지 않고도 주주 가치를 제고하는 방법으로 자사주 매입을 선택하는 경우가 많습니다.

자사주의 특징

- **의결권 없음:** 자사주는 기업이 보유한 주식이기 때문에 의결권이 없습니다. 따라서 자사주는 주주총회에서 의결권 행사에 사용되지 않습니다.
- **배당권 없음:** 자사주는 배당금을 받을 권리가 없으며, 매입한 자

사주는 주주들에게 배당이 이루어지지 않습니다.
- **재판매 가능성**: 자사주는 이후에 재판매될 수 있으며, 회사가 필요할 경우 언제든지 자사주를 시장에 다시 매각할 수 있습니다.

자사주 매입의 장단점
- 장점
  - 주가 안정 및 상승효과
  - 주당 순이익(EPS) 상승
  - 적대적 인수합병 방어
- 단점
  - **현금 유동성 감소**: 자사주 매입을 위해 기업의 현금 자산이 소모되며, 이로 인해 재무적 유연성이 줄어들 수 있습니다.
  - **장기적인 주가 상승 보장 없음**: 자사주 매입이 반드시 장기적인 주가 상승을 보장하지는 않으며, 일시적인 효과에 그칠 수 있습니다.

예시

애플(Apple)은 자사주 매입을 통해 주가를 관리하고, 주주들에게 더 높은 가치를 제공하는 대표적인 사례입니다. 애플은 수년간 자사주를 대규모로 매입하여 주당 순이익을 크게 증가시키고, 이를 통해 투자자들에게 매력적인 수익을 제공하였습니다.

자사주는 기업이 전략적으로 주식 시장에서 자사주를 매입하여 재무 구조를 최적화하거나 주주 가치를 높이는 수단으로 널리 사용되고 있습니다.

3) 자본 구조 최적화

- **부채와 자기자본의 균형 조정:** 부채 비율을 적절히 조정하여 레버리지 효과를 극대화하면서도 재무적 위험을 관리한다.
- **하이브리드 증권 활용:** 전환사채나 신종자본증권과 같은 하이브리드 증권을 발행하여 자본 비용을 최적화한다.
- **국내외 자금 시장 다변화:** 국내뿐만 아니라 해외 자금 시장을 활용하여 더 낮은 비용으로 자본을 조달한다.
- **사례:** 성공적인 자본 구조 최적화의 사례로 Consumerco라는 가상의 글로벌 소비재 기업을 가정해볼 수 있다. 이 기업은 부채와 자기자본의 균형을 조정하여 자본 구조를 최적화했다. Consumerco는 초기에는 낮은 부채 비율을 유지하다가, 이후 인수합병을 위해 부채 비율을 높였다. 이 후 인수합병이 완료된 후, 기업은 현금 흐름을 통해 과도한 부채를 상환하고 적정 부채 수준을 유지하는 전략을 선택하였다. 이러한 전략은 기업의 신용 등급을 유지하고, 자본 비용을 절감하는 데 기여하였다(McKinsey & Company).[7] 또한, 하이브리드 증권을 활용한 사례로는 다양한 금융 기관들이 전환사채나 신종자본증권을 발행하여 자본 비용을 최적화한 것이 있다. Paul Weiss의 하이브리드 자본 그룹은 부채와 주식 요소를 결합한 하이브리드 금융 상품을 제공하여, 고객들이 자본 구조를 효율적으로 조정할 수 있도록 지원하였다(Paul, Weiss).[8] 이는 금융 유연성을 높이고, 자본 비용을 절감하는 데 중요한 역할을 하였다. 국내외 자금 시장 다변화의 성공 사례로는 많은 글로벌 기업들이 낮은 금리의 해외 자금 시

---

7 https://www.mckinsey.com/capabilities/strategy-and-corporate-finance/our-insights/making-capital-structure-support-strategy

8 https://www.paulweiss.com/practices/transactional/hybrid-capital-special-situations/practice-overview/our-practice

장을 활용하여 자본을 조달한 것이 있다. 특히, McKinsey의 분석에 따르면, 자금 조달을 다각화하고 부채와 자기자본의 균형을 맞추는 것이 기업의 재무 안정성을 강화하는 중요한 전략으로 작용하고 있다(eFinancialModels).[9] 이러한 사례들은 부채와 자기자본의 균형 조정, 하이브리드 증권 활용, 그리고 국내외 자금 시장의 다변화를 통해 기업들이 자본 비용을 효과적으로 관리할 수 있음을 보여준다.

---

9 https://www.efinancialmodels.com/knowledge-base/fundraising/capital-structure/optimal-capital-structure/

자본구조(Capital Structure)는 기업이 자금을 조달하기 위해 사용하는 부채(Debt)와 자기자본(Equity)의 비율을 말합니다. 자본 구조는 기업의 재무 안정성과 성장 가능성을 평가하는 데 중요한 요소로, 기업이 자금을 어떻게 조달하고 이를 어떻게 활용하는지에 대한 정보를 제공합니다. 자본 구조는 기업의 리스크, 수익성, 신용 등급, 자본 비용 등에 직접적인 영향을 미칩니다.

1. 자본 구조의 구성 요소

① **부채(Debt)**: 기업이 은행 대출, 회사채 발행 등을 통해 차입한 자금을 의미합니다. 부채는 이자를 지불해야 하고, 만기가 되면 원금을 상환해야 하지만, 세금 공제를 통해 자본 비용을 줄일 수 있다는 장점이 있습니다. 부채 비율이 높으면 기업의 레버리지가 커지는데, 이는 수익이 늘어날 때 이익이 크게 증가할 수 있지만, 반대로 손실이 날 때는 재무적 위험이 증가합니다.

② **자기자본(Equity)**: 주식 발행 등을 통해 조달한 자금으로, 주주들의 자본을 의미합니다. 자기자본은 이자 비용이 없고, 부채 상환 의무도 없기 때문에 재무적으로 더 안전한 자금 조달 방식입니다. 하지만 주식을 발행하면 주주 지분이 희석되고, 투자자들의 기대 수익률이 더 높기 때문에 자본 비용이 증가할 수 있습니다.

2. 자본 구조의 중요성

① **재무적 안정성**: 자본 구조는 기업의 부채 비율과 관련이 있으며, 과도한 부채는 기업의 재무 건전성을 저하시킬 수 있으므로, 재무적 안정성을 지키기 위해 기업은 적절한 부채 비율을 유지하는 것이 중요합니다.

② **레버리지 효과**: 부채를 활용하면 레버리지 효과를 얻을 수 있습니다. 부채를 통해 자본을 조달하여 더 많은 이익을 창출할 수 있지만, 동시에 부채 비율이 너무 높으면 이자와 원금 상환 부담으로 인해 리스크가 커집니다.

③ **자본 비용**: 자본 구조에 따라 기업의 자본 비용(Cost of Capital)이 달라집니다. 부채는 이자비용이 발생하지만 세금 공제를 통해 자본 비용을 낮출 수 있으며, 자기자본은 이자 비용은 없지만 투자자들이 요구하는 기대 수익률이 높아 자본 비용이 증가할 수 있습니다.

3. 자본 구조의 유형

① **보수적 자본 구조**: 부채 비율이 낮고 자기자본 비율이 높은 구조로, 재무적 안정성이 높지만 자본 비용이 상대적으로 높을 수 있습니다.

② **공격적 자본 구조**: 부채 비율이 높고 자기자본 비율이 낮은 구조로, 레버리지를 통해 수익을 극대화할 수 있지만 재무적 리스크가 큽니다.

4. 자본 구조의 결정 요소

① **시장 상황**: 금리가 낮을 때는 부채를 활용하는 것이 유리할 수 있지만, 금리가 높을 때는 자기자본을 선호할 수 있습니다.

② **기업의 성장 단계**: 성장 초기 단계의 기업은 주로 자기자본을 활용하지만, 안정기에 접어든 기업은 부채를 활용한 레버리지를 통해 수익을 극대화할 수 있습니다.

③ **세금 정책**: 부채를 활용할 경우 이자 비용을 세금 공제받을 수 있기 때문에, 기업은 세금 혜택을 고려하여 자본 구조를 조정할 수 있습니다.

결론적으로, 자본 구조는 기업의 재무 전략에 중요한 영향을 미치며, 기업이 장기적으로 안정적인 성장을 이루기 위해서는 적절한 자본 구조를 설계하는 것이 필수적입니다.

2. 부채 재구성을 통한 재무 구조 개선

부채 재구성은 기존 부채의 조건을 변경하거나 새로운 부채로 교체하여 재무 구조를 개선하는 과정이다. 이는 이자 비용을 줄이고, 현금 흐름을 안정화하며, 재무적 위험을 관리하는 데 중요하다.

1) 리파이낸싱(Refinancing)

- **저금리로 재차입**: 기존의 고금리 부채를 상환하고 저금리로 새로운 부채를 조달한다.
- **부채 만기 연장**: 단기 부채를 장기 부채로 전환하여 상환 부담을 분산시키고 현금 흐름을 개선한다.
- **조건 변경 협상**: 채권자와의 협상을 통해 이자율, 만기, 상환 일정 등의 조건을 유리하게 변경한다.
- **사례**: 성공적인 부채 재구성을 통한 재무 구조 개선 사례로 **타타스틸**(Tata Steel)을 들 수 있다. 타타 스틸은 2007년 영국의 **코러스**(Corus)를 인수하면서 상당한 부채 부담을 안게 되었다. 2008년 글로벌 금융 위기로 인해 이 부채 부담이 더욱 심화되었으나, 2015년 타타 스틸은 유럽 부문의 비핵심 자산을 매각하고 부채 재구성을 통해 이자 부담을 줄였다. 또한, 은행과의 재협상을 통해 대출 조건을 유리하게 변경함으로써 현금 흐름을 개선하였다. 이러한 전략은 타타 스틸의 재무적 안정성을 강화하고 장기적으로 수익성을 높이는 데 중요한 역할을 했다(FinLender).[10] 또

---

10 https://finlender.com/case-studies-successful-debt-restructuring-stories-and-lessons-learned/

다른 성공적인 부채 재구성 사례로는 Jet Airways를 들 수 있다. 2019년 항공사 Jet Airways는 재정 위기로 인해 운항이 중단되었으나, 인도 파산법(IBC)에 따른 부채 재구성 전략을 통해 채권자들과 협력하여 회생을 시도하였다. 부채 재구성 과정에서 채무 만기 연장 및 이자 조건 변경을 통해 현금 흐름을 안정화시키고, 기업 운영을 지속할 수 있는 기반을 마련했다(FinLender)(Delancey Street).[11, 12] 이들 사례는 고금리 부채를 저금리로 전환하고, 채무 조건을 재협상하여 재무적 위험을 줄이면서 기업의 장기적인 성장을 도모한 좋은 예시이다.

2) 부채 구조 다변화

- **다양한 금융 상품 활용**: 은행 대출, 회사채, 기업어음 등 다양한 부채 상품을 활용하여 자금 조달 원천을 다변화한다.
- **국내외 금융 기관과의 협력**: 해외 금융 기관과의 거래를 통해 더 유리한 조건으로 부채를 조달한다.
- **프로젝트 파이낸싱**: 특정 프로젝트에 대한 부채를 별도로 조달하여 기업의 전체 부채 부담을 줄인다.
- **사례**: 성공적인 부채 구조 다변화 사례로 우즈베키스탄 자라프샨 풍력 프로젝트를 들 수 있다. 이 프로젝트는 중앙아시아에서 가장 큰 규모의 재생 에너지 프로젝트 중 하나로, 다양한 금융 상품과 국제 금융 기관을 활용하여 자금을 조달한 성공적인 사례이다. First Abu Dhabi Bank(FAB)는 이 프로젝트에서 주요 금융 기관으로서 그린 론(Green Loan)을 조정하고, UAE의 수

---

11 https://finlender.com/case-studies-successful-debt-restructuring-stories-and-lessons-learned/

12 https://www.delanceystreet.com/getting-new-business-credit-after-debt-restructuring-and-consolidation/

출신용기관인 Etihad Credit Insurance의 지원을 받아 1억 2백만 달러의 자금을 조달했다. 이외에도 5개의 개발 금융 기관으로부터 2억 3천 4백만 달러를 장기 대출로 확보하였다. 이러한 자금 조달 전략을 통해 프로젝트는 기업의 전반적인 부채 부담을 줄이면서도 안정적인 현금 흐름을 확보하였다(Macquarie).[13] 또한, **아프리카 개발 금융 기관**(Afreximbank)은 국제 금융 기관과 협력하여 자금 조달을 다변화한 사례이다. Afreximbank는 일본의 NEXI로부터 5억 2천만 달러의 자금을 지원받아 아프리카 내 다양한 프로젝트에 자금을 제공하고 있으며, 이러한 협력을 통해 자금 조달 원천을 다각화하고 더 유리한 조건으로 부채를 조달하고 있다(Home | White & Case LLP).[14] 이와 같은 금융 협력은 기업 및 국가 간의 자본 비용 절감에 큰 기여를 하였다. 이 사례들은 다양한 금융 상품을 활용하고, 국제 금융 기관과 협력하여 부채 구조를 최적화한 성공적인 예시로 볼 수 있다.

---

13 https://www.macquarie.com/us/en/about/company/macquarie-asset-management/institional-investor/insights/perspectives/infrastructure-debt-first-among-equals.html

14 https://www.whitecase.com/insight-our-thinking/african-development-finance-institutions

프로젝트 파이낸싱(Project Financing)은 특정 프로젝트의 현금 흐름과 자산을 기반으로 자금을 조달하는 방식으로, 대규모 인프라, 에너지, 건설 프로젝트 등에서 자주 사용됩니다. 프로젝트 파이낸싱의 핵심 특징은 프로젝트의 수익성에 따라 부채를 상환하는 구조이며, 프로젝트 자체가 자금 조달의 주요 담보가 된다는 점입니다. 즉, 발행자의 재무 상태와 별개로 프로젝트의 성과가 자금 상환의 원천이 됩니다.

1. 프로젝트 파이낸싱의 주요 특징

① **비소구 대출(Non-Recourse Loan)**: 프로젝트 파이낸싱의 가장 중요한 특징 중 하나는 비소구(Non-Recourse) 대출입니다. 프로젝트가 실패할 경우 차입자는 프로젝트의 자산이나 수익 외에 추가적인 책임을 지지 않으며, 채권자는 프로젝트 자체의 현금 흐름으로만 대출을 회수해야 합니다.

② **특수목적법인(SPV)**: 프로젝트 파이낸싱을 진행할 때는 프로젝트를 운영하기 위한 특수목적법인(Special Purpose Vehicle, SPV)을 설립합니다. 이 SPV는 프로젝트의 자산과 부채를 관리하며, 프로젝트가 종료되면 해체되는 것이 일반적입니다.

③ **현금 흐름 기반 상환**: 자금 조달과 부채 상환은 프로젝트에서 발생하는 현금 흐름을 기반으로 합니다. 프로젝트가 성공적으로 운영되어 수익을 창출할 때, 그 수익으로 부채를 상환합니다.

④ **다양한 이해관계자 참여**: 프로젝트 파이낸싱은 대규모 자본을 필요로 하기 때문에 은행, 정부 기관, 투자자, 건설사 등 다양한 이해관계자가 참여합니다. 이들은 자금을 대출하거나 지분 투자를 통해 프로젝트의 성공 여부에 따라 수익을 배분받습니다.

2. 프로젝트 파이낸싱의 장점

① **리스크 분산**: 프로젝트가 실패하더라도 대출자는 프로젝트 자산 외에 추가적인 책임을 지지 않기 때문에 리스크가 제한됩니다.

② **대규모 자본 조달 가능**: 대규모 인프라 프로젝트는 자본이 많이 소요되므로, 프로젝트 파이낸싱은 장기적인 자금 조달을 가능하게 합니다.

③ **재무 부담 감소**: 차입자는 프로젝트 자체로만 상환을 하므로, 기업의 재무제표에 부담을 덜 수 있습니다.

3. 프로젝트 파이낸싱의 단점

① **복잡성**: 다양한 이해관계자와 복잡한 계약이 필요하며, 이를 위해 법적, 재무적 전문가들이 많이 개입해야 합니다.

② **높은 초기 비용**: SPV 설립, 법적 자문 비용, 재무 구조조정 비용 등 초기 비용이 많이 소요될 수 있습니다.

4. 예시

① **Qatar's LNG 프로젝트**: 카타르의 LNG(액화천연가스) 프로젝트는 세계 최대의 프로젝트 파이낸싱 사례 중 하나로, 다양한 글로벌 은행과 투자자들이 참여했습니다. 프로젝트의 성공적인 운영을 통해 수익을 창출하고, 그 수익으로 부채를 상환했습니다.

② **영국의 Thames Tideway Tunnel 프로젝트**: 런던의 하수 시스템을 개선하기 위해 프로젝트 파이낸싱을 통해 자금을 조달한 사례입니다. SPV가 설립되어 프로젝트의 자산과 수익을 관리하며, 프로젝트의 수익성에 따라 대출 상환이 이루어졌습니다.

5. 결론

프로젝트 파이낸싱은 대규모 프로젝트에 필요한 자금을 조달하고 리스크를 분산하는 데 중요한 역할을 합니다. 프로젝트의 성공 여부에 따라 부채를 상환하는 구조는 대출자와 차입자 모두에게 유리할 수 있으며, 장기적으로 안정적인 자금 조달을 가능하게 합니다.

3) 부채 비율 관리

- **불필요한 자산 매각**: 수익성이 낮은 자산을 매각하여 부채를 상환하고 부채 비율을 낮춘다.
- **영구채 발행**: 만기가 없는 영구채를 발행하여 부채로 인한 상환 부담을 줄인다.
- **재무제표 개선을 위한 회계 처리**: 국제회계기준(IFRS)을 활용하여 부채와 자본으로 인식되는 금융 상품을 적절히 분류한다.
- **사례**: 성공적인 부채 비율 관리 사례로 Air France-KLM을 들 수 있다. 이 회사는 **영구채**(perpetual bond)를 발행하여 부채 부담을 줄이고, 재무 구조를 개선하였다. Air France-KLM의 2023년 영구채 평가금액은 36억 유로였으며(발행 ×, 장부상 영구채 금액), 이는 부채로 인식되지 않고 자본으로 분류되었다. 이로 인해, 영구채의 이자 비용은 손익계산서에 부채 비용으로 기록되지 않고, 주주 배당금과 같은 방식으로 처리되었다. 이러한 회계 처리는 부채 비율을 낮추는 데 중요한 역할을 하였다. 또한, 영구채의 발행을 통해 상환 부담을 줄이고, 장기적인 자본 조달을 확보하였다(Footnotes Analyst).[15] 또 다른 사례로는 IFRS 16의 도입으로 인해 **재무제표 개선**이 이루어진 기업들을 들 수 있다. IFRS 16은 리스(lease) 계약에 따른 자산과 부채를 재무제표에 인식하는 방식을 변경하여, 기업들이 부채와 자산을 보다 투명하게 관리할 수 있게 했다. 이를 통해 많은 기업들이 리스 부채를 장기 부채로 분류하면서도 자본의 증가를 유도하는 회계 처리를 활용하여 부채 비율을 관리할 수 있었다(Welcome to House of Control).[16] 이와 같은 사례는 영구채 발행과 회계 처리 방식을 적절히 활용하여 기업들이 부채 비율을 낮추고 재무 건전성을 확보한 예시로 볼 수 있다.

---

15 https://www.footnotesanalyst.com/analysing-complex-capital-structures/

16 https://www.houseofcontrol.com/blog/the-impact-of-ifrs16-on-12-different-financial-ratios

영구채(Perpetual Bond)는 만기가 없는 채권으로, 원금 상환 없이 이자만을 영구적으로 지급하는 채권입니다. 발행자는 이자를 무기한으로 지급하지만, 원금을 상환할 의무는 없습니다. 이 때문에 영구채는 주식의 성격을 일부 갖고 있는 채권으로 분류되며, 자본 조달과 재무구조 개선에 자주 사용됩니다. 영구채는 주로 재무적 안정성을 높이고 자본 구조를 최적화하기 위해 발행됩니다.

1. 영구채의 특징

① **만기 없음**: 만기가 정해져 있지 않으므로 원금 상환이 이루어지지 않으며, 발행자는 이자를 계속해서 지급해야 합니다.

② **이자 지급 의무**: 발행자는 계약에 명시된 일정한 금리로 이자를 영구적으로 지급해야 합니다.

③ **발행자의 콜 옵션**: 일부 영구채는 일정 시점 이후 발행자가 원금을 상환할 수 있는 권리(콜 옵션)를 포함하기도 합니다. 발행자는 시장 상황에 따라 이자를 계속 지급하거나, 채권을 상환하는 선택을 할 수 있습니다.

2. 영구채의 장점

① **자본 구조 개선**: 영구채는 주식으로 간주되기도 하기 때문에, 기업의 부채 비율을 낮추고 자기자본 비율을 높이는 효과가 있습니다. 이는 재무 건전성을 높이고, 신용 등급을 유지하는 데 도움이 됩니다.

② **자본 조달 유연성**: 영구채는 부채처럼 이자를 지급하지만, 주식처럼 원금 상환 의무가 없기 때문에 기업 입장에서 자본 조달이 용이합니다.

③ **주식 희석 방지**: 신주 발행과 달리 영구채는 주식처럼 자본으로 취급되면서도 주주 지분을 희석하지 않으므로 기존 주주의 권리를 보호할 수 있습니다.

3. 영구채의 단점

① **이자 부담 지속**: 발행자는 원금을 상환하지 않더라도, 영구적으로 이자를 지급해야 하므로 장기적으로 보면 이자 부담이 클 수 있습니다.

② **금리 리스크**: 발행 당시 고정된 금리로 인해, 금리가 하락할 경우 더 높은 이자를 지속적으로 지급해야 할 위험이 있습니다.

영구채는 기업이 자본 구조를 최적화하고 재무적 안정성을 유지하는 데 중요한 역할을 할 수 있지만, 장기적인 이자 부담과 금리 리스크를 고려해야 합니다.

3. 재무 구조 최적화를 위한 종합 전략

1) 재무 계획 수립

- 장기 재무 전략 수립: 5년, 10년 단위의 장기 재무 계획을 수립하여 자본 조달과 상환 계획을 명확히 한다.
- 시나리오 분석: 다양한 경제 환경 변화에 대비하여 시나리오별 재무 전략을 준비한다.
- 현금 흐름 예측 강화: 정확한 현금 흐름 예측을 통해 자금 조달과 투자 의사결정을 최적화한다.
- 사례: Shell Oil의 사례는 시나리오 분석의 효과적인 활용을 보여준다. Shell은 1970년대에 시나리오 분석을 도입하여 글로벌 석유 공급의 변동에 대응하였다. 당시 석유 위기 속에서 Shell은 다양한 시나리오를 분석하고, 잠재적인 시장 변동성에 대비할 수 있는 전략을 수립하였다. 이 사례는 기업이 불확실한 미래에 대비하는 데 시나리오 분석이 얼마나 유용한지를 보여준다. 시나리오 분석의 주요 이점으로는 리스크 관리가 있다. 기업은 미래에 발생할 수 있는 여러 사건과 그에 따른 영향을 분석함으로써 잠재적 리스크를 적극적으로 관리할 수 있다. 또한, 의사결정을 개선하는 데에도 기여한다. 다양한 옵션을 탐색하고 리스크와 이점을 비교 분석함으로써 더 나은 결정을 내릴 수 있다. 마지막으로, 시나리오 분석은 기회와 리스크를 식별하는 데 중요한 역할을 한다. 체계적인 접근을 통해 기업은 자칫 간과될 수 있는 기회나 리스크를 발견할 수 있다(Nomentia)(Brixx).[17, 18] 이 사례는 Shell이 시나리오 분석을 통해 불확실한 미래에 대한 대비

---

17 https://www.nomentia.com/blog/cash-flow-forecasting
18 https://brixx.com/6-cash-flow-analysis-examples-for-exploring-key-business-scenarios/

전략을 강화한 좋은 예로 볼 수 있다.

- 또 다른 회사인 Cenveo의 사례는 현금 흐름 예측 강화를 통해 재무 의사결정을 최적화한 성공적인 사례를 보여준다. Cenveo는 Liquidity Management 플랫폼을 도입하여 전반적인 유동성 관리의 가시성을 크게 향상시켰으며, 이를 통해 실시간으로 전략적 유동성 목표를 달성하는 데 필요한 인사이트를 얻을 수 있었다. 이러한 플랫폼 도입을 통해 Cenveo는 다음과 같은 성과를 거두었다. Cenveo는 **93%의 예측 정확도**를 달성하였으며, **90%의 생산성 향상**을 이루었다. 또한, 현금 관리 측면에서 **100% 실시간 유동성 가시성**을 확보하였다. 이뿐만 아니라, **월 95시간의 시간 절약**을 달성하였고, **유동성 예측 정확도는 43% 개선**되었다. Cenveo는 추가적으로 **월 113시간의 생산성 향상**을 달성하였다. 이러한 성과는 정확한 현금 흐름 예측이 기업의 재무 의사결정을 크게 개선할 수 있음을 보여준다. 특히, 실시간 데이터와 고급 분석 도구를 활용한 현금 흐름 예측은 기업이 더 나은 투자 및 자금 조달 결정을 내리는 데 큰 도움이 되었다(Nomentia)(Brixx).

2) 위험 관리

- **금융 리스크 헤지**: 금리 스와프, 통화 스와프 등을 활용하여 금리와 환율 변동 위험을 관리한다.
- **재무 비율 모니터링**: 부채 비율, 유동 비율 등 핵심 재무 지표를 지속적으로 모니터링하여 위험 요인을 사전에 파악한다.
- **내부 통제 시스템 강화**: 재무 관리 프로세스의 투명성과 효율성을 높이기 위해 내부 통제 시스템을 강화한다.
- **사례**: 금융 리스크를 헤지하기 위한 효과적인 사례로 General Electric (GE)가 1990년대 후반부터 2000년대 초반까지 금리 스와프와 통화 스와프를 활용하여 리스크를 관리한 것을 들 수

있다. GE는 다국적 기업으로서 여러 나라에서 영업을 하면서 금리와 환율 변동에 따른 리스크에 직면하게 되었다. GE는 금리 변동에 따른 위험을 줄이기 위해 **금리 스와프** 계약을 체결하여 고정 금리와 변동 금리 간의 스와프를 통해 이자 비용을 관리했다. 또한, 통화 스와프를 통해 다양한 통화 간의 환율 변동 위험을 관리하며 안정적인 현금 흐름을 유지했다. 이러한 금융 파생 상품을 활용한 리스크 헤지 전략은 GE가 글로벌 시장에서 경쟁력을 유지하는 데 중요한 역할을 했다(ACCA Global).[19] 이 외에도 Accor Hotels는 유로화를 주요 통화로 사용하지만, 국제적 사업 확장을 하면서 다양한 통화에 대한 노출이 증가하자 **통화 스와프**를 통해 환율 변동 위험을 관리하였다. Accor는 통화 스와프를 통해 미래에 발생할 수 있는 현금 흐름 불확실성을 줄이고, 사업 운영의 안정성을 높일 수 있었다(ACCA Global). 이러한 사례들은 기업들이 금리와 환율 변동 리스크를 헤지하기 위해 파생 상품을 적극적으로 활용하여 재무적 안정성을 유지한 대표적인 예시이다.

---

19 https://www.accaglobal.com/gb/en/student/exam-support-resources/
fundamentals-exams-study-resources/f9/technical-articles/hedging.html

금리 스와프(Interest Rate Swap)와 통화 스와프(Currency Swap)는 기업과 금융기관이 리스크를 관리하고 자금 조달 비용을 최적화하기 위해 사용하는 중요한 파생 금융 상품입니다. 각각의 구조와 사용 목적을 통해 어떻게 리스크를 줄이고 재무 구조를 개선할 수 있는지 설명하겠습니다.

1. 금리 스와프(Interest Rate Swap)

금리 스와프는 두 당사자가 서로 다른 금리 조건을 교환하는 파생 금융 상품입니다. 주로 한 당사자는 고정 금리를 지불하고, 다른 당사자는 변동 금리를 지불하는 방식으로 계약을 체결하여, 이자 비용을 서로 교환합니다. 이는 금리 변동에 따른 리스크를 관리하거나, 더 유리한 금리 조건을 확보하기 위해 사용됩니다.

① 금리 스와프의 구조

- 고정 금리 대 변동 금리 스와프: 한 당사자가 고정 금리로 이자를 지불하고, 다른 당사자는 변동 금리(예: LIBOR)에 따라 이자를 지불합니다. 이를 통해 기업은 금리 변동 리스크를 줄일 수 있습니다.
- 변동 금리 대 변동 금리 스와프: 두 당사자가 각기 다른 변동 금리를 서로 교환하는 방식으로, 두 가지 다른 금리 기준을 적용한 변동 금리를 교환합니다.

② 사용 목적

- 리스크 관리: 변동 금리 대출을 보유한 기업은 금리 상승 리스크를 피하기 위해 고정 금리로 전환할 수 있습니다.
- 비용 절감: 금리 변동성을 이용하여 보다 유리한 이자 조건으로 자본을 조달할 수 있습니다.

- **재무 전략**: 금리 스와프를 통해 금리 변동에 대비하고, 안정적인 재무 구조를 관리할 수 있습니다.

③ 예시

기업 A가 고정 금리 5% 대출을 보유하고 있고, 기업 B는 변동 금리 대출(LIBOR + 1%)을 보유하고 있다면, 금리 스와프 계약을 통해 두 기업은 서로의 금리 조건을 교환할 수 있습니다. 기업 A는 변동 금리로 전환하고, 기업 B는 고정 금리로 전환함으로써 각자가 선호하는 금리 환경을 맞출 수 있습니다.

④ 장점

- 금리 리스크 관리
- 금리 상승 시 고정 금리로 전환하여 비용 절감 가능

⑤ 단점

- 금리 하락 시 고정 금리를 선택한 당사자는 더 높은 이자를 지불할 수 있음
- 계약 상대방의 신용 리스크

2. 통화 스와프(Currency Swap)

통화 스와프는 두 당사자가 서로 다른 통화로 발행된 원금과 이자를 일정 기간 동안 교환하는 금융 계약입니다. 이를 통해 외환 리스크를 관리하고, 더 유리한 금리 조건으로 자본을 조달할 수 있습니다.

① 통화 스와프의 구조

- **원금 교환**: 계약 시점에 두 당사자는 서로 다른 통화로 일정 금액의 원금을 교환합니다. 예를 들어, 한 당사자가 미 달러를 제공하고, 다른 당사자가 유로를 제공하는 식입니다.
- **이자 교환**: 서로 교환한 원금에 대해 각 통화의 금리 기준에

따라 이자를 지급합니다. 한쪽은 미국 금리에 따라, 다른 한쪽
은 유럽 금리에 따라 이자를 지급하는 방식입니다.

- **만기 시 원금 재교환**: 계약이 만료되면, 교환했던 원금을 다시
상호 교환하여 원래 통화로 되돌립니다.

② **사용 목적**

- **외환 리스크 관리**: 외국 통화로 자산을 보유하거나 부채를 발
행한 경우, 환율 변동에 따른 리스크를 통화 스와프를 통해 헤
지할 수 있습니다.
- **자금 조달 비용 절감**: 통화 스와프를 통해 금리 차이를 활용
하여 낮은 금리로 자금을 조달할 수 있습니다.
- **자산 부채 구조 최적화**: 글로벌 기업들은 통화 스와프를 통해
국제 거래에서 자산과 부채의 통화를 조정할 수 있습니다.

③ **예시**

회사 A는 달러로 자금을 조달했지만 유로로 이자와 원금을 지급해
야 하는 상황이고, 회사 B는 유로로 자금을 조달했지만 달러로 지급해
야 하는 상황일 때, 두 회사는 통화 스와프 계약을 체결하여 환율 변
동에 따른 리스크를 줄이고 각자의 자국 통화로 이자를 지급하는 조
건을 얻을 수 있습니다.

④ **장점**

- 외환 리스크 헤지
- 통화 간 금리 차이를 이용한 비용 절감

⑤ **단점**

- 상대방의 신용 리스크
- 계약 구조의 복잡성

두 스와프는 모두 금융 리스크 관리의 중요한 도구로, 금리와 외환 변동에 따른 리스크를 줄이고 자금 조달을 최적화하는 데 큰 역할을 합니다. 기업의 재무 전략에 따라 적절히 활용하면, 비용 절감 및 리스크 분산에 효과적입니다.

3) 조직 역량 강화

- 재무 전문 인력 육성: 전문적인 재무 지식을 가진 인력을 확보하고 교육하여 재무 관리 역량을 강화한다.
- 부서 간 협업 강화: 재무 부서와 영업, 생산 부서 간의 협력을 통해 자금 사용의 효율성을 높인다.
- IT 시스템 도입: 재무 관리 시스템을 디지털화하여 데이터 분석과 의사결정의 정확성을 높인다.
- 사례: Prosperity Financial Group는 재무 관리 시스템을 디지털화하여 성공적으로 데이터 분석과 의사결정의 정확성을 높인 사례 중 하나이다. 이 그룹은 블록체인 기술을 도입하여 금융 거래의 효율성을 높이고 보안을 강화하는 프로젝트를 수행했다. 그 결과, 거래 처리 시간이 40% 단축되었고, 보안 사고가 크게 감소하면서 고객 만족도가 30% 상승했다. 또한, 스마트 계약(smart contracts)을 도입하여 복잡한 금융 계약의 자동화를 통해 처리 오류가 50% 감소하는 등의 성과를 거두었다. 이 디지털 전환은 특히 고객에게 실시간 거래 확인 기능과 보안성을 제공해 기업의 운영 효율성을 극대화하는 데 기여했다. 이러한 사례는 기술 혁신이 재무 관리에서 중요한 역할을 하며, 데이터 기반 의사결정의 정확성을 높일 수 있음을 잘 보여준다(DigitalDefynd) (PwC).[20, 21]

---

20 https://digitaldefynd.com/IQ/digital-transformation-in-finance-case-studies/
21 https://www.pwc.com/us/en/library/case-studies/drive-finance-transformation-competitive-advantage-for-industrial-giant.html

4. 결론

재무 구조 최적화는 기업의 경쟁력 강화와 지속 가능한 성장에 필수적인 요소이다. 자본 비용 절감과 부채 재구성을 통한 재무 구조 개선은 단순한 비용 절감 이상의 의미를 가지며, 이는 기업의 전략적 의사결정과 직접적으로 연결된다. 기업은 구체적인 전략과 실행 계획을 수립하고, 이를 실현하기 위한 조직 역량과 시스템을 갖추어야 한다. 이 장에서 다룬 다양한 사례들은 각 기업이 처한 상황에 따라 어떻게 재무 전략을 수립하고 실행하였는지를 보여준다. 이를 통해 독자들은 자사에 적용 가능한 실질적인 방법을 모색하고, 재무 구조 최적화를 위한 로드맵을 그릴 수 있을 것이다.

적정 현금 보유의
필요성

① 현금보유 현황

2023년 기준으로 한국 대기업들의 현금 보유 규모는 큰 폭으로 증가하였다. 대기업들이 보유한 현금 및 현금성 자산의 총액은 294조 8,254억 원에 달했으며, 이는 전년도 대비 약 62조 원, 즉 26.8% 증가한 수치이다. 특히 현대자동차는 전년 대비 4조 6,483억 원 증가한 20조 7,777억 원을 보유하였다.

현금 보유 증가의 배경

이처럼 대기업들의 현금 보유가 급증한 배경에는 경제적 불확실성에 대비한 유동성 확보 전략, 투자 기회 부족, 보수적인 재무 관리 등이 있다. 이는 향후 불확실한 경제 상황에서 재무적 안정성을 강화하고 위기 상황에 대비하기 위한 전략적 선택이라 할 수 있다. 특히 코로나19 팬데믹과 같은 글로벌 경제 위기 이후, 많은 기업들이 현금 보유를 늘려왔다.

현금 보유의 긍정적·부정적 영향

기업들이 적정 수준의 현금을 보유하는 것은 긍정적인 측면이 있다. 우선, 현금은 긴급 상황에서의 자금 부족을 방지하고, 새로운 투자 기회가 생겼을 때 신속히 대응할 수 있는 유동성을 제공한다. 그러나 과도한 현금 보유는 기업 가치에 부정적인 영향을 미칠 수 있다. 현금이 많다는 것은 투자 기회가 부족하다는 신호로 해석될 수 있으며, 이는 투자자들에게 성장 가능성에 대한 의구심을 불러일으킬 수 있다.

또한, 현금이 지나치게 많을 경우 자본 효율성이 낮아져 주주 가치에 악영향을 미칠 수 있다. 현금을 효율적으로 활용하지 않으면 주주들은 배당 확대나 자사주 매입과 같은 주주환원 정책을 요구할 수 있으며, 기업이 이를 무시할 경우 주식 가치가 하락할 수 있다. 실제로 많은 투자자들이 기업의 과도한 현금 보유를 비효율적인 자본 관리로 간주하고, 이러한 기업의 주식에 대한 투자 매력을 낮게 평가하는 경우가 많다.

한국 대기업들의 현금 보유가 기업 가치에 미친 악영향

2023년 대기업들의 현금 보유가 급증하면서 투자자들 사이에서는 우려가 커졌다. 현금이 급격히 증가했음에도 불구하고 대규모 투자나 인수합병이 활발히 이루어지지 않았으며, 이는 투자자들이 기업의 성장 가능성에 의구심을 갖게 하는 원인이 되었다. 삼성전자와 같은 일부 대기업들은 풍부한 현금을 보유하고 있음에도 불구하고, 배당 확대나 자사주 매입 등의 주주환원 정책에 소극적인 모습을 보였다. 이는 결과적으로 기업 가치에 악영향을 미치는 요소로 작용할 수 있다.

따라서 한국 기업들은 적정 수준의 현금 보유와 함께 이를 효율적으로 활용할 수 있는 전략을 마련하는 것이 중요하다. 특히 현금 보유가 장기적으로 기업의 성장과 투자 기회를 놓치지 않도록 균형 잡힌 현금 운용 전략이 필요하다.

애플과 빅테크 기업들의 현금 보유

애플을 비롯한 빅테크 기업들의 현금 보유는 그들의 수익 창출 능력과 재무 건전성을 보여주는 중요한 지표이다. 2023년을 기준으로 애플과 주요 빅테크 기업들은 엄청난 규모의 현금을 보유하고 있으며, 이는 기업들의 재무 전략에서 중요한 부분을 차지하고 있다.

애플과 빅테크 기업들의 현금 보유 현황

애플은 2023년 한 해 동안 1,164억 3,000만 달러(약 158조 원)의 영업 현금 흐름을 기록하였으며, 이는 애플의 강력한 수익성 및 재무 건전성을 보여주는 중요한 지표이다. 다른 주요 빅테크 기업들도 비슷한 수준의 현금을 보유하고 있다. 월스트리트저널에 따르면 애플, 아마존, 마이크로소프트(MS), 알파벳, 메타 등 5대 빅테크 기업이 2023년 현재 약 5,700억 달러(한화 약 772조 원)에 달하는 현금 및 단기 투자금을 보유하고 있다.

이 중 애플은 자사주 매입과 배당금 지급, R&D 투자 등을 통해 현금을 활용하고 있으며, 2023년에도 지속적으로 자사주 매입과 배당을 이어가고 있다. 알파벳은 자사주 매입에 615억 달러를 지출하며, 2022년에 이어 2023년에도 적극적으로 현금을 주주환원에 사용하고 있다. 이들 기업은 또한 M&A(인수합병) 및 연구개발(R&D)에도 상당한 자금을 투입하고 있다.

빅테크 기업들의 현금 보유 원인

- 높은 수익성: 빅테크 기업들은 제품과 서비스의 높은 마진과 함께 고정 비용이 낮아 대규모 현금흐름을 창출하고 있다. 특히 소프트웨어나 플랫폼 서비스 중심의 기업들은 제조업과 달리 고정비가 낮아 더욱 높은 영업현금흐름을 기록하고 있다.
- 경제적 불확실성 대비: 빅테크 기업들은 경제적 불확실성에 대비하여 현금을 보유하는 전략을 구사하고 있다. 이는 향후 발생

할 수 있는 투자 기회나 위기 상황에서의 대응 능력을 강화하려는 의도이다.

과도한 현금 보유의 과제

그러나 이러한 막대한 현금 보유는 기업 가치에 새로운 도전을 제기한다. 각국 규제 당국이 빅테크 기업들의 독과점을 우려해 대규모 M&A를 견제하고 있기 때문에, 현금을 투자할 기회가 제한되는 상황이 발생하고 있다. 예를 들어 마이크로소프트의 액티비전 블리자드 인수는 거의 2년이 걸렸고, 그동안 비용 증가와 로비 활동이 필요했다.

현금 보유와 기업 가치의 관계

빅테크 기업들이 과도하게 현금을 보유하고 있음에도 불구하고, 효율적으로 이를 활용하지 못할 경우 투자자들은 기업의 미래 성장 가능성에 의문을 제기할 수 있다. 과도한 현금 보유는 자본의 비효율적 사용으로 간주될 수 있으며, 이는 기업 가치에 부정적인 영향을 미칠 수 있다. 특히 주주들은 현금이 배당이나 자사주 매입 등의 방식으로 더 환원되기를 원할 수 있으며, 그 기대에 부응하지 못할 경우 주식 가치에 부정적인 영향을 미칠 가능성이 있다.

따라서 애플을 포함한 빅테크 기업들은 과도한 현금을 보유하면서도 이를 효율적으로 활용하기 위한 다양한 전략을 수행하며, 주주들에게 가치를 환원하는 방법과 동시에 지속적인 성장을 위한 투자를 병행하고 있다.

---

3 애플의 현금 활용 전략

애플의 현금 활용 전략 중 가장 주목할 만한 것은 연구개발(R&D) 투자이다. 이는 애플이 기술적 혁신을 통해 장기적인 경쟁력을 확보하고, 새로운 시장 기회를 창출하려는 전략이다. 애플은 2023년 한 해

동안 R&D에 약 300억 달러를 투자하였으며, 이는 AI, AR/VR, 자율주행차와 같은 미래 기술 분야에서의 경쟁력을 강화하기 위한 중요한 선택이었다.

애플의 R&D 투자 전략의 효과성

- **장기적 경쟁력 확보**: R&D 투자는 애플이 지속적으로 혁신을 이어가고, 새로운 시장을 선도할 수 있는 발판을 마련한다. 이는 단기적인 주가 상승보다는 장기적인 성장 잠재력에 초점을 둔 전략이다.
- **규제 우회**: M&A와 달리, R&D 투자는 독과점 규제의 대상이 되지 않기 때문에 애플은 규제 리스크 없이 기술적 우위를 확보할 수 있다. 이는 규제 환경이 까다로워지고 있는 상황에서 중요한 이점으로 작용한다.
- **새로운 수익원 창출**: R&D를 통해 개발된 새로운 기술은 향후 새로운 제품과 서비스를 통해 추가적인 수익원을 창출할 수 있다. 애플의 경우, AR/VR과 같은 미래 기술이 이러한 가능성을 대표한다.
- **시장 선점**: 애플은 R&D 투자를 통해 기술 시장에서 선점 효과를 누리고 있다. 새로운 기술을 가장 먼저 상용화하는 것은 소비자와 기업 고객을 선점하는 데 중요한 역할을 한다.

다른 현금 활용 전략과의 비교

애플은 R&D 외에도 자사주 매입과 배당금 지급 등의 전략을 병행하고 있다. 자사주 매입은 단기적으로 주가를 올리는 효과가 있지만, 장기적인 성장 동력을 강화하는 데 한계가 있을 수 있다. 반면 R&D 투자는 장기적으로 기업의 혁신을 촉진하고, 기술적 리더십을 유지할 수 있는 가장 효과적인 전략 중 하나이다.

배당금 지급은 주주들에게 직접적인 혜택을 제공하지만, 기업의 성장을 위해 남겨두는 자본을 줄일 수 있어 장기적인 관점에서는 제한적일 수 있다.

결론

애플의 현금 활용 전략에서 R&D 투자는 장기적인 경쟁력을 강화하고, 기술적 우위를 확보하며, 규제 리스크를 피하는 데 중요한 역할을 하고 있다. 이는 단기적인 수익성에 초점을 맞추기보다는 장기적인 성장을 위한 필수적인 투자로 볼 수 있다. 애플은 R&D 투자와 더불어 자사주 매입과 배당금 지급 등 다양한 전략을 적절히 병행하여 균형 잡힌 현금 활용을 통해 지속적인 성장을 추구하고 있다.

---

④ 빅테크 기업들의 현금 활용 전략

빅테크 기업들은 막대한 현금을 다양한 방식으로 활용하고 있으며, 이들의 전략은 기업의 성장, 주주 환원, 그리고 규제 회피를 위해 정교하게 조율된다. 빅테크 기업들이 사용하는 주요 현금 활용 전략은 다음과 같다.

1. 자사주 매입(Stock Buybacks)

장점

- 주당 순이익(EPS) 증가: 자사주 매입을 통해 유통 주식 수가 감소하면, 동일한 이익을 더 적은 주식으로 나누게 되어 주당 순이익이 증가한다. 이는 투자자들에게 긍정적인 신호를 줄 수 있다.
- 세금 효율성: 배당금과 달리 자사주 매입은 주주에게 과세 부담을 덜 주는 방식으로 자본을 환원할 수 있다.
- 주가 상승 효과: 자사주 매입은 주가 상승을 촉진하는 효과가 있어, 주주들에게 긍정적인 결과를 가져다줄 수 있다.
- 유연성: 경기 상황에 따라 자사주 매입을 조정할 수 있어 배당금보다 유연한 자본 환원 방식이다.

단점

- **성장 기회 감소**: 자사주 매입에 자금을 많이 투입하면, 그 자금이 연구개발(R&D)이나 설비 투자, 인수합병(M&A)과 같은 성장 기회에 활용되지 못할 수 있다.
- **단기적 성과 집중**: 주가 상승을 위해 단기적인 성과에 집중할 가능성이 있으며, 이는 장기적인 성장에 부정적 영향을 미칠 수 있다.
- **시장 조작 의혹**: 자사주 매입이 주가를 인위적으로 상승시키는 행위로 간주될 수 있다.

2. 배당금 지급(Dividend Payments)

장점

- **안정적인 수익원 제공**: 배당금은 투자자들에게 정기적인 수익을 제공해, 특히 주가 변동성이 클 때 안정감을 줄 수 있다.
- **주주 충성도 향상**: 꾸준한 배당금 지급은 주주들의 신뢰와 충성도를 높이는 데 도움이 된다.
- **기업의 안정성 신호**: 지속적인 배당금 지급은 기업이 안정적인 현금 흐름을 보유하고 있다는 신호로 받아들여질 수 있다.

단점

- **성장 자금 감소**: 배당금으로 지급된 자금은 R&D, 설비 투자 등 기업의 성장에 사용될 수 있는 자본을 감소시킨다.
- **이중과세**: 배당금은 법인세 이후 주주에게 지급되며, 주주는 다시 배당금에 대한 세금을 납부해야 한다.
- **성장 기업 이미지 약화**: 배당금 지급은 성장 단계가 끝난 성숙한 기업으로 간주될 수 있어, 기술 기업의 고성장 이미지와 어울리지 않을 수 있다.

3. 인수합병(M&A)

장점
- 시장 확대: M&A는 기업이 새로운 시장에 빠르게 진입하거나 기존 시장에서 점유율을 확대하는 효과적인 방법이다.
- 시너지 효과: 적절한 인수합병을 통해 비용 절감, 수익 증대, 기술 및 인재 확보 등 여러 시너지 효과를 기대할 수 있다.
- 경쟁력 강화: 경쟁사 인수를 통해 시장에서의 경쟁력을 강화할 수 있다.
- 다각화: 사업 포트폴리오를 다각화해 리스크를 분산시키는 데 도움이 된다.

단점
- 높은 비용과 리스크: M&A는 많은 자금을 필요로 하며, 실패할 경우 기업에 큰 손실을 초래할 수 있다.
- 문화적 충돌: 서로 다른 기업 문화의 통합이 어려울 수 있으며, 이로 인해 생산성 저하가 발생할 수 있다.
- 규제 리스크: 특히 빅테크 기업들은 독점 우려로 인해 규제 당국의 엄격한 심사를 받기 때문에 M&A가 어려워질 수 있다.

4. 연구개발 투자(R&D Investment)

빅테크 기업들의 가장 핵심적인 성장 전략 중 하나는 R&D 투자이다. 이들은 혁신적인 제품과 기술 개발을 통해 새로운 수익원을 창출하고, 시장에서 경쟁 우위를 확보하려고 한다.

장점
- 미래 경쟁력 강화: R&D 투자는 미래 성장 동력을 창출하는 데 중요한 역할을 한다. 빅테크 기업들은 인공지능, 자율주행차, AR/VR 등의 기술 개발에 집중하고 있다.

- **규제 리스크 감소:** R&D 투자는 M&A와 달리 반독점 규제의 대상이 아니기 때문에 규제 리스크를 최소화하면서 성장할 수 있다.
- **새로운 시장 개척:** 성공적인 R&D는 새로운 시장과 기술을 선점할 기회를 제공한다.

단점

- **즉각적인 수익 창출 어려움:** R&D는 장기적인 성과를 목표로 하기 때문에 단기적인 수익 창출에는 기여하지 않을 수 있다.

결론

빅테크 기업들은 자사주 매입, 배당금 지급, M&A, R&D 투자 등 다양한 현금 활용 전략을 사용하여 성장과 주주 가치를 극대화하고 있다. R&D 투자와 자사주 매입은 이들의 대표적인 현금 사용 방식이지만, M&A와 배당도 중요한 전략으로 활용된다. 기업들은 이러한 전략들을 균형 있게 활용해 단기적 성과와 장기적 성장을 동시에 추구하고 있다.

제3장

운영 효율성 극대화

Lean과 Six Sigma를 활용한 비용 절감

효율적인 운영은 기업의 경쟁력과 수익성을 좌우하는 중요한 요소이다. 기업이 자원을 낭비하지 않고, 프로세스를 최적화하여 비용을 절감하고 품질을 향상시키는 것은 지속적인 성장과 생존에 필수적이다. Lean과 Six Sigma는 이러한 운영 효율성을 극대화하는 데 널리 사용되는 두 가지 핵심적인 경영 기법으로, 각각 낭비 제거와 품질 개선에 초점을 맞추고 있다. 이 장에서는 Lean과 Six Sigma의 기본 개념과 그 적용 방법을 설명하고, 이를 통해 기업이 어떻게 비용을 절감할 수 있는지 이론적으로 다룬다.

1 Lean의 개념과 원리

Lean은 낭비를 최소화하고 가치를 극대화하는 데 중점을 둔 경영 방법론이다. Lean은 원래 **토요타 생산 시스템**(Toyota Production System)에서 시작된 개념으로, 고객에게 가치를 전달하는 활동에만 집중하고, 그 외의 모든 낭비 요소를 제거하는 것을 목표로 한다.

1. Lean의 5대 원칙

Lean은 크게 다섯 가지 원칙을 통해 운영 효율성을 극대화한다.

- **가치 정의**: 고객이 원하는 가치를 명확히 정의하고, 그 가치를 충족시키기 위해 필요한 활동만을 식별한다.
- **가치 흐름 파악**: 제품이 만들어지고 고객에게 전달되는 과정 전체를 분석하여, 가치 창출에 기여하지 않는 단계를 제거한다.
- **흐름 생성**: 모든 활동이 원활하게 이어지도록 프로세스를 재구성하여 병목 현상을 제거하고, 효율성을 높인다.
- **풀 시스템 구축**: 고객의 수요에 맞춰 생산을 조정하는 방식으로 재고를 최소화하고, 낭비를 줄인다.
- **완벽 추구**: 지속적인 개선(Kaizen)을 통해 프로세스를 끊임없이 개선하고, 최적의 상태에 도달하려는 노력을 이어간다.

2. 낭비의 7가지 유형

Lean에서는 모든 비효율적인 활동을 낭비로 정의하며, 이를 제거하는 것이 비용 절감과 운영 효율성 향상의 핵심이다. Lean에서 규정하는 7가지 낭비 유형은 다음과 같다.

- **과잉 생산**: 수요를 초과하는 생산으로 인해 불필요한 재고가 발생하는 낭비
- **대기 시간**: 작업이나 프로세스가 진행되지 않고 대기하는 시간의 낭비
- **운반**: 제품이나 자원을 불필요하게 이동시키는 낭비
- **과잉 처리**: 필요 이상으로 과도한 작업이나 프로세스를 적용하는 낭비
- **재고**: 필요 이상으로 축적된 재고로 인한 자본 잠김과 유지비 증가
- **불량 및 재작업**: 품질 결함으로 인해 발생하는 재작업과 폐기물

- 불필요한 동작: 작업자나 기계가 불필요하게 움직임으로써 통해 발생하는 낭비

이러한 낭비 요소들을 식별하고 제거함으로써 기업은 생산 비용을 절감하고, 더 효율적인 운영을 구현할 수 있다.

② Six Sigma의 개념과 원리

Six Sigma는 결함을 줄이고 프로세스 변동성을 최소화하는 품질 관리 기법으로, 모토로라(Motorola)가 1980년대에 처음 도입하였다. Six Sigma는 고객의 기대에 부응하는 고품질 제품과 서비스를 제공하기 위해 데이터를 기반으로 한 문제 해결에 중점을 두며, 결함 발생 확률을 줄여 운영 효율성을 극대화하는 데 목적이 있다.

1. Six Sigma의 목표

Six Sigma는 DPMO(Defects Per Million Opportunities, 백만 건당 결함 수)를 기준으로 품질을 측정하며, 목표는 100만 건당 3.4건 이하의 결함을 유지하는 것이다. 이는 프로세스의 변동성을 줄여 예측 가능한 결과를 얻고, 결함으로 인한 비용을 최소화하는 데 중점을 둔다.

2. DMAIC 방법론

Six Sigma는 문제를 체계적으로 해결하기 위해 DMAIC(Define, Measure, Analyze, Improve, Control)라는 표준 프로세스를 따른다.
- Define(정의): 해결해야 할 문제와 목표를 명확히 정의하고, 프로젝트의 범위와 목적을 설정한다.
- Measure(측정): 현재의 프로세스를 측정하여 성과를 평가하고,

주요 성과 지표(KPI)를 설정한다.

- Analyze(분석): 데이터를 분석하여 문제의 근본 원인을 규명하고, 개선 가능성을 확인한다.
- Improve(개선): 문제의 원인을 해결하기 위한 개선안을 도출하고, 이를 실행하여 프로세스를 최적화한다.
- Control(관리): 개선된 프로세스를 지속적으로 모니터링하고, 변동성이 다시 발생하지 않도록 관리한다.

3. Six Sigma의 통계적 기법

Six Sigma는 통계적 기법을 활용하여 프로세스의 변동성을 관리하고, 품질을 유지하는 데 중점을 둔다. 이를 위해 다음과 같은 통계적 도구들을 사용한다.

- 통계적 공정 관리(SPC): 프로세스가 설정된 기준 내에서 운영되고 있는지 모니터링하여, 변동이 발생할 경우 이를 즉시 수정한다.
- 프로세스 능력 분석: 프로세스가 고객 요구사항을 얼마나 충족하고 있는지 평가하고, 품질 향상을 위한 개선점을 찾는다.

③ Lean과 Six Sigma의 통합: Lean Six Sigma

Lean과 Six Sigma는 각각 낭비 제거와 품질 개선에 중점을 두고 있지만, 두 기법을 Lean Six Sigma로 통합하여 활용할 경우 더 큰 효과를 얻을 수 있다. Lean Six Sigma는 Lean의 효율성 중시 원칙과 Six Sigma의 품질 관리 기법을 결합하여, 운영 전반에서 비용 절감과 품질 향상을 동시에 달성할 수 있다.

1. Lean과 Six Sigma의 상호 보완

Lean과 Six Sigma는 상호 보완적인 관계에 있다. Lean은 낭비를 제거하고 흐름을 최적화하는 데 중점을 두지만, 품질 문제를 해결하는 데 있어 한계를 가질 수 있다. 반면, Six Sigma는 품질 관리와 결함 감소에 초점을 맞추지만, 속도나 비용 절감 측면에서의 낭비는 충분히 다루지 않는다. Lean Six Sigma는 두 기법의 강점을 결합하여, 낭비를 줄이면서도 품질을 유지하거나 향상시키는 효과를 낼 수 있다.

2. Lean Six Sigma의 활용 방법

Lean Six Sigma는 두 기법을 통합하여, 기업이 운영 효율성과 품질을 동시에 극대화할 수 있는 접근법을 제공한다. 이는 다음과 같은 방식으로 운영된다.

- 낭비 제거와 품질 개선의 동시 추구: Lean은 낭비를 제거하고 효율성을 높이지만, 이 과정에서 품질이 저하될 위험이 있다. Lean Six Sigma는 이 같은 문제를 방지하고, 품질을 유지하면서 비용을 줄일 수 있다.
- 데이터 기반 의사결정: Lean의 현장 중심 접근과 Six Sigma의 데이터 기반 문제 해결 방식을 결합하여, 더 정확한 의사결정을 내릴 수 있다.

4 결론

Lean과 Six Sigma는 모두 운영 효율성을 극대화하고 비용을 절감하는 강력한 도구이다. Lean은 낭비를 줄이고, Six Sigma는 결함을 최소화함으로써 프로세스를 최적화한다. 두 기법을 통합한 Lean Six

Sigma는 기업이 운영 효율성과 품질을 동시에 향상시키는 데 매우 효과적인 접근법이다.

다음으로, 다양한 실제 사례들을 통해 어떻게 기업들이 Lean과 Six Sigma를 활용하여 비용 절감과 운영 효율성을 달성했는지를 살펴본다.

⑤ Lean을 활용한 비용 절감 사례: 토요타의 Lean 생산 방식

토요타(Toyota)는 Lean 생산 방식을 가장 성공적으로 도입한 기업으로, 이 기법을 통해 비용 절감과 운영효율 개선을 달성한 대표적 사례로 꼽힌다. 토요타는 **토요타 생산 시스템**(Toyota Production System, TPS)을 개발하여, 낭비 최소화와 가치 흐름 최적화를 핵심으로 하는 Lean 원칙을 도입했다.

구체적인 Lean 적용 방식

- **JIT**(Just-In-Time): 토요타는 필요한 것을 필요한 때에 필요한 양만큼만 생산하는 JIT 시스템을 도입하여 **과잉 생산**을 방지했다. 이를 통해 토요타는 재고를 최소화하고, 저장 및 관리 비용을 대폭 절감했다.
- **칸반 시스템**: 토요타는 칸반(Kanban)이라는 시각적인 신호 체계를 통해 생산 공정을 조절했다. 작업자가 다음 단계로 부품이나 자재를 이동시키기 전에, 정확한 수요에 맞추어 생산량을 조절할 수 있도록 했다. 이를 통해 불필요한 작업과 과잉 재고를 제거하고, 더 높은 생산성을 달성했다.
- **낭비 제거**: 토요타는 7가지 낭비 요소를 식별하고 제거하는 데 집중했다. 특히, 불필요한 이동과 대기 시간을 줄이기 위해 작업 현장을 최적화하고, 품질 관리를 통해 불량품을 줄였다.

- 결과: 토요타는 Lean을 통해 생산 비용을 절감하고, 생산 효율성을 크게 향상시켰다. Lean 시스템 도입 후, 토요타는 재고 유지 비용이 크게 줄었으며, 시장 변화에 신속하게 대응할 수 있는 유연한 생산 체계를 구축했다.

⑥ Lean Six Sigma의 통합 적용 사례: 제너럴 일렉트릭 (General Electric, GE)

제너럴 일렉트릭(GE)은 Lean과 Six Sigma를 결합한 Lean Six Sigma를 도입하여 생산성과 품질을 동시에 개선한 대표적인 사례이다(출처: GE 공식 보고서, 1998). GE는 1990년대에 이 기법을 전사적으로 도입하여 운영 효율성을 극대화하고, 비용을 대폭 절감했다. 예를 들어, 제품 당 생산 비용을 25% 줄이고, 제조 시간도 20% 단축할 수 있었다(출처: GE 연간 성과 보고서, 2001).

1. 낭비 제거와 품질 개선의 동시 추구

GE는 Lean의 낭비 제거 원칙을 도입하여 불필요한 재고와 대기 시간을 줄이고, Six Sigma의 품질 관리 기법을 통해 결함률을 최소화했다. 예를 들어, GE는 항공기 엔진 생산 공정에 Lean Six Sigma를 적용하여 불량률을 50% 감소시켰으며, 비용을 30% 절감하는 성과를 거두었다. 이를 통해 생산 공정에서 비용 절감과 품질 향상을 동시에 달성할 수 있었다.

2. DMAIC와 Kaizen의 결합

GE는 Six Sigma의 DMAIC 방법론과 Lean의 Kaizen 철학을 결합한 접근 방식을 통해 상당한 비용 절감과 프로세스 개선을 이끌어냈다. 구체적인 사례를 살펴보면 다음과 같다.

Six Sigma DMAIC을 통한 비용 절감

- GE는 Six Sigma의 DMAIC 방법론을 도입하여 중요한 비용 절감 성과를 달성하였다.
- 초기 5년간의 성과: GE는 Six Sigma 도입 후 첫 5년 동안 약 120억 달러의 비용을 절감하였다. 이는 Six Sigma의 체계적인 접근 방식이 단기간에 큰 효과를 냈음을 보여준다.
- 연간 절감액: 1998년, GE는 Six Sigma를 통해 3억 5천만 달러의 비용을 절감했으며, 이후 이 수치는 10억 달러 이상으로 증가하였다.
- 장기적 절감 잠재력: GE의 내부 분석에 따르면, Six Sigma 품질 수준을 달성할 경우 70억 달러에서 100억 달러의 비용 절감이 가능할 것으로 예측되었다.

DMAIC을 활용한 프로세스 개선 사례

- 항공기 엔진 부문 개선: 항공기 엔진 부문에서는 불량률을 50% 감소시키고, 비용을 30% 절감하는 성과를 거두었다.
- 생산 라인 개선: 생산 라인에서 스크랩 재료를 6개월 내에 30% 감소시키는 데 성공하였다.
- 공급망 프로세스 개선: 리드 타임을 25% 단축하는 목표를 설정하여, 결과적으로 리드 타임을 30% 줄이는 데 성공하였다.
- 장비 효율성 향상: 장비의 효율성을 20% 증가시키고, 다운타임을 50% 감소시켰다.

Lean의 Kaizen 철학을 통한 지속적 개선

- GE는 Lean의 Kaizen 철학을 적용하여 지속적인 개선을 추구하였다.
- Gas Power 사업부: 10억 달러의 고정 비용을 절감하였다.
- Electrification 부문: 3억 달러를 절감하였다.

- Onshore Wind 사업: 5억 달러의 비용 절감을 달성하였다.
- 구체적 개선 사례: Onshore Wind 제조 서비스 센터에서는 크레인 리프트를 22회 감소시키고, 노동 시간을 530시간 단축하였으며, 자재 거래 주기 시간을 90% 감소시켰다. Gas Power 서비스 센터에서는 12,000회의 크레인 리프트를 제거하고 인체공학적 문제를 해결하였으며, 리드 타임을 대폭 감소시키고 정시 납품율을 50% 향상시켰다.

CEO의 적극적인 참여

- GE의 CEO인 Larry Culp는 Kaizen 행사에 직접 참여하며 리더십을 발휘하였다. 그의 적극적인 참여는 GE 전사에 지속적인 개선 문화를 확산시키는 데 중요한 역할을 하였다.

3. 데이터 기반 문제 해결

GE는 통계적 데이터 분석과 프로세스 재설계를 통해 상당한 성과를 거두었다. 특히 GE Power는 데이터 분석을 활용한 대표적 사례이다.

GE Power의 데이터 분석 활용 사례

- 데이터 수집 및 분석: GE Power는 전 세계 발전소 장비에 설치된 수천 개의 IoT 센서를 통해 데이터를 수집하고 분석하고 있다. 초당 500,000개의 데이터 레코드가 스트리밍되며, 200억 개 이상의 센서 데이터 태그가 수집된다.
- 예측 유지보수: GE는 이 데이터를 사용해 고객 장비의 상태를 모니터링하며, 이를 통해 고객은 장애 발생 후에 대응하는 대신, 계획된 가동 중단 시간에 유지보수를 미리 수행할 수 있게 되었다.
- 비용 절감 효과: 이러한 데이터 기반의 예측 유지보수를 통해 고객들은 수백만 달러의 비용을 절감할 수 있었다.

프로세스 재설계 및 개선 사례

- 엔지니어링 프로세스 표준화: GE Grid Solutions는 엔지니어링 프로세스와 CAD 도구를 표준화하였다. 모든 부서의 요구 사항을 철저히 분석하고, 적합한 전기 엔지니어링 소프트웨어를 선택함으로써 프로세스를 최적화하였다.
- Onshore Wind 제조 서비스 센터 개선: 이 센터에서는 크레인 리프트를 22회 줄이고, 직접 적용 노동 시간을 530시간 단축하며, 자재 거래 주기 시간을 90% 감소시키는 성과를 거두었다.
- Gas Power 서비스 센터 개선: 이 센터에서는 크레인 리프트를 12,000회 제거하고, 인체공학적 문제를 해결하였으며, 리드 타임을 대폭 감소시키고 정시 납품율을 50% 향상시켰다.

결함 감소 및 품질 향상 사례

- 항공기 엔진 생산 공정: GE는 Lean Six Sigma를 적용해 항공기 엔진 부문의 불량률을 50% 감소시키고, 동시에 비용을 30% 절감하였다.
- 생산 라인 개선: GE는 6개월 내에 스크랩 재료를 30% 감소시키는 성과를 이루었다.
- 공급망 프로세스 개선: 리드 타임을 25% 단축하는 목표를 설정하고, 실제로 30% 감소시키는 성과를 이루었다.

4. 결론

Lean과 Six Sigma는 각각 운영 효율성을 극대화하고 품질을 개선하는 데 효과적인 경영 기법이다. Lean은 낭비를 제거하고 프로세스를 간소화하는 데 중점을 두며, Six Sigma는 결함을 줄이고 프로세스의 변동성을 최소화하는 데 초점을 맞춘다. Lean Six Sigma는 두 기법을 결합하여 비용 절감과 품질 개선을 동시에 달성하는 통합적인 접근법을 제공한다.

이 장에서 소개된 사례들은 Lean과 Six Sigma가 실제로 기업의 운영에 어떻게 적용되었고, 이를 통해 기업들이 비용을 절감하고 운영 효율성을 높였는지를 보여준다. 각 사례는 기업의 상황에 따라 적용된 방식이 다르지만, 공통적으로 운영 효율성 극대화와 비용 절감에 성공했다는 점에서 큰 의미가 있다.

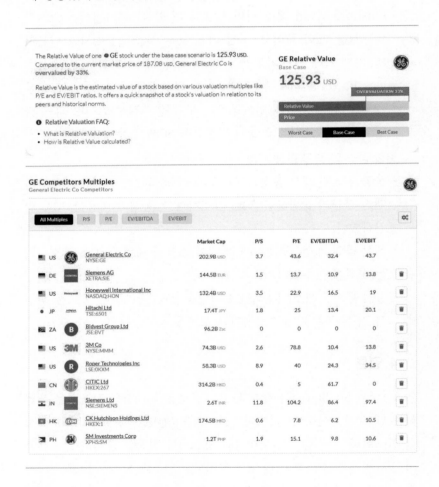

The Relative Value of one ● GE stock under the base case scenario is 125.93 USD. Compared to the current market price of 187.08 USD, General Electric Co is overvalued by 33%.

Relative Value is the estimated value of a stock based on various valuation multiples like P/E and EV/EBIT ratios. It offers a quick snapshot of a stock's valuation in relation to its peers and historical norms.

ⓘ Relative Valuation FAQ:
- What is Relative Valuation?
- How is Relative Value calculated?

GE Relative Value
Base Case

125.93 USD

OVERVALUATION 33%

Relative Value
Price

Worst Case | Base Case | Best Case

GE Competitors Multiples
General Electric Co Competitors

All Multiples | P/S | P/E | EV/EBITDA | EV/EBIT

			Market Cap	P/S	P/E	EV/EBITDA	EV/EBIT	
US		General Electric Co NYSE:GE	202.9B USD	3.7	43.6	32.4	43.7	
DE		Siemens AG XETRA:SIE	144.5B EUR	1.5	13.7	10.9	13.8	🗑
US		Honeywell International Inc NASDAQ:HON	132.4B USD	3.5	22.9	16.5	19	🗑
JP		Hitachi Ltd TSE:6501	17.4T JPY	1.8	25	13.4	20.1	🗑
ZA	B	Bidvest Group Ltd JSE:BVT	96.2B ZAC	0	0	0	0	🗑
US	3M	3M Co NYSE:MMM	74.3B USD	2.6	78.8	10.4	13.8	🗑
US	R	Roper Technologies Inc LSE:0KXM	58.3B USD	8.9	40	24.3	34.5	🗑
CN		CITIC Ltd HKEX:267	314.2B HKD	0.4	5	61.7	0	🗑
IN		Siemens Ltd NSE:SIEMENS	2.6T INR	11.8	104.2	86.4	97.4	🗑
HK		CK Hutchison Holdings Ltd HKEX:1	174.5B HKD	0.6	7.8	6.2	10.5	🗑
PH	SM	SM Investments Corp XPHS:SM	1.2T PHP	1.9	15.1	9.8	10.6	🗑

디지털 전환과 자동화를 통한 생산성 향상

디지털 전환과 자동화는 21세기 기업 운영에서 필수적인 전략으로 자리잡고 있다. 디지털 전환은 기업이 디지털 기술을 도입하여 비즈니스 모델과 프로세스를 근본적으로 혁신하는 과정이며, 자동화는 반복적이거나 인적 자원이 많이 투입되는 작업을 기계나 소프트웨어가 처리하도록 변환하는 것을 의미한다. 이 장에서는 디지털 전환과 자동화가 어떻게 생산성을 향상시키고, 기업의 운영 효율성을 극대화하는지를 이론적으로 설명한 후, 구체적인 사례를 다룬다.

1 디지털 전환의 개념과 중요성

디지털 전환(Digital Transformation)은 기업의 경영 및 운영 방식을 기술을 통해 혁신하는 것을 의미한다. 이 과정은 단순히 아날로그 작업을 디지털로 변환하는 것을 넘어, 새로운 비즈니스 모델과 고객 경험을 창출하고, 내부 프로세스를 최적화하는 것을 목표로 한다. 디지털 전환의 성공은 기업의 생산성을 높이고, 비용 절감과 더불어 시장 경쟁력을 강화하는 데 중요한 역할을 한다.

1. 디지털 전환의 주요 구성 요소

- 데이터 분석 및 인공지능(AI): 디지털 전환의 핵심은 데이터 분석 과 AI의 활용이다. 데이터를 기반으로 한 의사결정은 효율성을 극대화하고, 예측 가능한 운영을 가능하게 한다. AI는 반복적이 고 복잡한 작업을 자동화하여 시간과 비용을 절감하게 해준다.
- 클라우드 컴퓨팅: 클라우드 기술을 통해 기업은 인프라 비용을 절감하고, 언제 어디서나 데이터를 접근하고 협업할 수 있는 환 경을 구축할 수 있다. 이는 특히 글로벌 기업들에게 중요한 기술 이다.
- 사물인터넷(IoT): IoT는 다양한 디바이스가 연결되어 데이터를 주고받고, 이를 통해 운영 효율성이 높아진다. 특히 제조업에서 생산 라인을 실시간으로 모니터링하고, 설비 상태를 예측하는 데 활용된다.
- 자동화 로봇 및 소프트웨어: RPA(Robotic Process Automation)나 물리적 로봇을 도입하여 반복적이고 단순한 작업을 자동화할 수 있다. 이로 인해 인적 자원은 더 부가가치가 높은 작업에 집중할 수 있게 된다.

2. 디지털 전환이 생산성에 미치는 영향

디지털 전환은 기업의 생산성을 다음과 같은 방식으로 향상시킬 수 있다.

- 신속한 의사결정: 실시간 데이터를 기반으로 빠르고 정확한 의 사결정을 내릴 수 있다. 이는 시장 변화에 신속하게 대응할 수 있도록 한다.
- 프로세스 자동화: 자동화는 수작업으로 이루어지던 반복적인 작 업을 제거하여 인력 효율성을 극대화한다. 특히 물류, 금융, 제조 등에서 생산성과 비용 효율성이 극대화된다.

- **고객 경험 개선**: 디지털 도구는 고객 데이터를 분석하여 맞춤형 서비스를 제공할 수 있으며, 이를 통해 고객 만족도와 충성도를 높인다.

② 자동화를 통한 생산성 향상

자동화(Automation)는 기업이 프로세스에서 인간의 개입을 줄이고, 기계나 소프트웨어가 작업을 수행하도록 설계된 시스템이다. 자동화는 다양한 산업에서 반복적인 작업을 줄이고, 인적 오류를 방지하며, 더 빠른 작업 처리 시간을 가능하게 한다.

1. 자동화의 유형

- **물리적 자동화**(Physical Automation): 생산 라인에 로봇을 도입하여 제품 조립, 검사, 포장 등 수작업을 대체하는 방식이다. 제조업에서는 이미 로봇이 대규모 생산 공정에서 중요한 역할을 하고 있다.
- **프로세스 자동화**(Process Automation): RPA(로봇 프로세스 자동화)와 같은 소프트웨어를 활용하여 기업의 운영 과정에서 데이터를 입력하거나, 보고서를 작성하는 등의 업무를 자동화한다. 이는 특히 금융, HR, 물류와 같은 부서에서 효과적이다.
- **인지 자동화**(Cognitive Automation): AI와 머신러닝을 사용하여 복잡한 의사결정이나 예측을 자동화하는 기술이다. 예를 들어, AI는 예측 유지보수, 고객 서비스 자동화, 시장 예측 등에 활용될 수 있다.

2. 자동화가 생산성에 미치는 영향

- 작업 속도 향상: 자동화된 시스템은 인간보다 훨씬 빠른 속도로 작업을 처리할 수 있으며, 24시간 운영이 가능하다. 이는 특히 제조업과 물류 분야에서 생산성을 높이는 데 중요한 역할을 한다.
- 비용 절감: 인건비와 운영 비용을 절감할 수 있다. 자동화 시스템은 일관된 작업 품질을 제공하며, 인적 오류를 최소화함으로써 재작업 비용을 줄인다.
- 작업 품질 향상: 자동화는 표준화된 프로세스를 통해 품질 변동성을 줄이고, 일관된 성과를 제공한다.

3 디지털 전환과 자동화의 통합: 스마트 팩토리와 운영 효율성

스마트 팩토리(Smart Factory)는 디지털 전환과 자동화를 통합하여 생산성을 극대화하는 혁신적 공장이다. 스마트 팩토리는 IoT, AI, 클라우드 컴퓨팅 등을 활용하여 공장의 모든 운영을 실시간으로 모니터링하고, 자동화된 시스템에 의해 최적화되는 환경을 구축한다.

1. 스마트 팩토리의 핵심 요소

- 실시간 데이터 분석: 공장 내 모든 설비와 생산 과정에서 수집된 데이터를 실시간으로 분석하여, 즉각적인 의사결정을 내릴 수 있다. 예를 들어, 장비의 예측 유지보수를 통해 고장 발생 전에 수리하고, 생산 중단을 방지할 수 있다.
- 자율 운영 시스템: 스마트 팩토리는 모든 생산 공정이 자율적으로 운영되며, 최소한의 인간 개입으로도 생산이 원활하게 진행

된다. 이를 통해 생산 효율성이 극대화되고, 비용이 절감된다.

- **디지털 트윈**(Digital Twin): 가상의 공장 모델을 실제 생산 공정과 동일하게 구현하여 시뮬레이션을 할 수 있고, 이를 통해 문제를 예측하고 최적의 솔루션을 찾을 수 있다.

2. 스마트 팩토리의 효과

- **생산성 극대화**: 스마트 팩토리는 기계와 인간의 협업을 극대화하여 생산 효율성을 높인다. 특히 생산 공정의 자동화와 실시간 모니터링은 생산량을 증가시키고, 낭비를 줄인다.
- **비용 절감**: 자동화된 시스템을 통해 인건비가 절감되며, 유지보수 비용과 불필요한 자원 낭비를 줄일 수 있다.
- **품질 관리 강화**: 실시간 데이터 분석을 통해 생산 과정에서 발생할 수 있는 결함을 사전에 방지하고, 품질 관리를 더욱 철저하게 할 수 있다.

4 결론

디지털 전환과 자동화는 기업의 운영 방식을 근본적으로 변화시키며, 생산성을 크게 향상시킬 수 있는 효과적인 전략이다. 디지털 기술을 활용한 프로세스 개선과 자동화는 비용을 절감하고, 효율성을 높이며, 일관된 품질을 제공함으로써 기업의 경쟁력을 강화한다. 특히 스마트 팩토리와 같은 통합적 접근은 미래의 제조 환경에서 필수적인 요소로 자리 잡고 있으며, 기업들은 이를 통해 새로운 성장을 도모하고 있다.

다음으로, 이러한 이론을 바탕으로 실제 기업들이 디지털 전환과 자동화를 통해 어떻게 생산성을 향상시키고 비용을 절감했는지 살펴본다.

5 사례: 아마존(Amazon)의 물류 자동화

아마존은 물류 자동화 분야에서 선두주자로서 다양한 기술을 도입하여 물류 센터의 효율성과 처리 속도를 크게 향상시키고 있다. 다음은 아마존의 물류 자동화에 대한 구체적인 사례이다.

1. 로봇 기술 활용

아마존은 물류 센터에서 로봇 기술을 광범위하게 활용하고 있다.

- Kiva 로봇 시스템: Kiva 로봇은 작은 이동식 로봇으로, 창고 내에서 상품을 효율적으로 이동시킨다. 이 로봇들은 선반 전체를 들어 올려 작업자에게 가져다주는 방식으로 작동하여, 작업자들이 직접 선반을 찾아다니는 시간을 절약한다.
- 자유 이동 로봇: 아마존은 '프로테우스'라고 불리는 자율 이동 로봇을 개발 및 테스트하고 있다. 이 로봇은 사람의 개입 없이 효율적으로 작업하고 있다. 이 로봇은 물류창고를 자율적으로 돌아다니며 상품을 정렬하고 필요한 곳으로 이동시키는 작업을 수행하며, 사람을 발견하면 멈추거나 천천히 돌아서 지나가는 등의 안전 기능이 탑재되어 있다.
- Sequoia와 Digit 로봇: 2023년 10월, 아마존은 Sequoia와 Digit라는 새로운 로봇 솔루션을 발표하였다. 이 로봇들은 작업장 안전을 지원하고 더 빠른 배송을 가능하게 하여 고객 경험을 개선하는 데 기여하고 있다.

2. 규모와 영향력

아마존은 로봇 기술을 대규모로 도입하여 물류 센터의 효율성을 극대화하고 있다.

- 현재 아마존은 전 세계 창고 네트워크에서 750,000대 이상의 로봇을 운영 중이며(CNBC 뉴스), 수십만 명의 인간 작업자와 함께 협력하여 작업을 수행하고 있다. 이는 물류 작업의 처리 속도를 높이는 데 크게 기여하고 있다.

3. 자동화된 시스템

아마존은 로봇뿐만 아니라 다양한 자동화 시스템을 통해 물류 작업을 최적화하고 있다.
- **자동 가이드 차량**(Automated Guided Vehicles, AGV): AGV는 인간의 개입 없이 창고 내에서 제품 팔레트를 이동시키는 역할을 한다. 이 시스템은 무거운 물품을 안전하고 신속하게 이동시킬 수 있다.
- **로봇 피킹 시스템**: 이 시스템은 선반에서 개별 제품을 선택하여 토트에 담는 작업을 자동화하여, 보다 정확하고 빠른 피킹 작업을 가능하게 한다.
- **자동 포장 기계**: 아마존은 자동 포장 기계를 통해 제품을 배송용 상자에 포장하는 작업을 자동화하고 있다. 이는 인력 사용을 줄이고 포장 속도를 높여 전체적인 배송 시간을 단축시킨다.

4. 데이터 활용 및 예측 배송

아마존은 고급 데이터 분석 기술을 활용하여 물류 프로세스를 최적화하고 있다.
- **예측 배송**(Anticipatory Shipping): 고객의 구매 패턴을 분석하여 주문이 들어오기 전에 미리 상품을 해당 지역의 배송 센터로 이동시키는 시스템을 운영하고 있다. 이를 통해 고객이 상품을 더 빠르게 받을 수 있도록 한다.

5. 혁신적인 배송 방식

아마존은 물류 혁신을 위해 새로운 배송 방식을 도입하였다.

- **아마존 프라임 에어**(Amazon Prime Air): 드론을 이용한 배송 시스템으로, 고객에게 빠르고 효율적인 배송을 제공하는 것을 목표로 하고 있다.
- **아마존 Dash Repleshment API 및 Alexa 음성 주문 시스템**: 고객이 쉽게 재주문할 수 있는 시스템으로, 편리한 구매 경험을 제공하고 있다(2019년 Amazon 공식 발표).

6. 결론

아마존의 물류 자동화는 로봇 기술, 자동화 시스템, 데이터 분석, 그리고 혁신적인 배송 방식 등을 결합하여 이루어지고 있다. 이러한 통합된 접근 방식은 아마존이 주문 처리 속도를 높이고, 운영 비용을 절감하며, 고객 만족도를 크게 향상시키는 데 기여하고 있다. 이를 통해 아마존은 전자상거래 시장에서 경쟁 우위를 지속적으로 유지하고 있다.

The Relative Value of one ● AMZN stock under the base case scenario is 142.92 USD. Compared to the current market price of 186.51 USD, Amazon.com Inc is overvalued by 23%.

Relative Value is the estimated value of a stock based on various valuation multiples like P/E and EV/EBIT ratios. It offers a quick snapshot of a stock's valuation in relation to its peers and historical norms.

❶ Relative Valuation FAQ:
- What is Relative Valuation?
- How is Relative Value calculated?

AMZN Relative Value
Base Case
142.92 USD

OVERVALUATION 23%

Relative Value
Price

Worst Case | Base Case | Best Case

AMZN Competitors Multiples
Amazon.com Inc Competitors

			Market Cap	P/S	P/E	EV/EBITDA	EV/EBIT	
US	a	Amazon.com Inc NASDAQ:AMZN	2T USD	3.2	44	18.6	35.7	
NL	P	Prosus NV JSE:PRX	5.2T ZAr	0	0	0	0	🗑
ZA	N	Naspers Ltd JSE:NPN	886.7B ZAr	0	0	0	0	🗑
CN		Alibaba Group Holding Ltd NYSE:BABA	272.1B USD	2	27.4	15.3	15.3	🗑
CN		Pinduoduo Inc NASDAQ:PDD	214.2B USD	4.4	15.2	12.5	12.5	🗑
CN	美团	Meituan HKEX:3690	1.3T HKD	3.9	53.4	47.6	47.6	🗑
AR		Mercadolibre Inc NASDAQ:MELI	98.9B USD	5.7	70.7	34.9	44.4	🗑
UY		MercadoLibre Inc BMV:MELIN	1.9T MXN	5.6	70.3	34.7	44.1	🗑
CN		JD.Com Inc HKEX:9618	542.9B HKD	0.4	15.7	10.2	10.2	🗑
US	D	DoorDash Inc F:DD2	54.3B EUR	6.2	-146.3	675.3	-119.2	🗑
KR	COUPANG	Coupang Inc NYSE:CPNG	44B USD	1.6	41.8	60.7	128.3	🗑

---

⑥ 사례: 지멘스(Siemens)의 자동화와 디지털 트윈 도입

지멘스(Siemens)는 자동화와 디지털 트윈 기술을 도입하여 산업 혁신을 주도하는 대표적인 기업이다. 이 기술을 통해 지멘스는 제조업과 다양한 산업에서 제품 개발, 생산, 운영을 최적화하고 있다.

1. 디지털 트윈 기술의 활용

지멘스는 포괄적인 디지털 트윈 기술을 통해 제품의 전체 라이프 사이클을 관리하고 있다.

- **라이프사이클 관리**: 제품의 초기 컨셉부터 설계, 생산, 운영, 유지보수까지의 모든 데이터를 디지털 트윈을 통해 수집하고 활용

한다. 이를 통해 제품 개발 속도는 빨라지고 품질은 개선된다.

- **실시간 모니터링 및 제어**: 디지털 트윈을 사용하여 가상 환경에서 실제 자산이나 시스템을 실시간으로 모니터링하고 제어할 수 있다. 이를 통해 설비의 상태를 실시간으로 파악하고, 문제를 사전에 예측하여 해결할 수 있다.
- **원격 관리**: 디지털 트윈 기술을 통해 원격으로 설비를 모니터링하고 진단할 수 있으며, 예측 유지보수도 실행할 수 있다. 이를 통해 운영 비용을 절감하고 유지보수의 효율성을 높였다.

2. NVIDIA와의 협력

지멘스는 NVIDIA와 협력하여 산업용 메타버스를 구축하는 기술을 개발하고 있다.

- **플랫폼 연결**: Siemens Xcelerator 플랫폼과 NVIDIA Omniverse™ 플랫폼을 연결하여, 산업 자동화를 한층 더 발전시키고 있다. 이 협력을 통해 실시간 디지털 트윈의 구현이 가능해졌다.
- **실시간 디지털 트윈**: 엣지에서 클라우드까지 연결된 AI 시스템을 통해 실시간 디지털 트윈을 실현한다. 이는 산업 현장에서 실시간 모니터링과 최적화를 가능하게 한다.
- **산업용 엣지 AI**: NVIDIA Metropolis와 NVIDIA IGX 플랫폼을 활용해 안전하고 보안성이 높은 산업용 엣지 AI를 구현하고 있다. 이는 고도로 자동화된 제조 환경에서 신속한 의사결정을 가능하게 한다.

3. 자동화 솔루션

지멘스는 다양한 산업에 맞춤화된 자동화 솔루션을 제공하고 있다.

- **빌딩 자동화**: 다양한 빌딩의 규모와 용도에 맞게 맞춤화된 자동 제어 솔루션을 제공하며, 개방성과 시스템 융통성을 바탕으로 외부 시스템과 통합이 용이하다.

- HVAC 시스템 최적화: 지멘스는 신뢰할 수 있는 설계와 포괄적인 제품 포트폴리오를 기반으로 HVAC(난방, 환기, 공기 조화) 시스템을 최적화하여 에너지 효율을 높이고 비용을 절감하고 있다.

4. 실제 적용 사례

지멘스의 디지털 트윈 및 자동화 기술은 다양한 산업에서 실제로 적용되어 큰 성과를 거두고 있다.

- Deutsche Bahn(독일 철도): 지멘스는 철도 네트워크와 열차의 디지털 트윈을 구축하여 철도의 수송 용량을 극대화하였다. 이를 통해 탄소 배출량을 줄이고 철도 운영을 효율화하였다.
- HD현대: HD현대는 지멘스의 디지털 트윈 기술을 활용하여 700만 개 이상의 개별 부품을 포함한 선박 설계 데이터를 상호적으로 통합하고 시각화하고 있다. 이를 통해 설계 오류를 줄이고 고객 경험을 개선하며, 비용과 시간을 절감하고 있다.

5. 향후 전망

지멘스는 디지털 트윈 및 AI 기술을 통해 지속적으로 혁신을 추진하고 있다.

- 생성형 AI 활용: 지멘스는 복잡한 데이터를 생성형 AI를 활용하여 시각화하고 있다. 이로 인해 이전에는 수일이 걸리던 작업을 몇 시간으로 단축할 수 있으며, 실제 환경에 기반한 엔지니어링 데이터를 완성도 높게 제공할 수 있다.
- 산업용 메타버스 구축: 지멘스는 NVIDIA와 협력하여 산업용 메타버스 구축을 위한 기술을 개발 중이다. 이는 제품의 설계, 제조, 서비스 방식을 혁신할 것으로 기대된다.

6. 결론

지멘스의 자동화와 디지털 트윈 도입 사례는 산업 4.0 시대의 혁신적인 기술 도입의 모범을 보여준다. 실시간 데이터 활용, AI 기술의 접목, 가상과 실제 환경의 융합을 통해 지멘스는 제조업뿐만 아니라 다양한 산업 분야에서 생산성 향상, 비용 절감, 지속 가능성 증대 등 다양한 이점을 제공하고 있다. 앞으로 이러한 기술 혁신이 더욱 많은 산업 분야에 적용되어 산업 전반의 변화를 이끌 것으로 기대된다.

The Relative Value of one ▦ SIE stock under the base case scenario is **196.46** EUR. Compared to the current market price of 182.88 EUR, Siemens AG is **undervalued by 7%**.

Relative Value is the estimated value of a stock based on various valuation multiples like P/E and EV/EBIT ratios. It offers a quick snapshot of a stock's valuation in relation to its peers and historical norms.

ⓘ Relative Valuation FAQ:
- What is Relative Valuation?
- How is Relative Value calculated?

SIE Relative Value
Base Case

196.46 EUR

UNDERVALUATION 7%

Relative Value
Price

Worst Case | Base Case | Best Case

SIE Competitors Multiples
Siemens AG Competitors

| All Multiples | P/S | P/E | EV/EBITDA | EV/EBIT |

			Market Cap	P/S	P/E	EV/EBITDA	EV/EBIT	
▬ DE		Siemens AG XETRA:SIE	144.5B EUR	1.5	13.7	10.9	13.8	
▬ US	GE	General Electric Co NYSE:GE	202.9B USD	3.7	43.6	32.4	43.7	🗑
▬ US	Honeywell	Honeywell International Inc NASDAQ:HON	132.4B USD	3.5	22.9	16.5	19	🗑
● JP		Hitachi Ltd TSE:6501	17.4T JPY	1.8	25	13.4	20.1	🗑
▶ ZA	B	Bidvest Group Ltd JSE:BVT	96.2B Zac	0	0	0	0	🗑
▬ US	3M	3M Co NYSE:MMM	74.3B USD	2.6	78.8	10.4	13.8	🗑
▬ US	R	Roper Technologies Inc LSE:0IOXM	58.3B USD	8.9	40	24.3	34.5	🗑
▬ CN		CITIC Ltd HKEX:267	314.2B HKD	0.4	5	61.7	0	🗑
▬ IN		Siemens Ltd NSE:SIEMENS	2.6T INR	11.8	104.2	86.4	97.4	🗑
▦ HK		CK Hutchison Holdings Ltd HKEX:1	174.5B HKD	0.6	7.8	6.2	10.5	🗑
▶ PH	SM	SM Investments Corp XPHS:SM	1.2T PHP	1.9	15.1	9.8	10.6	🗑

7 사례: 폭스콘(Foxconn)의 자동화 로봇 도입

폭스콘(Foxconn)은 전자제품 제조 분야에서 자동화와 로봇 도입을 통해 제조 공정을 혁신해온 세계적인 기업이다. 폭스콘의 자동화 로봇 도입에 대한 구체적인 사례를 살펴보면 다음과 같다.

1. 자동화 계획 및 규모

폭스콘은 대규모 자동화 계획을 수립하고, 이를 점진적으로 실현해왔다.

- 대규모 자동화 계획: 2011년, 폭스콘의 CEO 테리 고우(Terry Gou)는 공장 조립 라인에 100만 대의 로봇을 배치하겠다는 계획을 발표하였다.
- 실제 도입 현황: 2016년까지 폭스콘은 약 40,000대의 로봇을 생산 라인에 배치하였다. 특히, iPhone 6 출시 이후 인력의 절반 이상을 로봇으로 대체한 것으로 알려져 있다.

2. 자동화 전략

폭스콘의 자동화 전략은 3단계로 이루어져 있다.

- 1단계: 위험하고 불쾌한 작업을 자동화하여, 개별 작업자들의 역할을 줄인다.
- 2단계: 전체 생산 라인의 자동화를 통해 작업 효율을 높인다.
- 3단계: 공장 전체를 완전히 자동화한다.

3. 구체적인 자동화 사례

폭스콘은 여러 지역에서 자동화된 생산 라인을 운영하며 성과를 거두었다.

- **완전 자동화 생산 라인**: 2016년 기준, 폭스콘은 청두의 태블릿 PC 생산 라인, 충칭의 AIO PC 및 LCD 모니터 라인, 정저우의 CNC 라인을 포함한 10개의 완전 자동화된 생산 라인을 운영하고 있다.
- **인력 감소**: 한 공장에서는 로봇 도입을 통해 110,000명의 인력을 50,000명으로 줄였다.
- **'Foxbots' 개발**: 폭스콘은 자체 개발한 'Foxbots'라는 산업용 로봇을 도입하였다. 이 로봇들은 단순하지만 정밀한 반복 작업을 수행할 수 있도록 설계되었다.

4. AI 및 디지털 트윈 기술 활용

폭스콘은 AI와 디지털 트윈 기술을 도입하여 자동화 로봇의 성능을 개선하고 있다.
- **AI 로봇 훈련**: 디지털 트윈 기술을 통해 AI 로봇을 훈련시켜 생산 공정을 효율화하고 있다.
- **NVIDIA와의 협력**: 폭스콘은 NVIDIA와 협력하여 AI 및 디지털 트윈 기술을 활용해 로봇 조립 과정을 최적화하였다.

5. 자동화의 영향

폭스콘의 자동화 도입은 생산성, 품질, 비용 절감에 다양한 긍정적인 영향을 미쳤다.
- **생산성 향상**: 자동화를 통해 인력은 30% 감소했지만, 생산량은 유지되었다.
- **품질 개선**: 세계경제포럼의 평가에 따르면, 폭스콘의 관란 공장은 Industry 4.0 기술 도입으로 결함률을 56% 감소시켰다.
- **생산 속도 향상**: 새로운 제품 도입 속도가 29% 빨라졌고, 대량 생산 속도는 50% 향상되었다.
- **비용 절감**: 제조 비용이 30% 절감되었다.

6. 결론

폭스콘의 자동화 로봇 도입 사례는 제조업에서 대규모 자동화 전환이 현실적으로 이루어지고 있음을 보여준다. 폭스콘은 자동화를 통해 생산성을 향상시켰으며, 인건비를 대폭 절감할 수 있었다. 또한, 자동화된 생산 공정 덕분에 제품 불량률이 줄어들었고, 제품 품질도 개선되었다.

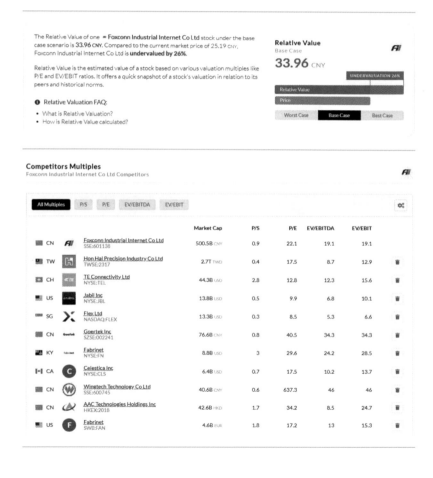

The Relative Value of one ≈ **Foxconn Industrial Internet Co Ltd** stock under the base case scenario is **33.96 CNY**. Compared to the current market price of 25.19 CNY, Foxconn Industrial Internet Co Ltd is **undervalued by 26%**.

Relative Value is the estimated value of a stock based on various valuation multiples like P/E and EV/EBIT ratios. It offers a quick snapshot of a stock's valuation in relation to its peers and historical norms.

❶ Relative Valuation FAQ:
- What is Relative Valuation?
- How is Relative Value calculated?

Relative Value
Base Case

33.96 CNY

UNDERVALUATION 26%

Relative Value

Price

Worst Case | Base Case | Best Case

Competitors Multiples
Foxconn Industrial Internet Co Ltd Competitors

All Multiples | P/S | P/E | EV/EBITDA | EV/EBIT

			Market Cap	P/S	P/E	EV/EBITDA	EV/EBIT	
CN		Foxconn Industrial Internet Co Ltd SSE:601138	500.5B CNY	0.9	22.1	19.1	19.1	
TW		Hon Hai Precision Industry Co Ltd TWSE:2317	2.7T TWD	0.4	17.5	8.7	12.9	🗑
CH		TE Connectivity Ltd NYSE:TEL	44.3B USD	2.8	12.8	12.3	15.6	🗑
US		Jabil Inc NYSE:JBL	13.8B USD	0.5	9.9	6.8	10.1	🗑
SG		Flex Ltd NASDAQ:FLEX	13.3B USD	0.3	8.5	5.3	6.6	🗑
CN		Goertek Inc SZSE:002241	76.6B CNY	0.8	40.5	34.3	34.3	🗑
KY		Fabrinet NYSE:FN	8.8B USD	3	29.6	24.2	28.5	🗑
CA		Celestica Inc NYSE:CLS	6.4B USD	0.7	17.5	10.2	13.7	🗑
CN		Wingtech Technology Co Ltd SSE:600745	40.6B CNY	0.6	637.3	46	46	🗑
CN		AAC Technologies Holdings Inc HKEX:2018	42.6B HKD	1.7	34.2	8.5	24.7	🗑
US		Fabrinet SWB:FAN	4.6B EUR	1.8	17.2	13	15.3	🗑

공급망 관리 최적화: 비용 절감과 가치 창출

공급망 관리(Supply Chain Management, SCM)는 기업이 원자재 조달에서부터 제품이 최종 소비자에게 전달되기까지의 모든 과정을 계획하고 실행하는 과정이다. 공급망 관리는 비용을 절감하고, 효율성을 극대화하며, 기업이 고객에게 더 많은 가치를 제공할 수 있게 한다. 최근 기술의 발전과 글로벌 시장의 복잡성 증가로 인해, **디지털 전환**과 **자동화**를 포함한 공급망 관리의 혁신이 더 큰 주목을 받고 있다. 이 장에서는 공급망 최적화의 개념, 주요 전략, 그리고 기업들이 공급망을 최적화하여 비용을 절감하고 가치를 창출한 사례들을 소개한다.

① 공급망 관리 최적화의 중요성

공급망 관리 최적화는 기업 운영의 모든 단계에서 발생하는 낭비를 최소화하고, 제품이 최종 소비자에게 더 빠르고 효율적으로 전달되도록 하는 것을 목표로 한다. 성공적인 공급망 관리는 다음과 같은 혜택을 제공한다.
- **비용 절감**: 자재 조달, 생산, 운송, 창고 관리 등에서 발생하는 불필요한 비용을 줄임으로써 비용을 절감할 수 있다.

- **고객 만족도 향상:** 효율적인 공급망 관리는 더 빠른 배송과 더 높은 품질의 제품을 고객에게 제공할 수 있게 한다.
- **재고 관리 개선:** 재고 수준을 최적화하여 불필요한 재고 비용을 줄이고, 재고 부족 문제도 예방할 수 있다.
- **위험 관리 강화:** 글로벌 공급망의 복잡성 증가에 따라, 잠재적인 리스크를 사전에 파악하고 대응 전략을 수립할 수 있다.

② 공급망 최적화의 핵심 전략

1. 디지털 전환과 공급망 관리

디지털 기술을 공급망에 도입하면 실시간 데이터 분석과 자동화된 의사결정이 가능해진다. 이를 통해 더 정확한 수요 예측, 생산 계획, 재고 관리, 운송 최적화를 실현할 수 있다.
- **IoT(사물인터넷):** IoT 장치를 사용하여 창고, 물류, 운송 상태를 실시간으로 모니터링함으로써 물류의 가시성을 높이고, 공급망 전반에서 발생할 수 있는 병목 현상을 사전에 예방할 수 있다.
- **AI 기반 예측 분석:** AI는 과거의 데이터와 트렌드를 분석하여, 수요 변동을 예측하고 공급망 전반에서 발생할 수 있는 리스크를 파악해 최적의 대응 방안을 제시한다.
- **블록체인:** 블록체인을 활용하면 공급망의 각 단계를 투명하게 추적하고, 제품의 출처 및 이동 경로에 대한 신뢰성을 확보할 수 있다. 특히 식품, 의약품과 같은 분야에서 품질 관리를 강화하는 데 유용하다.

2. 공급망 자동화

자동화 기술을 공급망에 도입하면 효율성을 극대화하고, 비용을 절감할 수 있다. 자동화는 특히 물류 창고와 운송 부문에서 큰 효과를 발휘한다.

- **자동화된 창고 관리 시스템**(WMS): 자동화된 창고 시스템은 재고 위치를 정확히 추적하고, 로봇이 제품을 선별하고 이동시키는 작업을 자동화한다. 이를 통해 작업 효율성과 속도가 향상되고, 인적 오류를 최소화할 수 있다.
- **드론 및 자율주행 차량**: 드론과 자율주행 차량은 물류 및 배송의 마지막 단계에서 빠르고 효율적인 배송을 가능하게 한다. 이는 특히 인프라가 부족한 지역이나 교통이 복잡한 도시에서 유용하다.

3. 재고 관리 최적화

재고 관리 최적화는 공급망의 핵심 요소 중 하나로, 기업은 재고 수준을 적절히 유지하여 불필요한 재고 보유 비용을 줄이고, 동시에 고객 수요를 충족시킬 수 있어야 한다.

- **JIT**(Just-In-Time) **시스템**: JIT는 필요할 때 필요한 만큼만 재고를 확보하는 방식으로, 과잉 재고를 방지하고 유지 비용을 줄인다. 이를 통해 자본 잠김을 최소화하고, 신속한 생산과 유통이 가능하다.
- **VMI**(Vendor Managed Inventory): 공급업체가 고객의 재고 수준을 관리하고, 필요할 때 자동으로 재고를 보충하는 방식이다. 이를 통해 불필요한 재고 보유 비용을 줄이고, 공급망 효율성을 높일 수 있다.

4. 공급망 협업 강화

공급망의 모든 구성원(공급자, 생산자, 유통업자, 소매업자)이 긴밀하게 협력할 때, 공급망 전반의 효율성을 극대화할 수 있다.

- **공급업체와의 협력:** 공급업체와 실시간으로 데이터를 공유하여 수요 변동에 신속하게 대응하고, 자재 공급을 조정할 수 있다.
- **통합 물류 네트워크 구축:** 여러 물류 파트너와 협력하여 물류 비용을 절감하고, 물류 흐름을 최적화하는 통합적인 시스템을 구축한다.

③ 사례: 월마트(Walmart)의 디지털 공급망 관리

월마트(Walmart)는 전 세계에서 가장 큰 소매 유통업체 중 하나로, 공급망 최적화의 대표적인 성공 사례이다. 월마트는 디지털 기술을 적극 도입하여 공급망 관리 효율성을 극대화했다.

- **IoT와 실시간 재고 관리:** 월마트는 IoT를 통해 전 세계 매장과 창고에서 실시간으로 재고 상태를 모니터링하고, 자동으로 재고를 보충하는 시스템을 도입했다. 이로 인해 불필요한 재고 비용이 크게 줄었으며, 고객의 수요에 신속하게 대응할 수 있었다.
- **블록체인을 통한 공급망 투명성 강화:** 월마트는 블록체인 기술을 활용하여 식품 공급망을 투명하게 관리하고 있다. 식품의 출처와 이동 경로를 실시간으로 추적함으로써, 품질 문제 발생 시 신속하게 대응하고, 소비자에게 안전한 제품을 제공할 수 있다.
- **결과:** 월마트는 디지털 공급망 관리를 통해 비용을 절감하고, 물류 효율성을 향상시켰다. 또한, 공급망의 투명성 강화를 통해 소비자의 신뢰도도 크게 향상되었다.

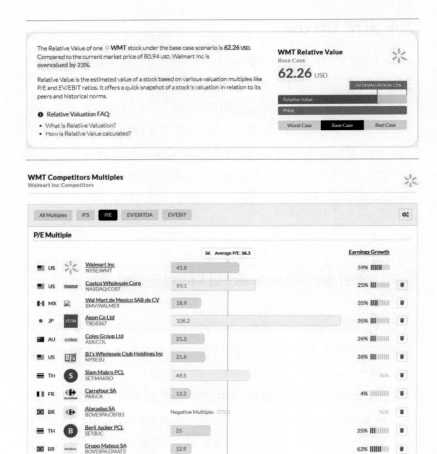

The Relative Value of one ✳ **WMT** stock under the base case scenario is **62.26** USD. Compared to the current market price of 80.94 USD, Walmart Inc is overvalued by 23%.

Relative Value is the estimated value of a stock based on various valuation multiples like P/E and EV/EBIT ratios. It offers a quick snapshot of a stock's valuation in relation to its peers and historical norms.

❶ Relative Valuation FAQ:
- What is Relative Valuation?
- How is Relative Value calculated?

WMT Relative Value
Base Case

62.26 USD

OVERVALUATION 23%

Relative Value
Price

| Worst Case | Base Case | Best Case |

WMT Competitors Multiples
Walmart Inc Competitors

| All Multiples | P/S | **P/E** | EV/EBITDA | EV/EBIT |

P/E Multiple

Average P/E: 36.3

				Earnings Growth
🇺🇸 US ✳	**Walmart Inc** NYSE:WMT	41.8		59%
🇺🇸 US	**Costco Wholesale Corp** NASDAQ:COST	53.1		25%
🇲🇽 MX	**Wal Mart de Mexico SAB de CV** BMV:WALMEX	18.9		35%
🔴 JP	**Aeon Co Ltd** TSE:8267	106.2		35%
🇦🇺 AU	**Coles Group Ltd** ASX:COL	21.3		26%
🇺🇸 US	**BJ's Wholesale Club Holdings Inc** NYSE:BJ	21.6		26%
🇹🇭 TH	**Siam Makro PCL** SET:MAKRO	49.5		N/A
🇫🇷 FR	**Carrefour SA** PAR:CA	12.2		4%
🇧🇷 BR	**Atacadao SA** BOVESPA:CRFB3	Negative Multiple: -275.0		N/A
🇹🇭 TH	**Berli Jucker PCL** SET:BJC	25		25%
🇧🇷 BR	**Grupo Mateus SA** BOVESPA:GMAT3	12.9		62%

---

4 ⬤ 사례: 토요타(Toyota)의 JIT 시스템

    토요타(Toyota)는 JIT(Just-In-Time) 시스템을 도입하여 공급망 관리에서 선도적인 역할을 해왔다. 토요타의 JIT는 필요한 시점에 필요한

부품을 공급받아 과잉 재고를 없애고, 생산 효율성을 극대화한 시스템이다.

- **JIT와 Kanban 시스템:** 토요타는 Kanban이라는 시각적 신호 시스템을 사용하여, 부품이 필요할 때 즉시 공급자가 부품을 납품하도록 했다. 이를 통해 재고 비용을 절감하고, 불필요한 자재 보관 비용을 없앴다.
- **공급업체와의 긴밀한 협력:** 토요타는 공급업체와의 긴밀한 협력을 통해 공급망 전반을 최적화했다. 공급업체는 토요타의 생산 일정에 맞춰 정확한 시점에 부품을 공급했으며, 이를 통해 토요타는 불필요한 재고를 보유하지 않고도 생산을 이어갈 수 있었다.
- **결과:** 토요타는 JIT 시스템을 통해 재고 비용을 50% 이상 절감했으며, 생산 공정에서 발생하는 낭비를 크게 줄였다. 이 시스템은 토요타의 높은 생산성과 비용 효율성을 유지하는 데 핵심적인 역할을 했다.

The Relative Value of one ■ Toyota Motor Corp stock under the base case scenario is 3 770.37 JPY. Compared to the current market price of 2 586 JPY, Toyota Motor Corp is **undervalued by 31%**.

Relative Value is the estimated value of a stock based on various valuation multiples like P/E and EV/EBIT ratios. It offers a quick snapshot of a stock's valuation in relation to its peers and historical norms.

❶ Relative Valuation FAQ:
- What is Relative Valuation?
- How is Relative Value calculated?

Relative Value
Base Case

3 770.37 JPY

UNDERVALUATION 31%

Relative Value

Price

| Worst Case | Base Case | Best Case |

Competitors Multiples
Toyota Motor Corp Competitors

			Market Cap	P/S	P/E	EV/EBITDA	EV/EBIT	
● JP		Toyota Motor Corp TSE:7203	34.8T JPY	0.8	7	5.6	7.8	
▆ US		Tesla Inc NASDAQ:TSLA	798.8B USD	8.4	64.3	63.3	107	🗑
▆ CN		BYD Co Ltd SZSE:002594	894B CNY	1.4	27.4	26.2	26.2	🗑
▆ DE		Mercedes Benz Group AG MIL:MBG	75.3B EUR	0.5	4.9	4.5	6.1	🗑
▮▮ IT		Ferrari NV NYSE:RACE	80.8B USD	11.6	53.1	31.1	43.3	🗑
▆ DE		Daimler AG XETRA:DAI	67.5B EUR	0.4	3.7	4	5.4	🗑
▆ DE		Dr Ing hc F Porsche AG XETRA:P911	63.9B EUR	1.1	8.5	4.2	5.8	🗑
▆ DE		Mercedes-Benz Group AG XETRA:MBG	59.7B EUR	0.4	4.7	4.9	7.1	🗑
▆ DE		Volkswagen AG XETRA:VOW	49.5B EUR	0.2	3.3	2.1	4.3	🗑
▆ DE		Bayerische Motoren Werke AG XETRA:BMW	48.8B EUR	0.3	4.7	3.3	5.1	🗑
● JP		Honda Motor Co Ltd TSE:7267	7.6T JPY	0.4	6.6	3.8	5.8	🗑

제4장

연구개발(R&D)과 혁신을 통한 성장

지속 가능한 경쟁 우위 확보를 위한 R&D 투자 전략

연구개발(R&D)은 기업이 지속 가능한 경쟁 우위를 확보하기 위한 핵심 요소로, 기술 혁신과 제품 및 서비스의 개선을 통해 시장에서의 경쟁력을 강화하는 전략이다. 급변하는 글로벌 시장에서 기업은 단순히 현재의 성과를 유지하는 것에 그치지 않고, 미래 성장을 위한 기반을 마련하기 위해 지속적인 R&D 투자를 통해 경쟁 우위를 확보할 필요가 있다. 이 장에서는 R&D 투자 전략의 중요성과 이를 통해 기업이 어떻게 장기적인 성장을 이룰 수 있는지를 다룬다.

① R&D 투자의 중요성

R&D 투자는 기술적 혁신을 통해 기업의 성장 가능성을 극대화하며, 시장의 변동에 유연하게 대응할 수 있는 능력을 제공한다. 특히, 기술적 진보가 빠르게 이루어지는 산업에서는 경쟁에서 살아남기 위해 R&D가 필수적이다.

1. R&D 투자와 기업 성장

R&D는 새로운 제품 개발, 기존 제품 개선, 서비스 혁신 등 다양한

방법으로 기업의 성장을 도모한다. 이를 통해 기업은 다음과 같은 경쟁 우위를 확보할 수 있다.

- **기술적 우위 확보**: R&D는 혁신적인 제품과 서비스를 개발하여 경쟁사보다 앞서 나갈 수 있는 기술적 우위를 제공한다. 새로운 기술을 통해 시장에 신제품을 출시하면, 기업은 선두 주자로 발돋움할 수 있다.
- **차별화된 제품 제공**: 소비자의 요구에 부응하는 차별화된 제품과 서비스를 제공함으로써, 경쟁사와의 차별화 요소를 확보할 수 있다. 이는 고객 충성도 향상과 시장 점유율 확대로 이어진다.
- **지속 가능한 성장**: R&D는 단기적인 이익 창출보다는 장기적인 성장을 목표로 한다. 기술 혁신은 새로운 시장을 창출하거나 기존 시장에서 경쟁력을 높여 지속 가능한 성장을 가능하게 한다.

2. R&D와 혁신의 경제적 효과

R&D 투자는 경제적으로도 높은 수익을 창출할 수 있다. 성공적인 R&D는 기업의 제품 가격 프리미엄을 높이거나, 생산 공정의 효율성을 향상시켜 비용 절감을 가능하게 한다.

- **신제품 및 서비스 개발**: 새로운 제품이 출시되면, 해당 제품에 대한 초기 수요가 급증할 가능성이 높다. 이로 인해 높은 매출 성장이 기대되며, 특히 신기술 기반의 제품은 가격 프리미엄을 얻을 수 있다.
- **비용 절감**: 생산 공정에서 R&D를 통해 효율성을 높이면 생산비를 줄일 수 있다. 예를 들어, 자동화된 생산 공정이나 신소재 사용은 비용을 절감하고, 더 높은 수익을 창출할 수 있는 기반을 제공한다.

2 R&D 투자 전략의 구성 요소

R&D 투자 전략은 기술 개발에 대한 장기적인 비전과 이를 실현하기 위한 구체적인 계획으로 이루어진다. 성공적인 R&D 투자 전략을 수립하기 위해서는 다음과 같은 핵심 요소들을 고려해야 한다.

1. 시장 동향과 기술 트렌드 분석

R&D 투자 전략을 수립할 때, 먼저 시장 동향과 기술 트렌드를 분석하는 것이 필수적이다. 시장의 요구를 파악하고, 기술적 변화에 대한 통찰력을 얻으면, 기업은 미래 성장 가능성이 높은 영역에 R&D 투자를 집중할 수 있다.

- 시장 수요 분석: 고객의 니즈와 시장의 변화를 파악하여, 미래의 수익 기회를 찾는다. 예를 들어, 지속 가능성에 대한 수요 증가, 친환경 제품에 대한 관심 증대 등은 중요한 시장 동향이다.
- 기술 트렌드 분석: 현재와 미래의 기술 트렌드를 분석하여, 신기술 개발에 투자할 기회를 포착한다. AI, IoT, 블록체인, 바이오 기술 등 다양한 신기술이 현재 기업들의 주요 R&D 투자 분야로 주목받고 있다.

2. R&D 자원의 효과적 배분

R&D 투자는 한정된 자원으로 진행되기 때문에, 기업은 자원을 효율적으로 배분해야 한다. 기업은 장기적 성장 가능성이 높은 기술에 집중적으로 투자하고, 우선 순위가 낮은 프로젝트는 자원 배분을 축소하는 전략을 취할 수 있다.

- 핵심 기술에 집중: 기업의 장기적인 성장 가능성을 고려해, 핵심 기술 개발에 자원을 집중 배분한다. 기술 개발의 성공 가능성과

시장 파급력을 고려해 투자 우선순위를 설정한다.
- 다양한 포트폴리오 구축: R&D 투자에 있어서 리스크 분산이 필요하다. 장기적으로 성공 가능성이 높은 대형 프로젝트와 더불어, 단기적인 성과를 낼 수 있는 소형 프로젝트에도 적절히 자원을 배분하는 것이 중요하다.

3. 개방형 혁신(Open Innovation)

전통적으로 기업들은 내부에서만 기술 혁신을 추진해왔으나, 최근에는 외부와 협력하여 **개방형 혁신**(Open Innovation) 전략을 사용하는 기업들이 증가하고 있다. 이는 외부의 혁신 역량을 기업 내부로 통합하는 방식으로, R&D 비용 절감과 더불어 기술 개발의 속도를 높이는 데 기여할 수 있다.
- **외부 연구소와의 협력**: 외부 연구기관이나 대학과 협력하여 공동 연구개발을 추진할 수 있다. 이를 통해 비용을 절감하고, 최신 기술을 신속하게 도입할 수 있다.
- **스타트업과의 파트너십**: 혁신적인 기술을 보유한 스타트업과 협력하거나, 이를 인수함으로써 신기술을 빠르게 도입하고 시장에 적용할 수 있다.

③ **사례: 테슬라(Tesla)의 전기차 혁신과 R&D 전략**

테슬라는 전기차와 자율주행 기술 분야에서 선도적인 위치를 차지하고 있으며, 적극적인 R&D 투자를 통해 혁신을 이끌어내고 있다. 다음은 테슬라의 R&D 투자와 혁신 사례에 대한 구체적인 내용이다.

1. R&D 투자 규모의 급격한 증가

테슬라의 R&D 투자는 지속적으로 증가해왔다. 2014년 4억 6,500만 달러에서 2023년에는 약 40억 달러로, 8.5배 이상 증가했다. 이는 테슬라가 혁신 기술 개발에 얼마나 큰 가치를 두고 있는지를 보여준다.

2. 업계 평균을 상회하는 R&D 투자

테슬라는 생산되는 차량당 R&D 지출이 업계 평균의 3배에 달한다. 이 역시 테슬라가 혁신을 얼마나 중요하게 여기는지를 잘 보여준다.

3. 배터리 기술 혁신

테슬라의 R&D 노력은 배터리 기술 혁신으로 이어졌다. 2020년에 소개된 4680 배터리 셀은 기존 2170 배터리 대비 용량은 5배, 출력은 6배 높은 것으로 평가된다. 이 배터리는 무탭(tabless) 디자인을 채택하여 생산 비용을 낮추고 효율성을 높였다.

4. 자율주행 기술 개발

테슬라는 자율주행 기술 개발에 지속적으로 투자하며, 2024년 12월 기준 최신 FSD(Full Self-Driving) 소프트웨어 v13.2를 일부 고객에게 배포하여 AI 성능을 개선하고 있다. 또한, 2024년 10월에는 운전대와 페달이 없는 완전 자율주행 로보택시 '사이버캡(CyberCap)'을 공개하며 무인 주행 서비스 도입을 가속화하고 있다.

5. 지속 가능성 추구

테슬라는 배터리 재활용 기술 개발에도 주력하고 있다. 2020년부터 배터리 셀 재료의 92% 이상을 회수하는 기술을 개발했으며, 이를 통해 새로운 배터리 생산에 직접 사용할 수 있는 재활용 시스템을 구축했다.

6. 오픈소스 철학 채택

테슬라는 2014년 전기차 관련 특허를 오픈소스로 공개했다. 이는 전기차 기술의 발전을 가속화하고 더 넓은 생태계를 조성하기 위한 혁신적인 접근 방식이었다.

7. 다양한 분야의 R&D

테슬라의 R&D는 차량 기술뿐만 아니라 태양광 패널, 에너지 저장 시스템 등 다양한 분야로 확장되고 있다. 이는 테슬라가 종합 에너지 기업으로 발전하고 있음을 보여준다.

테슬라의 사례는 지속적이고 과감한 R&D 투자가 어떻게 기술 혁신과 시장 선도로 이어질 수 있는지를 잘 보여준다. 전기차와 자율주행 기술 분야에서 테슬라의 선도적 위치는 이러한 적극적인 R&D 전략의 결과라고 볼 수 있다.

The Relative Value of one ⊤ TSLA stock under the base case scenario is 61.42 USD. Compared to the current market price of 250.08 USD, Tesla Inc is **overvalued by 75%**.

Relative Value is the estimated value of a stock based on various valuation multiples like P/E and EV/EBIT ratios. It offers a quick snapshot of a stock's valuation in relation to its peers and historical norms.

❶ Relative Valuation FAQ:

• What is Relative Valuation?
• How is Relative Value calculated?

TSLA Relative Value
Base Case

61.42 USD

OVERVALUATION 75%

| Relative Val | |
| Price | |

| Worst Case | Base Case | Best Case |

TSLA Competitors Multiples
Tesla Inc Competitors

			Market Cap	P/S	P/E	EV/EBITDA	EV/EBIT	
US		Tesla Inc NASDAQ:TSLA	798.8B USD	8.4	64.3	63.3	107	
JP		Toyota Motor Corp TSE:7203	34.8T JPY	0.8	7	5.6	7.8	🗑
CN		BYD Co Ltd SZSE:002594	894B CNY	1.4	27.4	26.2	26.2	🗑
DE		Mercedes Benz Group AG MIL:MBG	75.3B EUR	0.5	4.9	4.5	6.1	🗑
IT		Ferrari NV NYSE:RACE	80.8B USD	11.6	53.1	31.1	43.3	🗑
DE		Daimler AG XETRA:DAI	67.5B EUR	0.4	3.7	4	5.4	🗑
DE		Dr Ing hc F Porsche AG XETRA:P911	63.9B EUR	1.1	8.5	4.2	5.8	🗑
DE		Mercedes-Benz Group AG XETRA:MBG	59.7B EUR	0.4	4.7	4.9	7.1	🗑
DE		Volkswagen AG XETRA:VOW	49.5B EUR	0.2	3.3	2.1	4.3	🗑
DE		Bayerische Motoren Werke AG XETRA:BMW	48.8B EUR	0.3	4.7	3.3	5.1	🗑
JP		Honda Motor Co Ltd TSE:7267	7.6T JPY	0.4	6.6	3.8	5.8	🗑

4 사례: 구글(Google)의 개방형 혁신(Open Innovation) 전략

구글은 개방형 혁신 전략을 통해 외부와의 협력을 적극적으로 추진하고 있다. 이에 대한 구체적인 사례들은 다음과 같다.

1. 대학과의 연구 협력

구글은 개방형 혁신 전략을 통해 세계 유수 대학들과 협력하며 연구를 진행하고 있다. 2023년 기준, 구글은 도쿄 대학과 시카고 대학에 5,000만 달러를 지원하여 양자 컴퓨팅 연구를 공동으로 수행하고 있으며, 2015년부터는 한국의 대학들과도 협력하며 교수진과 학생들을 위한 연구비 지원과 방문 연구원 프로그램을 운영하고 있다.

2. 스타트업 지원 프로그램

구글은 'Google for Startups Accelerator: AI First' 프로그램을 통해 AI 스타트업을 지원하고 있으며, 이를 통해 AI 모델 개발, MLOps 최적화, UX/UI 리서치, 마케팅 전략 분석 등에 대한 맞춤형 컨설팅과 멘토링을 제공한다.

3. 오픈소스 커뮤니티 참여

구글은 오픈소스 커뮤니티에 적극적으로 참여하며, TensorFlow와 Kubernetes와 같은 주요 오픈소스 프로젝트를 개발하고 관리하고 있다. 또한, 2023년 깃허브 Octoverse 보고서에 따르면, 구글을 포함한 주요 기술 기업들이 지원하는 오픈소스 프로젝트는 개발자들 사이에서 큰 인기를 끌었다고 한다.

4. 연구 지원 프로그램

구글은 'Google Faculty Research Awards' 프로그램을 통해 전 세계 우수 대학의 정규 교수들에게 1년 단위의 연구비를 제공한다. 또한 'Google Academic Research Awards(GARA)' 프로그램을 도입하여 컴퓨팅 및 기술 분야의 혁신적인 연구에 최대 15만 달러를 지원하고, 선정된 연구자들에게 구글 연구 스폰서와의 장기적인 협력 기회를 제공한다.

5. 오픈소스 보안 강화 노력

구글은 오픈소스 프로젝트의 보안 강화를 위해 다양한 노력을 기울이고 있다. 'OSS-Fuzz' 서비스를 통해 1,200개 이상의 프로젝트에서 34,000개의 버그를 발견하고 수정했으며, 'Open Source Security Foundation(OpenSSF)'에 참여하여 소프트웨어 공급망 보안을 위한 프레임워크 개발에 기여하고 있다.

이러한 사례들을 통해 구글이 외부와의 적극적인 협력을 통해 혁신을 추구하고 있음을 알 수 있다. 구글의 개방형 혁신 전략은 학계, 스타트업, 오픈소스 커뮤니티 등 다양한 분야와의 협력을 포함하고 있으며, 이를 통해 기술 발전과 혁신을 가속화하고 있다.

혁신 문화를 통한
신성장 동력 발굴

기업이 지속적으로 성장하고 변화하는 시장에서 경쟁력을 유지하기 위해서는 **혁신 문화**를 구축하는 것이 필수적이다. 혁신 문화는 조직 내에서 자유로운 아이디어 창출과 창의적 사고를 촉진하며, 새로운 성장 기회를 모색할 수 있는 환경을 만들어준다. 이는 단순히 한두 가지 혁신적인 제품이나 서비스를 개발하는 것을 넘어, 조직 전체가 혁신에 기반한 지속 가능한 성장을 추구하는 체제를 갖추는 것을 의미한다.

1 혁신 문화의 중요성

혁신 문화는 기업이 변화하는 환경 속에서 신속하게 대응하고, 신성장 동력을 발굴할 수 있는 원동력이 된다. 혁신 문화는 구성원들이 실패를 두려워하지 않고 새로운 아이디어를 자유롭게 제안하고 실험할 수 있는 환경을 제공함으로써, 시장의 변화에 유연하게 대응할 수 있는 역량을 높여준다. 다음은 혁신 문화가 기업에 제공하는 주요 이점들이다.

1. 지속 가능한 성장을 위한 환경 조성

- 자유로운 아이디어 창출: 조직 내에서 새로운 아이디어를 자유롭게 제안하고, 그 아이디어가 실험되고 발전할 수 있는 환경을 조성함으로써 혁신이 일어날 수 있다. 이를 통해 기업은 새로운 사업 기회를 발견하고, 기존 제품이나 서비스에 대한 개선을 지속적으로 추구할 수 있다.
- 장기적인 성장 기회 발굴: 혁신 문화는 단기적인 성과에 집중하기보다는 장기적인 성장 기회를 모색한다. 새로운 시장에 진출하거나, 전혀 다른 산업 분야로의 확장을 통해 신성장 동력을 발굴할 수 있다.

2. 변화에 대한 적응력 강화

- 빠른 시장 변화에 대응: 급변하는 시장 환경에서 빠르게 대응할 수 있는 기업만이 생존할 수 있다. 혁신 문화는 조직의 유연성을 높이고, 변화에 민첩하게 대응할 수 있는 역량을 키워준다.
- 실패를 허용하는 문화: 혁신적인 아이디어는 성공뿐만 아니라 실패를 동반할 가능성이 크다. 혁신 문화가 구축된 조직은 실패를 통해 배우고, 이를 기반으로 더 나은 혁신을 시도할 수 있다. 이는 결국 더 큰 성공으로 이어질 수 있는 기반을 제공한다.

3. 인재 유치 및 유지

- 창의적인 인재를 끌어들임: 혁신적인 환경을 제공하는 기업은 창의적이고 도전적인 인재들을 끌어들일 수 있다. 이러한 인재들은 기업의 경쟁력을 높이는 데 중요한 역할을 한다.
- 직원의 동기 부여 및 만족도 향상: 자유롭게 아이디어를 제안하고, 이를 실행에 옮길 수 있는 기회를 제공받는 직원들은 더 높은 만족감을 느끼며, 기업의 성장에 기여하고자 하는 동기를 갖는다.

② 혁신 문화를 구축하는 전략

혁신 문화를 성공적으로 구축하기 위해서는 조직의 리더십, 구조, 프로세스, 그리고 인센티브 시스템이 모두 혁신을 촉진하는 방향으로 설계되어야 한다. 혁신 문화를 구축하는 데 있어 핵심적인 전략은 다음과 같다.

1. 리더십의 역할

리더십은 혁신 문화를 구축하고 유지하는 데 중요한 역할을 한다. 리더는 혁신에 대한 비전을 명확히 설정하고, 조직 내에서 이를 실행할 수 있는 환경을 조성해야 한다.

- **혁신에 대한 비전 제시**: 리더는 조직의 장기적인 성장 목표와 혁신에 대한 명확한 비전을 제시해야 한다. 이는 조직의 모든 구성원이 혁신에 대한 공통된 목표를 가지고 일할 수 있게 해준다.
- **지원과 신뢰 제공**: 리더는 혁신을 시도하는 직원들에게 신뢰와 자율성을 제공해야 하며, 실패를 두려워하지 않고 도전할 수 있도록 지원해야 한다. 혁신적인 아이디어가 실현될 수 있는 환경을 제공하는 것이 중요하다.

2. 조직 구조와 프로세스의 유연성

경직된 조직 구조와 복잡한 의사결정 과정은 혁신을 저해할 수 있다. 조직이 유연하고 신속한 의사결정을 내릴 수 있는 구조를 갖추는 것이 혁신 문화를 촉진하는 데 필수적이다.

- **수평적 조직 구조**: 수평적이고 유연한 조직 구조는 혁신을 촉진한다. 수직적 구조보다 더 빠른 의사결정이 가능하고, 아이디어가 상향식으로 제안되어 신속하게 실행될 수 있다.
- **크로스 기능 팀 구성**: 다양한 부서와 직무에서 온 인재들이 협업

하여 혁신을 추진할 수 있는 크로스 기능 팀을 구성하는 것이 중요하다. 서로 다른 배경과 전문성을 가진 인재들이 협력하면 더 창의적인 아이디어와 혁신이 가능하다.

3. 실패를 허용하는 문화 조성

혁신 과정에서 실패는 불가피하다. 혁신적인 조직은 실패를 학습의 기회로 삼아, 이를 통해 더 나은 성과를 추구한다. 이를 위해 기업은 실패를 허용하는 문화를 조성하고, 실패를 통해 얻은 교훈을 적극적으로 공유할 수 있는 환경을 구축해야 한다.

- **실패에 대한 보상**: 성공적인 결과만 보상하는 대신, 실패를 통해 배운 경험과 도전 자체에도 보상을 제공하여 직원들이 실패를 두려워하지 않고 도전할 수 있도록 장려한다.
- **실험과 학습 촉진**: 작은 실험을 통해 새로운 아이디어를 테스트하고, 실패를 통해 얻은 교훈을 빠르게 적용하는 것이 중요하다. 애자일(Agile) 같은 실험적 방법론을 도입하여, 실험과 피드백을 반복함으로써 혁신을 가속화할 수 있다.

4. 혁신 인센티브 제공

혁신을 장려하는 인센티브 시스템을 구축하는 것도 중요하다. 직원들이 혁신적인 성과를 낼 수 있도록 금전적 보상뿐만 아니라 비금전적 보상도 제공할 수 있어야 한다.

- **금전적 보상**: 혁신적인 아이디어가 실현되어 성공적인 결과를 낳을 경우, 이에 대한 금전적 보상을 통해 직원들의 동기를 강화한다.
- **비금전적 보상**: 승진 기회나 특별 프로젝트에 참여할 기회를 제공하여, 혁신적인 성과를 낸 직원들에게 도전할 수 있는 더 많은 기회를 제공한다.

사례: 구글(Google)의 20% 시간 정책

구글(Google)은 혁신 문화를 성공적으로 구축한 대표적인 기업으로, 구글의 혁신을 상징하는 요소 중 하나가 바로 20% 시간 정책이다. 이 정책은 직원들이 업무 시간의 20%를 자신이 원하는 혁신적인 프로젝트에 투자할 수 있도록 하는 제도이다.

- **자율성과 창의성 촉진**: 구글은 직원들에게 20%의 시간을 제공함으로써, 자율성과 창의성을 최대한 발휘할 수 있는 환경을 제공했다. 이를 통해 직원들은 평소 업무에서 벗어나 창의적인 아이디어를 탐구할 수 있었고, 이는 수많은 혁신적인 프로젝트로 이어졌다.
- **결과**: 구글의 20% 시간 정책을 통해 탄생한 대표적인 프로젝트로는 애드센스(AdSense)와 구글 뉴스(Google News)가 있다. 이러한 혁신적인 제품들은 구글의 성공에 중요한 기여를 했으며, 혁신 문화를 강화하는 데 중요한 역할을 했다.

사례: 3M의 혁신 문화 - 포스트잇(Post-it)의 탄생

3M은 혁신을 장려하는 문화와 실험적 연구개발 환경을 통해 대표적인 혁신 제품인 포스트잇(Post-it)을 탄생시켰다. 3M은 직원들에게 실패를 두려워하지 않고 새로운 아이디어를 탐구할 수 있는 자유를 제공했으며, 이 과정에서 우연히 포스트잇이 개발되었다.

- **실험과 도전 장려**: 3M은 직원들이 새로운 제품이나 기술을 실험할 수 있는 환경을 제공했으며, 이를 통해 직원들은 혁신적인 제품을 개발할 수 있었다. 포스트잇은 초기에는 실패로 간주되었지만, 결국 중요한 혁신으로 자리 잡았다.

- 결과: 포스트잇은 오늘날 전 세계적으로 사용되는 혁신적인 사무용품으로, 3M의 성공에 큰 기여를 했다. 3M의 혁신 문화는 직원들이 자유롭게 새로운 아이디어를 시도할 수 있도록 장려하며, 장기적인 성장을 이끌고 있다.

The Relative Value of one **MMM** stock under the base case scenario is 114.84 USD. Compared to the current market price of 135.27 USD, 3M Co is overvalued by 15%.

Relative Value is the estimated value of a stock based on various valuation multiples like P/E and EV/EBIT ratios. It offers a quick snapshot of a stock's valuation in relation to its peers and historical norms.

ⓘ Relative Valuation FAQ:
- What is Relative Valuation?
- How is Relative Value calculated?

MMM Relative Value
Base Case

114.84 USD

OVERVALUATION 15%

Relative Value
Price

Worst Case | Base Case | Best Case

MMM Competitors Multiples
3M Co Competitors·

All Multiples | P/S | P/E | EV/EBITDA | EV/EBIT

			Market Cap	P/S	P/E	EV/EBITDA	EV/EBIT	
US	3M	3M Co NYSE:MMM	74.3B USD	2.6	78.8	10.4	13.8	
US		General Electric Co NYSE:GE	202.9B USD	3.7	43.6	32.4	43.7	🗑
DE		Siemens AG XETRA:SIE	144.5B EUR	1.5	13.7	10.9	13.8	🗑
US		Honeywell International Inc NASDAQ:HON	132.4B USD	3.5	22.9	16.5	19	🗑
JP		Hitachi Ltd TSE:6501	17.4T JPY	1.8	25	13.4	20.1	🗑
ZA	B	Bidvest Group Ltd JSE:BVT	96.2B Zac	0	0	0	0	🗑
US	R	Roper Technologies Inc LSE:0IOXM	58.3B USD	8.9	40	24.3	34.5	🗑
CN		CITIC Ltd HKEX:267	314.2B HKD	0.4	5	61.7	0	🗑
IN		Siemens Ltd NSE:SIEMENS	2.6T INR	11.8	104.2	86.4	97.4	🗑
HK		CK Hutchison Holdings Ltd HKEX:1	174.5B HKD	0.6	7.8	6.2	10.5	🗑
PH		SM Investments Corp XPHS:SM	1.2T PHP	1.9	15.1	9.8	10.6	🗑

5 사례: 넷플릭스(Netflix)의 자유와 책임 문화

넷플릭스(Netflix)는 혁신과 성과를 장려하는 자유와 책임 문화로 유명하다. 넷플릭스는 직원들에게 자율성을 최대한 부여하면서도, 그에 따른 높은 책임감을 요구하는 환경을 제공한다. 이는 직원들이 더 높은 수준의 성과와 창의적인 문제 해결을 추구하도록 동기를 부여한다.

- **자율성과 책임 부여**: 넷플릭스는 직원들이 자율적으로 업무를 조율할 수 있도록 하며, 혁신적인 아이디어를 자유롭게 제시할 수 있는 환경을 제공한다. 동시에, 직원들에게는 성과에 대한 책임을 부여하여, 자신이 제안한 아이디어에 대해 실행하고 관리할 수 있는 권한을 준다.
- **결과**: 넷플릭스는 이러한 혁신적인 기업 문화를 통해 스트리밍 서비스와 같은 새로운 비즈니스 모델을 성공적으로 도입하고, 전 세계적으로 큰 성공을 거두었다.

The Relative Value of one ■NFLX stock under the base case scenario is 378.09 USD. Compared to the current market price of 719.7 USD, Netflix Inc is overvalued by 47%.

Relative Value is the estimated value of a stock based on various valuation multiples like P/E and EV/EBIT ratios. It offers a quick snapshot of a stock's valuation in relation to its peers and historical norms.

❶ Relative Valuation FAQ:

- What is Relative Valuation?
- How is Relative Value calculated?

NFLX Competitors Multiples
Netflix Inc Competitors

			Market Cap	P/S	P/E	EV/EBITDA	EV/EBIT	
US		Netflix Inc NASDAQ:NFLX	308.9B USD	8.5	43.5	13.2	36.4	
JP		Amana Inc TSE:2402	37.6T JPY	3 010.6	-11 567.4	-56 771.3	-36 543.3	🗑
US		Incapta Inc OTC:INCT	234.6B USD	70 043 420.6	-112 163.8	-92 509.1	-92 442.4	🗑
US		Walt Disney Co NYSE:DIS	176.8B USD	2	37	12.9	18.7	🗑
LU		Spotify Technology SA NYSE:SPOT	74.6B USD	4.7	145.8	123.3	164.6	🗑
NL		Universal Music Group NV VSE:UMG	43B EUR	3.7	27.8	28.3	28.3	🗑
US		Live Nation Entertainment Inc NYSE:LYV	25.5B USD	1.1	99.9	13.7	19.6	🗑
CN		Tencent Music Entertainment Group NYSE:TME	23.1B USD	5.9	29.1	26.6	26.6	🗑
US		Warner Bros Discovery Inc NASDAQ:WBD	19.1B USD	0.5	-1.6	2.5	-222.6	🗑
FR		Bollore SE PAR:BOL	16.8B EUR	0.9	4.3	7.9	25.3	🗑
US		Warner Music Group Corp NASDAQ:WMG	16.1B USD	2.5	29.9	15.3	20.4	🗑

지식재산권(IP) 전략과
기술 혁신의 시너지 효과

　지식재산권(Intellectual Property, IP)은 기업이 혁신적인 기술이나 창
작물을 보호하고, 이를 통해 경쟁 우위를 확보하는 중요한 수단이다.
IP 전략은 기업이 자사의 기술 혁신을 보호하고, 상업적 가치를 극대
화하는 데 필수적이며, 이를 통해 지속 가능한 성장과 수익을 창출할
수 있다. 기술 혁신과 지식재산권이 결합되면, 혁신을 보호하고 상업
화하는 강력한 시너지를 발휘하게 된다. 이 장에서는 IP 전략과 기술
혁신의 상호작용이 기업 성장에 미치는 영향을 설명하고, 이를 통해
기업이 성공적인 IP 전략을 어떻게 수립할 수 있는지 구체적으로 다
룬다.

① 지식재산권(IP) 전략의 중요성

　지식재산권은 기업이 개발한 기술, 디자인, 브랜드, 창작물 등을
보호하는 법적 장치로, 이를 통해 기업은 자사의 혁신적 자산을 외부
로부터 보호하고, 독점적 사용권을 확보할 수 있다. 효과적인 IP 전략
은 기업이 기술 혁신을 보호하고, 기술적 우위를 상업적 성공으로 연
결할 수 있도록 돕는다.

1. IP의 주요 유형

- 특허권(Patent): 특허는 혁신적인 제품이나 기술을 개발한 기업이 일정 기간 동안 그 기술을 독점적으로 사용할 수 있는 권리를 보장하는 것이다. 이를 통해 경쟁사는 해당 기술을 무단으로 사용할 수 없으며, 기업은 시장에서 경쟁 우위를 확보할 수 있다.
- 상표권(Trademark): 상표는 기업의 브랜드나 로고를 보호하는 것으로, 이를 통해 소비자에게 제품이나 서비스의 출처를 명확하게 알릴 수 있으며, 브랜드 가치를 유지할 수 있다.
- 저작권(Copyright): 저작권은 문학, 음악, 예술, 소프트웨어 등 창작물의 사용과 배포에 대한 권리이다. 이를 통해 기업은 창작물의 무단 복제를 방지하고, 창작물에 대한 수익을 보호할 수 있다.
- 영업 비밀(Trade Secrets): 기업이 공개하지 않은 기밀 정보, 제조 방법, 비즈니스 프로세스 등은 영업 비밀로 보호될 수 있다. 이는 특허와 달리 공개되지 않으며, 기밀이 잘 유지된다면 오랫동안 경쟁 우위를 확보할 수 있다.

2. IP 전략과 기업의 이익

- 혁신 보호: 기술 혁신은 큰 투자와 시간, 자원이 필요하며, 이를 보호하지 않으면 경쟁사가 해당 기술을 모방해 빠르게 시장에서 경쟁 우위를 빼앗을 수 있다. 특허, 상표, 저작권을 통해 기업의 혁신적 자산을 보호하면 경쟁자들이 이를 무단으로 사용할 수 없고, 기술에 대한 독점적 권리를 확보할 수 있다.
- 수익 창출: 기업은 IP를 통해 기술이나 창작물을 상업화할 수 있으며, 이를 통해 로열티, 라이선스 계약, 프랜차이즈 등의 수익을 창출할 수 있다. IP는 자체 사용뿐만 아니라 다른 기업에게 기술을 라이선싱하여 추가적인 수익원을 만들 수 있다.
- 경쟁 차별화: IP 전략은 기업이 경쟁에서 차별화된 위치를 차지

하는 데 중요한 역할을 한다. 특허로 보호된 기술이나 상표로 보호된 브랜드는 경쟁사가 쉽게 모방할 수 없으므로, 시장에서 독점적인 입지를 유지할 수 있다.

2 기술 혁신과 IP 전략의 시너지 효과

기술 혁신과 지식재산권 전략이 결합될 때, 두 요소 간의 상호작용은 기업에 강력한 시너지 효과를 가져온다. 기술 혁신은 기업이 새로운 시장을 개척하거나 기존 시장에서 우위를 점하는 데 핵심 역할을 하며, IP 전략은 이러한 기술 혁신을 보호하고 상업적 성공을 위한 중요한 수단이 된다.

1. 기술 혁신 보호를 통한 경쟁 우위 확보

기술 혁신은 시장에서 경쟁력을 유지하기 위한 핵심 요소이지만, 이를 보호하지 않으면 경쟁사에게 쉽게 추월당할 수 있다. 특허와 같은 지식재산권을 통해 혁신적인 기술을 보호하면, 경쟁사는 해당 기술을 모방하지 못하고, 기업은 해당 시장에서 장기간 독점적인 위치를 유지할 수 있다.

- **특허 보호:** 예를 들어, 반도체 기업이나 제약 회사와 같은 기술 집약적 산업에서는 새로운 기술이 개발될 때마다 특허를 통해 이를 보호하고, 기술 혁신의 독점적 사용권을 제공함으로써 수익성을 보장한다.
- **혁신의 유출 방지:** 특허를 통해 혁신적인 기술이 경쟁사로 유출되는 것을 방지하고, 기업이 해당 기술을 활용한 제품이나 서비스를 독점적으로 제공할 수 있는 환경을 구축한다. 이를 통해 가격 경쟁력과 기술적 차별화가 가능해진다.

2. IP를 통한 혁신 자산의 상업화

IP 전략은 기술 혁신을 상업화하는 데 필수적인 수단이다. 특허나 저작권, 상표권을 기반으로 기술이나 브랜드를 보호하고, 이를 시장에 성공적으로 도입하면 기술 혁신의 상업적 가치를 높일 수 있다.

- 라이선스 및 로열티: 기업은 자사가 보유한 특허나 저작권을 다른 기업에 라이선스하여 기술을 제공하는 대가로 **로열티**를 받을 수 있다. 이를 통해 기술 혁신을 자사의 제품 외에도 다양한 형태로 상업화할 수 있으며, 추가적인 수익원을 확보할 수 있다.
- **상표를 통한 브랜드 가치 강화**: 기술 혁신과 함께 강력한 브랜드를 구축하면, 상표를 통해 해당 브랜드의 가치를 보호하고, 고객 충성도를 높일 수 있다. 예를 들어, 애플(Apple)은 기술 혁신뿐만 아니라 상표권을 통해 브랜드 가치를 극대화하고 있다.

3. IP를 활용한 시장 확장

IP는 기업이 새로운 시장에 진출하는 데 중요한 역할을 한다. 특허를 통한 기술 보호는 새로운 지역이나 국가 시장에 진출할 때 그 지역에서의 독점적 권리를 제공하며, 상표권을 통해 브랜드를 전 세계적으로 보호하고 확장할 수 있다.

- 국제 특허 출원: 글로벌 시장에서 기술 혁신을 상업화하려면, 특허 출원을 통해 각국의 특허 보호를 받아야 한다. 이를 통해 해외 시장에서도 기술적 우위를 유지하고, 현지 경쟁사를 견제할 수 있다.
- **상표의 글로벌 확장**: 상표는 글로벌 시장에서 브랜드를 확장하는 데 중요한 역할을 한다. 예를 들어, 코카콜라(Coca-Cola)나 나이키(Nike)와 같은 글로벌 기업들은 상표권을 통해 브랜드를 보호하고, 전 세계에서 동일한 브랜드 이미지를 유지할 수 있다.

사례: 애플(Apple)의 IP 전략과 혁신 보호

애플(Apple)은 기술 혁신과 IP 전략을 결합하여 시장에서 독보적인 위치를 차지한 대표적인 사례이다. 애플은 하드웨어, 소프트웨어, 디자인 혁신을 지속하면서, 이를 특허와 상표권으로 철저히 보호하는 전략을 취해왔다.

- **디자인 특허 보호:** 애플은 자사의 제품 디자인을 보호하기 위해 디자인 특허를 적극적으로 출원하였다. 이는 애플 제품의 차별화된 디자인을 모방하지 못하게 함으로써, 시장에서 독창적인 브랜드 이미지를 유지하는 데 큰 역할을 했다.

- **기술 특허 보호:** 애플은 아이폰, 아이패드 등 혁신적인 제품의 기술 특허를 확보함으로써 경쟁사들이 이러한 기술을 모방하지 못하도록 보호하였다. 특히, 스마트폰의 사용자 인터페이스와 터치스크린 기술에 대한 특허는 애플이 시장에서 독점적 위치를 유지하는 데 중요한 기여를 했다.

- **결과:** 애플은 기술 혁신과 IP 전략의 시너지 효과를 통해 세계적으로 독보적인 브랜드와 기술적 우위를 유지하고 있으며, 특허와 상표권을 기반으로 전 세계에서 막대한 수익을 창출하고 있다.

The Relative Value of one AAPL stock under the base case scenario is 178.29 USD. Compared to the current market price of 225.09 USD, Apple Inc is **overvalued by 21%.**

Relative Value is the estimated value of a stock based on various valuation multiples like P/E and EV/EBIT ratios. It offers a quick snapshot of a stock's valuation in relation to its peers and historical norms.

ℹ **Relative Valuation FAQ:**

- What is Relative Valuation?
- How is Relative Value calculated?

AAPL Relative Value
Base Case

178.29 USD

OVERVALUATION 21%

Relative Value

Price

| Worst Case | Base Case | Best Case |

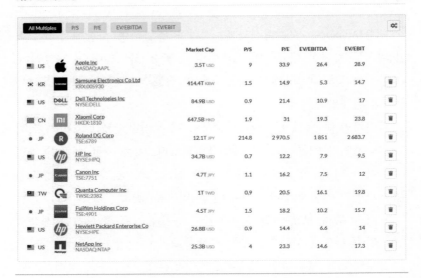

AAPL Competitors Multiples
Apple Inc Competitors

			Market Cap	P/S	P/E	EV/EBITDA	EV/EBIT	
US		Apple Inc NASDAQ:AAPL	3.5T USD	9	33.9	26.4	28.9	
KR		Samsung Electronics Co Ltd KRX:005930	414.4T KRW	1.5	14.9	5.3	14.7	🗑
US	DELL	Dell Technologies Inc NYSE:DELL	84.9B USD	0.9	21.4	10.9	17	🗑
CN	mi	Xiaomi Corp HKEX:1810	647.5B HKD	1.9	31	19.3	23.8	🗑
JP	R	Roland DG Corp TSE:6789	12.1T JPY	214.8	2 970.5	1 851	2 683.7	🗑
US	hp	HP Inc NYSE:HPQ	34.7B USD	0.7	12.2	7.9	9.5	🗑
JP	CANON	Canon Inc TSE:7751	4.7T JPY	1.1	16.2	7.5	12	🗑
TW		Quanta Computer Inc TWSE:2382	1T TWD	0.9	20.5	16.1	19.8	🗑
JP	FUJIFILM	Fujifilm Holdings Corp TSE:4901	4.5T JPY	1.5	18.2	10.2	15.7	🗑
US	hp	Hewlett Packard Enterprise Co NYSE:HPE	26.8B USD	0.9	14.4	6.6	14	🗑
US	NetApp	NetApp Inc NASDAQ:NTAP	25.3B USD	4	23.3	14.6	17.3	🗑

4 사례: IBM의 특허 포트폴리오 관리 전략

IBM은 매년 수천 개의 특허를 출원하는 세계 최대 특허 보유 기업 중 하나로, 특허 포트폴리오를 통해 자사의 기술 혁신을 보호하고 상업화하는 데 성공한 사례이다.

- 특허 라이선싱: IBM은 자체적으로 특허를 활용해 제품을 개발하는 것뿐만 아니라, 특허 라이선싱을 통해 다양한 산업에 기술을 제공하고, 이를 통해 막대한 로열티 수익을 창출하고 있다. IBM의 특허 포트폴리오는 회사의 주요 수익원 중 하나로 자리 잡았다.

- 지속적인 R&D 투자와 특허 보호: IBM은 매년 기술 혁신에 대규모 R&D 투자를 진행하며, 이를 통해 개발된 새로운 기술을

빠르게 특허로 보호한다. 이러한 전략은 IBM이 IT 분야에서의 기술적 리더십을 유지하는 데 큰 역할을 하고 있다.

- **결과**: IBM은 특허를 통해 연간 수십억 달러의 로열티 수익을 창출하며, 이를 기반으로 자사의 기술 혁신을 지속하고 있다. 특허 포트폴리오 관리는 IBM의 장기적인 기술 리더십 유지에 핵심적인 역할을 하고 있다.

The Relative Value of one ═ IBM stock under the base case scenario is **228.522** USD. Compared to the current market price of 225.945 USD, International Business Machines Corp is **undervalued by 1%**.

Relative Value is the estimated value of a stock based on various valuation multiples like P/E and EV/EBIT ratios. It offers a quick snapshot of a stock's valuation in relation to its peers and historical norms.

ⓘ Relative Valuation FAQ:
- What is Relative Valuation?
- How is Relative Value calculated?

IBM Relative Value
Base Case

228.522 USD

UNDERVALUATION 1%

| Relative Value |
| Price |

| Worst Case | Base Case | Best Case |

IBM Competitors Multiples
International Business Machines Corp Competitors

| All Multiples | P/S | P/E | EV/EBITDA | EV/EBIT |

			Market Cap	P/S	P/E	EV/EBITDA	EV/EBIT	
US	IBM	International Business Machines Corp NYSE:IBM	208.2B USD	3.3	24.7	18.3	27.5	
IE	>	Accenture PLC NYSE:ACN	243.5B USD	3.8	33.5	19.6	23.8	🗑
IN	tcs	Tata Consultancy Services Ltd NSE:TCS	15.4T INR	6.3	32.9	22.8	24.7	🗑
JP	S	SB Technology Corp TSE:4726	19.9T JPY	304.6	2 426.1	2 766.6	3 609.5	🗑
IN	Infosys	Infosys Ltd NYSE:INFY	94.4B USD	5.1	29.8	21	24	🗑
IN	HCLTech	HCL Technologies Ltd NSE:HCLTECH	4.8T INR	4.3	29.3	19	22.9	🗑
JP		Fujitsu Ltd TSE:6702	6.3T JPY	1.7	23.5	16	32.2	🗑
US	G	Gartner Inc NYSE:IT	39.8B USD	6.6	48	30.5	35.7	🗑
US		Cognizant Technology Solutions Corp NASDAQ:CTSH	38.3B USD	2	17.5	12.3	12.3	🗑
FR		Capgemini SE PAR:CAP	32.5B EUR	1.5	19.3	10.6	13.5	🗑
IN	wipro	Wipro Ltd NSE:WIPRO	2.8T INR	3.1	24.8	14.4	18.1	🗑

5 사례: 테슬라(Tesla)의 개방형 특허 전략

테슬라(Tesla)는 전통적인 특허 보호 전략에서 벗어나, **개방형 특허** (Open Patent) 정책을 도입하여 전기차 기술 혁신을 촉진하고 있다. 테슬라는 자사의 특허를 무료로 공개함으로써, 다른 기업들이 전기차 기술을 자유롭게 활용하도록 하고 있다.

- **개방형 특허로 기술 확산 촉진**: 테슬라는 자사의 특허를 공개함으로써 전기차 산업 전체의 발전을 도모하고, 더 많은 기업이 전기차 기술에 참여하도록 장려하고 있다. 이를 통해 테슬라는 전기차 시장의 확대와 함께 자사의 기술 리더십을 강화할 수 있었다.
- **시장의 확장과 리더십 유지**: 테슬라는 개방형 특허 정책을 통해 경쟁사들이 테슬라의 기술을 사용하도록 장려하며, 전기차 시장의 성장을 가속화하고 있다. 이는 테슬라가 전기차 시장에서 지속적인 리더십을 유지하는 데 중요한 전략적 선택이었다.
- **결과**: 테슬라는 개방형 특허 전략을 통해 전기차 산업의 성장과 자사의 시장 리더십을 동시에 달성하고 있다. 이 전략은 테슬라가 기술 혁신과 시장 확장에서 성공을 거두는 중요한 역할을 했다.

제 5 장

ESG 경영과
가치 창출

ESG 경영이 기업 가치에 미치는 영향

ESG(환경, 사회, 지배구조) 경영은 기업이 환경 보호, 사회적 책임, 투명한 지배구조를 고려하며 운영하는 경영 방식이다. ESG는 기업이 단순히 이익 창출을 넘어 지속 가능하고, 사회적 가치를 창출하며, 장기적인 성장을 도모하는 방식으로 진화하는 데 필수적이다. 최근 투자자들, 소비자들, 규제 당국 등 다양한 이해관계자들이 기업의 ESG 성과를 중시하면서, ESG 경영이 기업 가치에 미치는 영향이 점점 더 커지고 있다.

1 ESG 경영의 개념과 중요성

ESG 경영은 기업이 환경(Environment), 사회(Social), 그리고 지배구조(Governance) 측면에서 지속 가능한 경영을 실천하는 것을 의미한다. ESG 요소는 기업의 장기적인 경쟁력, 사회적 신뢰도, 그리고 재무적 성과에 직접적인 영향을 미친다. ESG가 기업 가치에 미치는 영향은 다양한 방식으로 나타날 수 있으며, 이는 기업이 당면한 리스크와 기회 모두에 영향을 미친다.

1. ESG의 세 가지 주요 요소

- **환경**(Environment): 기업이 자원 사용, 탄소 배출, 에너지 효율성, 폐기물 관리 등 환경적 책임을 얼마나 잘 이행하는가에 관한 요소이다. 특히, 기후 변화 대응이 전 세계적으로 중요한 이슈로 부상하면서, 기업의 환경적 책임은 장기적인 리스크 관리와 직결된다.
- **사회**(Social): 기업이 직원 복지, 지역 사회와의 관계, 고객 보호, 다양성 및 포용성 등을 어떻게 관리하는지를 의미한다. 기업은 사회적 책임을 다함으로써 고객과 지역 사회의 신뢰를 얻고, 인재를 유치하며, 장기적인 성장을 도모할 수 있다.
- **지배구조**(Governance): 기업이 투명하고 윤리적인 의사결정 구조를 갖추고 있는지, 경영진의 책임성이 얼마나 확보되어 있는지 등을 포함한다. 지배구조가 투명하면 이해관계자들 간의 신뢰가 강화되고, 투자자들이 더 많은 관심을 갖게 된다.

2. ESG 경영의 필요성

ESG 경영은 전 세계적으로 기업들에게 필수적인 전략으로 자리잡고 있다. 이는 단순히 윤리적 이유를 넘어서, 재무적 성과와도 긴밀한 관계가 있다. 다음은 ESG 경영의 필요성을 설명하는 주요 이유들이다.

- **규제와 법적 요구**: 각국 정부가 ESG 관련 규제를 강화함에 따라, 기업들은 ESG 기준을 충족해야 법적 리스크를 피할 수 있다. 기후 변화와 관련된 규제, 노동법, 데이터 보호 규정 등이 이에 포함된다.
- **투자자 요구**: ESG 성과가 높은 기업은 더 많은 투자자들의 관심을 받으며, 특히 기관 투자자들은 ESG 요소를 평가해 투자 결정을 내린다. ESG가 뛰어난 기업은 더 많은 자본을 유치할 가능성이 크다.

- **소비자와 직원의 요구:** 점점 더 많은 소비자들이 환경 친화적이고 사회적 책임을 다하는 기업의 제품을 선호하고 있으며, 직원들 역시 ESG를 중시하는 기업에서 일하는 것을 원한다. ESG 경영은 이러한 이해관계자들의 요구를 충족시켜 기업의 장기적인 성장을 도모한다.

---

2 ESG 경영이 기업 가치에 미치는 영향

ESG 경영이 기업의 가치에 미치는 영향은 점점 더 강해지고 있다. ESG 성과가 뛰어난 기업은 장기적으로 재무 성과가 더 우수할 가능성이 높으며, 다양한 이해관계자들로부터 더 높은 신뢰를 얻게 된다. ESG 경영이 기업 가치에 미치는 영향을 구체적으로 살펴보면 다음과 같다.

1. 재무적 성과에 미치는 영향

ESG는 기업의 재무적 성과에 직접적으로 긍정적인 영향을 미친다. ESG 성과가 뛰어난 기업은 투자자들로부터 더 많은 자본을 유치할 수 있으며, 운영 비용을 절감하고, 리스크 관리에 있어 우위를 점할 수 있다.

- **투자 유치 증가:** ESG 성과가 높은 기업은 장기적 성장 가능성이 높다고 평가되며, 이는 투자자들에게 매력적으로 작용한다. 특히 ESG 펀드나 사회책임투자(SRI) 펀드와 같은 기관 투자자들이 ESG 성과를 주요 평가 기준으로 삼으면서, 자본 유치에 있어 유리한 위치를 차지할 수 있다.
- **비용 절감:** ESG 경영은 에너지 효율성 개선, 자원 절감, 폐기물 관리 등을 통해 운영 비용을 절감하는 데 기여한다. 예를 들어,

친환경 경영을 통해 에너지 비용을 절감하거나, 물 자원 사용을 줄여 장기적으로 비용 효율성을 높일 수 있다.

- **리스크 관리 강화**: ESG 경영은 기업이 기후 변화, 사회적 요구 변화, 규제 강화 등과 같은 리스크에 사전에 대응할 수 있도록 한다. 이를 통해 기업은 법적 리스크를 최소화하고, 환경적 또는 사회적 문제로 인한 평판 리스크를 줄일 수 있다.

2. 기업 평판과 신뢰성에 미치는 영향

ESG 경영은 기업의 평판과 신뢰성을 강화하는 중요한 역할을 한다. 소비자, 투자자, 직원 등 다양한 이해관계자들은 ESG 성과가 뛰어난 기업을 신뢰하고, 이러한 기업과 거래하거나 투자하기를 선호한다.

- **브랜드 이미지 향상**: ESG 성과는 기업의 브랜드 이미지를 긍정적으로 변화시킨다. 특히 환경 보호, 인권 존중, 다양성 존중 등의 가치를 실천하는 기업은 소비자들에게 더 큰 신뢰를 얻게 되며, 고객 충성도도 높아질 가능성이 크다.
- **직원 유치 및 유지**: ESG 경영을 실천하는 기업은 직원들이 자부심을 느낄 수 있는 일터를 제공한다. 사회적 책임을 다하는 기업에서 일하고자 하는 직원들이 늘어나면서, 인재 유치와 유지가 용이해지고, 직원들의 동기 부여도 높아진다.

3. 장기적인 가치 창출

ESG 경영은 단기적인 성과를 넘어, 장기적인 기업 가치 창출에 중요한 역할을 한다. ESG를 고려한 경영은 기업이 사회적 요구와 환경적 요구에 부합하는 방향으로 나아가도록 하며, 이는 지속 가능한 성장을 가능하게 한다.

- **지속 가능한 성장**: ESG 경영을 통해 기업은 단기적인 성과보다 장기적인 성장을 목표로 할 수 있다. 환경적 지속 가능성, 사회적

가치 창출, 투명한 지배구조는 기업이 변화하는 시장 환경 속에서 지속적인 성장을 이뤄낼 수 있는 기반을 제공한다.

- 혁신 촉진: ESG 경영은 기업이 더 혁신적인 방법으로 문제를 해결하도록 촉진한다. 예를 들어, 탄소 배출을 줄이기 위한 새로운 기술 개발, 재활용 가능한 소재 사용, 에너지 절감형 제품 개발 등은 기업의 경쟁력을 높이는 데 기여할 수 있다.

③ 사례: 유니레버(Unilever)의 지속 가능한 경영 전략

유니레버(Unilever)는 글로벌 소비재 기업으로, ESG 경영을 통해 지속 가능한 성장을 실현한 대표적인 기업이다. 유니레버의 ESG 전략과 성과, 그리고 이를 통한 기업 가치 향상에 대해 구체적으로 분석해 보겠다.

지속 가능한 생활 계획(Unilever Sustainable Living Plan, USLP)

유니레버는 2010년부터 지속 가능성과 성공적인 경영 성과를 연계시켜 지속 가능한 삶의 계획(USLP)에 착수했다. 이는 유니레버가 10년 넘게 추진해온 ESG 경영의 근간이 되었다.

① **목표 설정**: USLP는 환경 영향 감소, 건강과 웰빙 증진, 생활 수준 향상이라는 세 가지 큰 목표를 설정했다.

② **장기적 접근**: 유니레버는 2020년까지의 장기 목표를 설정하고, 이를 달성하기 위해 꾸준히 노력했다.

③ USLP는 2020년에 공식적으로 종료되었으며, 이후 유니레버는 새로운 지속 가능성 전략인 유니레버 컴퍼스(Unilever Compass)를 도입하여 지속 가능한 경영을 이어가고 있다.

환경적 책임

유니레버는 다양한 환경 보호 프로그램을 통해 지속 가능성을 추구하고 있다.

① **탄소 배출 감소**

- 유니레버는 2039년까지 제품의 전체 가치 사슬에서 온실가스 순배출 제로(Net Zero)를 달성할 계획을 갖고 있다.
- 가치 사슬 전반에 걸쳐 파트너와 협력하여 온실가스 배출량을 줄이고 있다.

② **지속 가능한 원자재 조달**

- 2021년 기준으로 원자재의 65%를 지속 가능한 방식으로 조달하고 있다.
- 이는 2020년 대비 10% 증가한 수치이다.

③ **폐기물 관리**

- 유니레버는 소비자 1인당 총폐기물 발자국을 32% 감소시켰다.
- 전 세계 공장에서 매립 폐기물 제로를 달성했다.

④ **에너지 효율성**

- 제조 공정에서 배출되는 온실가스를 50% 감소시켰다.
- 전 세계 사업장에서 100% 재생 가능한 전력을 사용하고 있다.

사회적 책임

유니레버는 공정 무역과 인권 보호, 지역사회 발전을 위해 다양한 노력을 기울이고 있다.

① **공정 무역과 농가 지원**: 유니레버의 아이스크림 브랜드인 벤앤제리스(Ben & Jerry's)는 공정 무역 인증 원료를 사용하여 소규모 생산자들의 권리 보호와 지속 가능한 발전을 지원하고 있다.

- 재생 농업 프로젝트를 통해 농가의 경제적 안정과 환경적 지속 가능성을 촉진하고 있다. 2022년에는 물 관리, 토양 건강,

온실가스 감축 분야에서 긍정적인 성과를 거두었다.

② 인권 보호

- 유니레버는 전 세계 모든 사업장에서 인권과 노동권을 보호하기 위해 노력하고 있다. 이는 공정한 임금 지급, 안전한 작업 환경 조성, 차별 금지 등을 포함한다.
- 유니레버는 2021년에 재생 농업 원칙(The Unilever Regenerative Agriculture Principles)을 발표하였으며, 이를 통해 공급업체들이 지속 가능한 농업 관행을 채택하도록 장려하고 있다.

③ 지역사회 발전 노력과 여성 역량 강화

- 전 세계적으로 보건 위생 프로그램을 통해 13억 명 이상의 사람들에게 긍정적인 영향을 미쳤다.
- 234만 명의 여성이 직장에서 안전을 보장받고, 역량을 강화하며, 경제적 기회를 확대할 수 있도록 지원했다.
- 2020년까지 관리직에서 여성 비율이 51%가 되도록 양성 평등 목표를 설정하고 이를 달성했다.

밸류업(Value-up)에 미치는 영향

유니레버의 ESG 경영은 다음과 같은 방식으로 기업 가치 향상에 기여하고 있다.

① 매출 성장

- 지속 가능한 생활 브랜드의 매출이 평균보다 더 빠르게 성장하고 있다.
- 이는 소비자들의 지속 가능성에 대한 관심 증가와 맞물려 시장 점유율 확대로 이어지고 있다.

② 비용 절감: 에너지 효율성 향상과 폐기물 감소를 통해 운영 비용을 절감하고 있다.

③ 리스크 관리
  • 지속 가능한 원자재 조달을 통해 원재료 수급의 안정성을 높이고 있다.
  • 환경 규제에 선제적으로 대응함으로써 향후 규제 리스크를 줄이고 있다.

④ **브랜드 가치 상승**: ESG 경영을 통해 유니레버의 브랜드 이미지가 개선되었으며, 이는 소비자 신뢰도 향상으로 이어지고 있다.

⑤ **투자 유치**: 유니레버의 ESG 성과는 책임 투자를 중시하는 투자자들의 관심을 끌어 안정적인 자본 조달에 도움이 되고 있다.

⑥ **인재 유치 및 유지**: 지속 가능성을 중시하는 기업 문화는 우수한 인재를 유치하고 유지하는 데 기여하고 있다.

⑦ **혁신 촉진**: 지속 가능성 목표는 새로운 제품과 프로세스 혁신을 촉진하고 있다.

⑧ **시장 확대**: 지속 가능한 제품에 대한 수요 증가로 새로운 시장 기회를 창출하고 있다.

⑨ **장기적 성장 동력 확보**: USLP와 같은 장기적인 전략은 유니레버의 지속 가능한 성장을 위한 기반이 되고 있다.

결론적으로, 유니레버의 ESG 경영은 단순히 사회적 책임을 다하는 것을 넘어 실질적인 비즈니스 가치를 창출하고 있다. 이는 지속 가능한 비즈니스 모델이 기업의 장기적인 성장과 가치 향상에 필수적이라는 것을 보여주는 좋은 사례이다. 유니레버는 이러한 전략을 통해 글로벌 시장에서 지속 가능한 브랜드로 자리매김하고 있으며, 장기적인 경쟁력을 강화하고 있다.

사례: 테슬라(Tesla)의 친환경 경영과 혁신

테슬라(Tesla)는 환경적 지속 가능성과 혁신을 핵심 가치로 삼아 ESG 경영을 선도하고 있다. 테슬라의 ESG 전략과 성과, 그리고 이를 통한 기업 가치 향상에 대해 구체적으로 분석해보겠다.

환경적 가치 창출

테슬라는 전기차와 친환경 에너지 솔루션을 통해 환경적 가치를 창출하고 있다.

① 전기차 생산
- 테슬라는 전기차 생산을 통해 자동차 산업의 탈탄소화를 주도하고 있다.
- 2023년까지 누적 생산량 400만 대를 달성했으며, 이는 약 800만 톤의 CO_2 배출 감소 효과를 가져왔다.

② 배터리 기술 혁신
- 테슬라는 지속적인 배터리 기술 혁신을 통해 전기차의 주행 거리와 성능을 개선하고 있다.
- 에너지 밀도 향상, 충전 시간 단축, 수명 연장 등의 기술 개발에 주력하고 있다.

③ 태양광 발전과 에너지 저장 솔루션
- 테슬라는 Solar Roof와 Powerwall 등의 제품을 통해 가정용 태양광 발전과 에너지 저장 시장을 선도하고 있다.
- 이를 통해 소비자들이 직접 재생에너지를 생산하고 저장할 수 있는 기회를 제공하고 있다.

④ 지속 가능한 생산 시설
- 테슬라는 생산 시설의 탄소 중립을 목표로 하고 있으며, 각 공장을 이전 공장보다 더 지속 가능하게 설계하고 있다.
- 2023년, 베를린 기가팩토리의 에너지 사용량 100%가 재생 가능한 전기로 충당되었다.

혁신과 성장

테슬라는 지속적인 기술 혁신을 통해 시장에서의 선도적 위치를 유지하고 있다.

① 자율주행 기술
- 테슬라는 Autopilot과 Full Self-Driving (FSD) 기능을 통해 자율주행 기술을 선도하고 있다.
- 이 기술은 지속적인 소프트웨어 업데이트를 통해 계속 발전하고 있다.

② 수직 통합
- 테슬라는 차량 설계부터 생산, 판매, 서비스까지 모든 과정을 자체적으로 수행하는 수직 통합 전략을 채택하고 있다.
- 이를 통해 빠른 혁신과 품질 관리가 가능해졌다.

③ 지속적인 연구개발: 테슬라는 매출의 상당 부분을 연구개발에 투자하고 있으며, 이는 업계 트렌드를 앞서가는 원동력이 되고 있다.

④ 글로벌 시장 확대: 테슬라는 미국, 중국, 유럽 등 주요 시장에서 생산 시설을 확장하고 있으며, 이를 통해 글로벌 시장에서의 입지를 강화하고 있다.

밸류업(Value-up)에 미치는 영향

테슬라의 ESG 경영과 혁신 전략은 다음과 같은 방식으로 기업 가치 향상에 기여하고 있다.

① **브랜드 가치 상승**: 테슬라의 친환경 이미지와 혁신적 기술은 강력한 브랜드 파워를 형성하여 프리미엄 가격 책정을 가능하게 한다.

② **시장 선점 효과**: 전기차와 친환경 에너지 솔루션 시장에서의 선도적 위치는 장기적인 경쟁 우위를 제공한다.

③ **규제 리스크 감소**: 환경 규제가 강화되는 상황에서 테슬라의 친환경 제품 라인업은 규제 리스크를 최소화한다.

④ **기술 혁신을 통한 원가 절감**: 배터리 기술 혁신과 생산 효율화를 통해 장기적으로 제품 원가를 낮출 수 있다.

⑤ **신규 시장 진출**: 에너지 저장 시스템과 태양광 발전 사업은 새로운 수익원을 창출하고 있다.

⑥ **투자 유치**: ESG 성과는 책임투자를 중시하는 투자자들의 관심을 끌어 안정적인 자본 조달에 도움이 된다.

⑦ **인재 유치**: 혁신적이고 친환경적인 기업 이미지는 우수한 인재를 유치하는 데 도움이 된다.

⑧ **정부 지원 및 인센티브**: 친환경 기업으로서 각국 정부의 지원과 인센티브를 받을 수 있는 기회가 증가하고 있다.

⑨ **장기적 성장 동력 확보**: 지속 가능한 비즈니스 모델은 장기적인 성장을 위한 안정적인 기반이 된다.

⑩ **고객 충성도 증가**: 환경에 대한 관심이 높아지는 상황에서 테슬라의 친환경 제품은 고객 충성도를 높이는 데 기여하고 있다.

결론적으로, 테슬라의 ESG 경영과 혁신 전략은 단순히 환경적 가치 창출을 넘어 실질적인 비즈니스 가치를 창출하고 있다. 이는 지속 가능한 비즈니스 모델이 기업의 장기적인 성장과 가치 향상에 필수적이라는 것을 보여주는 좋은 사례이다. 테슬라는 이러한 전략을 통해 글로벌 시장에서 혁신적이고 지속 가능한 브랜드로 자리매김하고 있으며, 전기차와 친환경 에너지 시장에서의 선도적 위치를 강화하고 있다.

5 사례: 스타벅스(Starbucks)의 사회적 책임 경영

스타벅스(Starbucks)의 사회적 책임 경영은 커피 산업에서 지속 가능성과 윤리적 비즈니스의 새로운 기준을 제시하고 있다. 스타벅스의 ESG 경영 전략과 성과, 그리고 이것이 기업 가치 향상에 미치는 영향을 구체적으로 분석해보겠다.

공정 무역과 윤리적 소싱

스타벅스는 커피 원두의 윤리적 소싱을 통해 공정 무역을 실천하고 있다.

① 윤리적 원두 구매

- 2004년부터 C.A.F.E.(Coffee and Farmer Equity) Practices 프로그램을 운영하여, 2015년까지 원두의 100%를 윤리적으로 구매하겠다는 목표를 세우고 99%를 달성하였다.
- 스타벅스는 C.A.F.E. Practices 프로그램을 통해 커피 농가들이 인류와 환경 모두에게 유익한 방법으로 커피를 재배할 수 있도록 지원하고 있다.

② 공정무역 인증 커피

- 스타벅스는 전 세계에서 가장 많은 공정무역 인증 커피를 유통, 로스팅하는 기업이다.
- 이를 통해 소규모 농가 지원에 더욱 힘을 실을 수 있게 되었다.

③ 커피 농가 지원

- 스타벅스 글로벌 파머 펀드(Starbucks Global Farmer Fund)는 2000년 처음 자금 조달을 제공한 이래 2025년 말까지 1억 달러의 농가 대출을 제공하는 것을 목표로 하고 있다.
- 이를 통해 농가들은 농업 경영, 복원 및 인프라 개선에 투자할 수 있다.

다양성과 포용성

스타벅스는 다양성을 존중하는 기업 문화와 인재 정책을 운영하고 있다.

① **평등한 고용 기회**: 스타벅스는 채용 과정에서 다양성을 중시하며, 모든 지원자에게 평등한 기회를 제공하고 있다.

② **포용적 근무 환경**: 스타벅스는 직원들에게 안전하고 공정한 근무 환경을 제공하기 위해 노력하고 있다.

③ **사회적 약자 고용**: 스타벅스는 채용뿐 아니라 다양한 활동을 통해 지역사회에 공헌하고 있다.

환경 보호 활동

스타벅스는 환경 보호를 위한 다양한 이니셔티브를 실행하고 있다.

① **일회용품 사용 줄이기**: 업계 최초로 일회용컵 없는 매장 캠페인을 시작했다.

② **에너지 절약**: 에너지 절약 캠페인을 전개하고 있다.

③ **재활용**: 커피 원두 재활용, 모바일 결제 시스템 구축 등을 통해 환경 보호에 기여하고 있다.

지역사회 공헌

스타벅스는 다양한 방식으로 지역사회에 기여하고 있다.

① **재능기부 카페**: 스타벅스 재능기부 카페는 지역사회 기관과 협력하여 운영되고 있다.

② **희망배달 캠페인**
  - 2006년부터 어린이재단과 함께 지역사회 취약계층 가정 어린이를 지원하는 자발적 급여 공제 캠페인을 실시하고 있다.
  - 매달 자발적 직원 성금에 동일한 액수의 회사 매칭 기금을 모아 어린이재단을 통해 전달하고 있다.

밸류업(Value-up)에 미치는 영향

스타벅스의 사회적 책임 경영은 다음과 같은 방식으로 기업 가치 향상에 기여하고 있다.

① **브랜드 가치 상승**: 윤리적 소싱과 공정 무역 실천은 소비자들의 신뢰를 높이고 브랜드 충성도를 강화하고 있다.

② **품질 향상**: C.A.F.E. Practices 프로그램을 통해 고품질의 커피 원두를 안정적으로 확보할 수 있게 되었다.

③ **공급망 안정화**: 커피 농가와의 장기적인 파트너십은 원재료 공급의 안정성을 높이고 있다.

④ **리스크 관리**: 윤리적 소싱과 환경 보호 활동은 미래의 규제 리스크를 줄이는 데 기여한다.

⑤ **인재 유치 및 유지**: 다양성과 포용성을 중시하는 기업 문화는 우수한 인재를 유치하고 유지하는 데 도움이 된다.

⑥ **운영 효율성 향상**: 에너지 절약과 재활용 활동은 장기적으로 운영 비용을 줄이는 데 기여하고 있다.

⑦ **시장 확대** 윤리적 소비를 중시하는 소비자층을 공략함으로써 새로운 시장을 개척할 수 있다.

⑧ **투자 유치**: ESG 경영은 사회책임투자(SRI) 펀드 등 책임 있는 투자자들의 관심을 끌어 안정적인 자본 조달에 도움이 된다.

⑨ **지역사회와의 관계 개선**: 지역사회 공헌 활동은 스타벅스가 사업을 영위하는 지역에서의 평판을 높이고, 이는 장기적인 사업 안정성으로 이어진다.

결론적으로, 스타벅스의 사회적 책임 경영은 단순히 기업 이미지 개선을 넘어 실질적인 비즈니스 가치를 창출하고 있다. 이는 지속 가능한 비즈니스 모델이 기업의 장기적인 성장과 가치 향상에 필수적이라는 것을 보여주는 좋은 사례이다. 스타벅스는 이러한 전략을 통해 글로벌 시장에서 지속 가능한 브랜드로 자리매김하고 있으며, 장기적인 신뢰도와 경쟁력을 강화하고 있다.

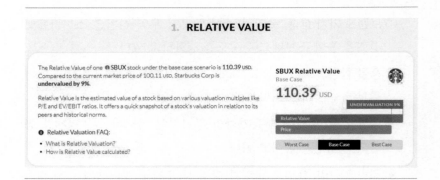

1. **RELATIVE VALUE**

The Relative Value of one ⑧ SBUX stock under the base case scenario is 110.39 USD. Compared to the current market price of 100.11 USD, Starbucks Corp is **undervalued by 9%.**

Relative Value is the estimated value of a stock based on various valuation multiples like P/E and EV/EBIT ratios. It offers a quick snapshot of a stock's valuation in relation to its peers and historical norms.

❶ Relative Valuation FAQ:

• What is Relative Valuation?
• How is Relative Value calculated?

SBUX Relative Value
Base Case
110.39 USD

UNDERVALUATION 9%

Relative Value
Price

Worst Case | Base Case | Best Case

SBUX Competitors Multiples
Starbucks Corp Competitors

| All Multiples | P/S | P/E | EV/EBITDA | EV/EBIT |

			Market Cap	P/S	P/E	EV/EBITDA	EV/EBIT	
US		Starbucks Corp NASDAQ:SBUX	113.5B USD	3.1	30.2	18.5	24.2	
US		McDonald's Corp NYSE:MCD	214.2B USD	8.3	26	18.2	21.3	🗑
US		Chipotle Mexican Grill Inc NYSE:CMG	89.2B USD	8.1	60.1	39.3	46.3	🗑
UK		Compass Group PLC LSE:CPG	47.2B GBP	1.3	30.7	15.3	21.5	🗑
US		Yum! Brands Inc NYSE:YUM	38.5B USD	5.3	25.3	19.5	21	🗑
CA		Restaurant Brands International Inc NYSE:QSR	31.1B USD	3.9	24.5	17.7	19.5	🗑
US		Darden Restaurants Inc NYSE:DRI	20.1B USD	1.8	19.3	11.7	15.8	🗑
CN		Yum China Holdings Inc NYSE:YUMC	18.5B USD	1.7	20.7	10.1	14.1	🗑
US		CAVA Group Inc NYSE:CAVA	17.3B USD	18.9	321.6	167.2	389	🗑
US		Domino's Pizza Inc NYSE:DPZ	15.9B USD	3.4	27.7	21.7	23.8	🗑
US		Texas Roadhouse Inc NASDAQ:TXRH	13.1B USD	2.6	33.6	20.4	27.9	🗑

출처: https://www.alphaspread.com/security/nasdaq/sbux/relative-valuation

친환경 기술과 사회적 책임 이니셔티브

친환경 기술과 사회적 책임 이니셔티브는 현대 기업이 지속 가능한 성장을 추구하고, 사회와 환경에 긍정적인 영향을 미치기 위해 추진하는 중요한 전략적 요소이다. 오늘날 기업들은 환경 보호와 사회적 책임을 다하는 경영 방식을 채택하여, 장기적인 경쟁 우위를 확보하고, 기업 가치와 신뢰성을 높이고 있다. 이러한 경영 전략은 전 세계적으로 규제 당국, 소비자, 투자자들에게도 긍정적인 평가를 받으며 기업의 성과와 평판에 중요한 영향을 미친다.

1 친환경 기술의 개념과 중요성

친환경 기술은 자원 사용을 최소화하고, 환경에 미치는 부정적인 영향을 줄이기 위해 개발된 기술이다. 이는 기후 변화 대응, 에너지 절감, 자원 재활용 등의 환경적 목표를 달성하는 데 기여하며, 기업은 이러한 기술을 통해 운영 효율성을 높이고, 법적 규제를 준수할 수 있다.

1. 친환경 기술의 주요 분야

• 재생 에너지 기술: 태양광, 풍력, 지열과 같은 재생 가능한 에너

지원은 탄소 배출을 줄이고, 화석 연료에 대한 의존도를 낮추는 데 중요한 역할을 한다.

- **에너지 효율성 기술**: 기업은 에너지 효율성을 개선하기 위해 건물, 공장, 기계에 효율적인 설비를 도입하며, 스마트 그리드, 에너지 절감형 조명 시스템, 고효율 난방 및 냉각 시스템 등을 채택한다.
- **자원 재활용 및 폐기물 관리**: 자원의 재활용과 폐기물의 최소화는 친환경 경영의 핵심 요소이다. 기업은 폐기물을 최소화하기 위한 재활용 기술, 친환경 소재 사용, 제품 수명 연장 등을 통해 환경에 미치는 영향을 줄인다.

2. 친환경 기술 도입의 중요성

친환경 기술은 단순히 환경 보호 차원에서만 중요한 것이 아니라, **경제적 효율성과 기업 경쟁력**에도 큰 영향을 미친다. 기업이 친환경 기술을 도입하면 다음과 같은 이점을 누릴 수 있다.

- **비용 절감**: 에너지 절약과 자원 재활용은 운영 비용을 줄여준다. 예를 들어, 에너지 효율성 기술을 도입하면 전력 소비가 줄어들고, 폐기물 관리 비용도 절감된다.
- **규제 준수**: 환경 관련 법규와 규제가 강화되는 상황에서 친환경 기술 도입은 법적 리스크를 피하고, 규제 준수를 용이하게 한다. 이는 특히 탄소 배출 감축 목표가 요구되는 산업에서 중요하다.
- **기업 평판 개선**: 친환경 경영을 실천하는 기업은 소비자와 투자자들로부터 긍정적인 평가를 받으며, 이는 기업의 브랜드 가치를 높이고, 고객 충성도와 시장 점유율을 증대시키는 데 기여할 수 있다.

사회적 책임 이니셔티브의 개념과 중요성

사회적 책임 이니셔티브(Corporate Social Responsibility, CSR)는 기업이 경제적 이익 창출을 넘어서, 사회와 지역 사회에 긍정적인 영향을 미치기 위해 추진하는 자발적인 활동을 의미한다. 이는 기업의 장기적인 성공과 지속 가능성을 도모하는 중요한 전략으로, 기업은 이러한 이니셔티브를 통해 사회적 신뢰를 얻고, 이해관계자들과의 관계를 강화할 수 있다.

1. 사회적 책임 이니셔티브의 주요 분야

- 노동권 보호: 기업은 인권과 노동권을 존중하며, 안전한 작업 환경을 제공하는 데 앞장서야 한다. 이는 근로자의 안전, 공정한 임금 지급, 차별 없는 고용 등을 포함한다.
- 지역 사회 공헌: 기업은 지역 사회와의 협력을 통해 교육, 의료, 경제 개발 등 지역 사회의 발전에 기여하는 활동을 추진할 수 있다. 지역 사회와의 긍정적인 관계는 기업의 장기적인 성공에 중요한 영향을 미친다.
- 공정 무역: 기업은 공급망에서 윤리적인 거래를 실천하고, 불공정한 노동 착취를 방지하는 공정 무역 활동을 전개할 수 있다. 공정 무역은 윤리적인 제품 생산과 투명한 공급망 관리의 중요한 요소이다.

2. 사회적 책임 이니셔티브의 중요성

사회적 책임을 다하는 기업은 평판 관리와 위기 대응에서 큰 이점을 누릴 수 있다. 기업은 CSR을 통해 사회적 요구에 부응하고, 장기적으로 성공적인 경영을 유지할 수 있다.

- 브랜드 신뢰성 향상: 사회적 책임을 다하는 기업은 브랜드에 대한 신뢰를 구축할 수 있으며, 소비자들이 기업의 제품이나 서비스를 신뢰하고 선택할 가능성이 높아진다.
- 사회적 리스크 관리: CSR은 기업이 지역 사회나 노동 문제에서 발생할 수 있는 리스크를 사전에 관리하는 데 도움이 된다. 이를 통해 사회적 갈등이나 법적 분쟁을 예방하고, 기업의 명성을 보호할 수 있다.

③ 친환경 기술과 사회적 책임 이니셔티브의 시너지 효과

친환경 기술과 사회적 책임 이니셔티브는 서로 보완적인 관계에 있으며, 두 가지가 결합되면 기업은 지속 가능한 성장을 이루는 데 있어 더 큰 시너지 효과를 발휘할 수 있다. 친환경 기술을 통해 기업은 환경적 지속 가능성을 달성하는 한편, 사회적 책임 이니셔티브를 통해 사회적 가치를 창출하며, 전반적인 경영 성과와 신뢰도를 높일 수 있다.

1. 환경적 지속 가능성과 사회적 가치 창출의 결합

- 환경 보호와 지역 사회 발전: 기업이 친환경 기술을 도입하여 탄소 배출을 줄이고 자원을 절약하면, 지역 사회와 환경에 긍정적인 영향을 미칠 수 있다. 이는 기업의 사회적 책임 이니셔티브와 결합되어, 지역 사회와 협력해 환경 보호 프로젝트를 추진함으로써 더 큰 사회적 가치를 창출할 수 있다.
- 지속 가능한 제품 개발과 공정 무역: 기업이 친환경 제품을 개발하는 것과 동시에 공정 무역을 실천하면, 환경과 인권 모두를 보호하는 경영 전략을 펼칠 수 있다. 이는 특히 소비자들에게 윤리적 소비를 촉진하는 데 기여하며, 기업의 브랜드 가치를 높인다.

2. 혁신 촉진과 기업 평판 강화

친환경 기술과 사회적 책임 이니셔티브는 기업이 더 혁신적인 제품과 서비스를 개발하는 동력을 제공하며, 동시에 소비자와 투자자들로부터 더 큰 신뢰를 얻는 데 기여한다.

- **혁신 촉진**: 친환경 기술을 도입한 기업은 혁신적인 방법으로 에너지와 자원을 절약할 수 있는 신제품을 개발할 수 있으며, 이를 통해 시장에서의 경쟁력을 높일 수 있다. 또한, 이러한 혁신은 사회적 책임 이니셔티브와 결합하여 더 나은 사회적 성과를 창출할 수 있다.
- **기업 평판 강화**: 친환경 기술과 CSR을 통해 기업은 소비자들에게 윤리적이고 책임 있는 기업으로 인식되며, 이는 장기적인 브랜드 신뢰도와 시장 점유율을 높이는 데 기여할 수 있다. 특히, 환경 보호와 사회적 책임을 실천하는 기업은 긍정적인 평판을 통해 위기 상황에서도 신뢰를 유지할 수 있다.

④ 사례: 파타고니아(Patagonia)의 친환경 경영과 사회적 책임

파타고니아(Patagonia)의 친환경 경영과 사회적 책임 이니셔티브는 아웃도어 의류 산업에서 지속 가능성의 새로운 표준을 제시하고 있다. 파타고니아의 ESG 경영 전략과 성과, 그리고 이것이 기업 가치 향상에 미치는 영향을 구체적으로 분석해보겠다.

친환경 소재 사용과 제품 개발

파타고니아는 지속 가능한 제품 개발에 주력하고 있다.

① 재생 가능한 소재 사용
- 파타고니아는 리사이클 소재를 통해 1년에 약 2만 톤의 이산화탄소 배출량을 줄였다.
- 다른 의류 업체가 같은 방식으로 옷을 제작할 경우 총 1억 1,400만 톤의 이산화탄소 배출량을 줄일 수 있다고 주장한다.

② 고품질 제품 개발
- 파타고니아는 "우리는 최고의 제품을 만들되 불필요한 환경 피해를 유발시키지 않으며, 사업을 통하여 환경 위기에 대한 공감대를 형성하고 해결 방안을 실행한다"는 미션을 가지고 있다.
- 오래 사용할 수 있는 고품질 제품을 개발하여 소비자들이 제품 수명을 연장하고 자원을 절약할 수 있도록 장려하고 있다.

③ 환경 친화적 생산 방식
- 파타고니아는 심각한 패스트패션의 문제를 해결하고자 친환경 기술을 적극 개발, 도입하는 데 힘을 쏟고 있다.
- 의류 생산을 위한 목화재배 과정에서 환경을 해치지 않는 방식을 채택하고 있다.

사회적 책임 실천

파타고니아는 다양한 사회적 책임 활동을 통해 기업의 가치를 높이고 있다.

① 환경 보호 프로젝트 및 기부
- 파타고니아는 현재까지 약 1억 달러(한화 1,194억 원) 이상을 환경 단체에 지원하며 다양한 캠페인을 펼치고 문제 해결을 도왔다.
- 매년 이익이 아닌 매출의 1%를 기부하는 운동을 전개하고 있으며, 이는 적자가 나도 기부를 한다는 의미이다.

② 윤리적 노동 관행
- 파타고니아는 윤리적 근무의 협력업체를 선정하여 공정 무역과 인권 보호를 실천하고 있다.
- 직원들에게 안전하고 공정한 근무 환경을 제공하기 위해 노력하고 있다.

③ **지속 가능성 교육**: 파타고니아는 자체 웹사이트나 온라인을 통해 자사의 업적, 발전 및 프로그램에 대해 많은 정보를 공유하여 자체 커뮤니티를 육성하고 있다.

④ **소비자 인식 개선**
- 파타고니아는 윤리적 소비와 지속 가능한 라이프스타일을 장려하는 캠페인을 전개하고 있다.
- "이 자켓을 사지 마세요" 캠페인 등을 통해 소비자들에게 필요한 것만 구매하도록 권장하고 있다.

밸류업(Value-up)에 미치는 영향

파타고니아의 친환경 경영과 사회적 책임 활동은 다음과 같은 방식으로 기업 가치 향상에 기여하고 있다.

① **브랜드 가치 상승**
- 파타고니아의 강력한 환경 보호 정책과 사회적 책임 활동은 브랜드 이미지를 크게 향상시켰다.
- 이는 소비자들로부터 높은 신뢰를 얻어 장기적인 고객 충성도로 이어지고 있다.

② **신규 시장 개척**: 환경 의식이 높은 소비자들을 대상으로 한 틈새 시장을 성공적으로 개척했다.

③ **운영 비용 절감**: 지속 가능한 생산 방식과 에너지 효율성 향상은 장기적으로 운영 비용을 줄이는 데 기여한다.

④ **리스크 관리**: 선제적인 환경 정책은 미래의 환경 규제에 대비할 수 있게 하여, 잠재적인 법적 리스크와 비용을 줄일 수 있다.

⑤ **혁신 촉진**: 지속 가능성에 대한 강한 commitment는 새로운 재료와 생산 방식의 개발을 촉진하여 기업의 혁신 역량을 강화한다.

⑥ **인재 유치 및 유지**: 파타고니아의 강력한 기업 철학과 가치는 우수한 인재를 유치하고 유지하는 데 도움이 되어, 장기적인 기업 경쟁력 강화에 기여하고 있다.

⑦ **투자자 신뢰 확보**: 파타고니아의 투명한 ESG 성과 보고는 투자자들의 신뢰를 높이고, 안정적인 자본 조달에 기여한다.

⑧ **글로벌 경쟁력 강화**: 지속 가능성을 중심으로 한 경영 전략은 글로벌 시장에서 파타고니아의 위치를 강화하고 있다.

결론적으로, 파타고니아의 친환경 경영과 사회적 책임 이니셔티브는 단순히 기업의 이미지 개선을 넘어 실질적인 비즈니스 가치를 창출하고 있다. 이는 지속 가능한 비즈니스 모델이 기업의 장기적인 성장과 가치 향상에 필수적이라는 것을 보여주는 좋은 사례이다. 파타고니아는 이러한 전략을 통해 글로벌 시장에서 지속 가능한 브랜드로 자리매김하고 있으며, 장기적인 신뢰도와 경쟁력을 강화하고 있다.

출처: https://www.newstree.kr/newsView/ntr202104160005

사례: 이케아(IKEA)의 친환경 제품 개발과 사회적 책임

이케아(IKEA)의 친환경 기술 도입과 사회적 책임 이니셔티브는 가구 산업에서 지속 가능성의 새로운 기준을 제시하고 있다. 이케아의 ESG 경영 전략과 성과, 그리고 이것이 기업 가치 향상에 미치는 영향을 구체적으로 분석해보겠다.

친환경 제품 개발

이케아는 지속 가능한 제품 개발에 주력하고 있다.

① **지속 가능한 원료 사용**

- 이케아는 제품에 사용되는 목재의 99.5%를 FSC(Forest Stewardship Council, 산림관리협의회) 인증 목재 또는 재활용 목재로 사용하고 있다.
- 이케아는 2015년부터 제품에 사용하는 모든 면화를 보다 지속 가능한 공급처에서 제공받고 있다.

② **에너지 효율적인 제품**

- 전체 조명 제품군을 에너지 효율이 높은 LED로 전환했다.
- 에너지 절약형 솔루션을 통해 고객들이 보다 지속 가능한 생활을 누릴 수 있도록 지원하고 있다.

③ **재활용과 폐기물 감소**

- 재활용 플라스틱병으로 만든 주방 앞판 등 재활용 소재를 활용한 제품을 개발하고 있다.
- 이케아는 2030년까지 제품의 수명을 연장하고 자원 순환을 촉진하기 위한 목표를 세우고 있다.

④ **친환경 식품**: 사람과 지구를 위한 건강한 식품을 출시하고 있으며, 대표적인 예로 베지 핫도그가 있다.

사회적 책임 실천

이케아는 다양한 사회적 책임 활동을 통해 기업의 가치를 높이고 있다.

① **지역사회 지원**

- 이케아는 '사람과 지구에 친화적인 전략(People and Planet Positive Strategy)'을 통해 건강하고 지속 가능한 생활, 자원 순환 및 기후 변화 대응, 공정하고 포용적인 사회 등 세 가지 핵심 분야에 초점을 맞추고 있다.
- 2030년까지 지역사회와 지구에 지속 가능하고 의미 있는 변화를 만들겠다는 목표를 세웠다.

② **공정한 근무 환경**

- 이케아는 이케아 밸류 체인 속 모든 사람을 위해 긍정적인 사회적 변화를 이끌어내는 것을 목표로 하고 있다.
- IKEA 밸류 체인 전반에서 이케아 비즈니스와 더불어 전 세계 모든 집에서의 생활을 변화시키겠다는 목표를 가지고 있다.

③ **청정에너지 확대**

- 글로벌 청정에너지 커뮤니티 조성을 목표로 하고 있다.
- IKEA 전 밸류 체인에서 100% 재생에너지 사용을 목표로 하고 있다.

④ **기후변화 대응**

- 2025년까지 배송 과정에서 발생하는 이산화탄소 배출량을 '제로(0)'로 만들겠다는 목표를 가지고 있다.
- 2030년까지 온실가스 배출량을 50% 줄이고, 2050년까지 탄소 순배출 제로(0)를 달성하기 위해 최선을 다하고 있다.

밸류업(Value-up)에 미치는 영향

이케아의 친환경 기술과 사회적 책임 활동은 다음과 같은 방식으로 기업 가치 향상에 기여하고 있다.

① **브랜드 가치 상승**: 이케아의 지속 가능성 전략은 브랜드 이미지를 강화하여 고객 충성도를 높이고 있다.

② **신규 시장 개척**: 친환경 제품과 서비스를 통해 환경 의식이 높은 소비자 층을 공략하여 새로운 시장을 개척하고 있다.

③ **운영 비용 절감**: 에너지 효율성 향상과 재생 에너지 사용은 장기적으로 운영 비용을 줄이는 데 기여한다.

④ **리스크 관리**: 지속 가능한 원료 조달과 친환경 제품 개발은 환경 규제 강화에 따른 리스크를 줄이는 데 도움이 된다.

⑤ **혁신 촉진**: 지속 가능성 목표는 새로운 제품과 서비스 개발을 촉진하여 기업의 혁신 역량을 강화한다.

⑥ **인재 유치 및 유지**: 강력한 ESG 정책은 우수한 인재를 유치하고 유지하는 데 도움이 되어, 장기적인 기업 경쟁력 강화에 기여한다.

⑦ **투자자 신뢰 확보**: 이케아의 투명한 ESG 성과 보고는 투자자들의 신뢰를 높이고, 안정적인 자본 조달에 기여한다.

⑧ **글로벌 경쟁력 강화**: 지속 가능성을 중심으로 한 경영 전략은 글로벌 시장에서 이케아의 위치를 강화하고 있다.

결론적으로, 이케아의 친환경 기술과 사회적 책임 이니셔티브는 단순히 기업의 이미지 개선을 넘어 실질적인 비즈니스 가치를 창출하고 있다. 이는 지속 가능한 비즈니스 모델이 기업의 장기적인 성장과 가치 향상에 필수적이라는 것을 보여주는 좋은 사례이다. 이케아는 이러한 전략을 통해 글로벌 시장에서 지속 가능한 브랜드로 자리매김하고 있으며, 장기적인 신뢰도와 경쟁력을 강화하고 있다.

⑥ 사례: 구글(Google)의 친환경 기술 도입과 사회적 책임 실천

구글의 친환경 기술과 사회적 책임 이니셔티브는 IT 업계에서 선도적인 역할을 하고 있다. 구글의 ESG 경영 전략과 성과, 그리고 이것이 기업 가치 향상에 미치는 영향을 구체적으로 분석해보겠다.

재생 에너지 사용

구글은 친환경 에너지 사용에 있어 선구자적인 역할을 하고 있다.

① **100% 재생 에너지 달성**: 구글은 2017년부터 전 세계 전력 사용
량의 100%를 재생 에너지로 대체해왔으며, 이는 데이터 센터
와 사무실 전반에 적용되었다.

② **2030년 무탄소 에너지 목표**: 구글은 2030년까지 모든 데이터
센터와 사무실에서 24시간 무탄소 에너지로 운영하겠다는 목
표를 세웠다.

③ **재생 에너지 투자**: 구글은 글로벌 에너지 시장에서 재생 가능 에
너지의 확대를 촉진하고 있으며, 세계 각지에서 대규모 태양광
및 풍력 발전 프로젝트에 투자하고 있다.

④ **에너지 효율성 향상**: 구글은 AI를 활용한 데이터 센터 관리 시스
템을 도입하여 운영 비용을 절감하고 에너지 사용을 줄였다.

사회적 책임 실천

구글은 다양한 사회적 책임 활동을 통해 글로벌 기업으로서의 책
임을 다하고 있다.

① **인권 보호**: 구글은 세계인권선언 및 시행 조약에 명시된 권리를
존중하고, 기업과 인권에 관한 UN 이행원칙(UNGP) 및 글로벌
네트워크 이니셔티브 원칙(GNI 원칙)을 준수하고 있다.

② **교육 프로그램 및 기술 교육**
- Google.org를 통해 인류가 직면한 가장 어려운 도전 과제를 해
  결하려고 노력하는 비영리단체 및 사회적 기업을 지원하고
  있다.
- AI 및 새로운 기술의 가치, 책임 및 접근성을 공유하기 위해
  외부 후원자의 역량을 강화하고 있다.

③ **다양성 및 포용성 증진**: 구글은 소수민족 등 다양성을 갖춘 공급
업체에 10억 달러 지출을 약속했다.

④ **지역 사회 지원**: 구글은 교육, 기술 교육, 경제적 기회 확대 등 다양한 분야에서 지역 사회를 지원하고 있으며, 특히 소외된 지역이나 계층에 대한 지원을 강화하고 있다.

⑤ **환경 보호 및 생물다양성**: 구글은 생물다양성 보호와 환경 복원 프로젝트에 적극 참여하고 있다.

밸류업(Value-up)에 미치는 영향

구글의 친환경 기술과 사회적 책임 활동은 다음과 같은 방식으로 기업 가치 향상에 기여하고 있다.

① **브랜드 가치 상승**: 구글의 친환경 이니셔티브와 사회적 책임 활동은 기업 이미지를 긍정적으로 강화하여 브랜드 가치를 높이고 있다.

② **운영 비용 절감**: 재생 에너지 사용과 에너지 효율성 향상은 장기적으로 운영 비용을 절감하여 수익성 개선에 기여한다.

③ **혁신 촉진**: 친환경 기술 개발과 사회적 문제 해결을 위한 노력은 새로운 기술과 서비스 개발로 이어져 미래 성장 동력을 창출하고 있다.

④ **인재 유치 및 유지**: 구글의 강력한 ESG 정책은 우수한 인재를 유치하고 유지하는 데 도움이 되어, 장기적인 기업 경쟁력 강화에 기여한다.

⑤ **규제 리스크 감소**: 선제적인 환경 정책과 사회적 책임 활동은 미래의 규제 변화에 대비할 수 있게 하여, 잠재적인 법적 리스크와 비용을 줄일 수 있다.

⑥ **투자자 신뢰 확보**: 구글의 투명한 ESG 성과 보고와 지속 가능성 채권 발행은 투자자들의 신뢰를 높이고, 안정적인 자본 조달에 기여한다.

⑦ **신시장 개척**: 친환경 기술과 사회적 책임 활동을 통해 개발된 새
로운 제품과 서비스는 새로운 시장을 개척하는 데 도움이 된다.
예를 들어, 구글의 친환경 교통 정보 서비스는 새로운 사용자
층을 확보하는 데 기여하고 있다.

결론적으로, 구글의 친환경 기술과 사회적 책임 이니셔티브는 단
순히 기업의 이미지 개선을 넘어 실질적인 비즈니스 가치를 창출하고
있다. 이는 지속 가능한 비즈니스 모델이 기업의 장기적인 성장과 가
치 향상에 필수적이라는 것을 보여주는 좋은 사례이다.

투명한 지배구조와 장기적 신뢰 구축

투명한 지배구조(Corporate Governance)는 기업이 효율적이고 윤리적으로 운영될 수 있도록 경영진과 이사회, 주주, 기타 이해관계자 간의 역할과 권한을 명확하게 설정하고, 이를 공개적으로 관리하는 체계를 말한다. 투명한 지배구조는 기업의 경영 성과와 사회적 책임을 효과적으로 달성하게 하며, 장기적인 신뢰를 구축하는 중요한 기초가 된다. 이는 기업의 재무적 성과 뿐만 아니라, ESG 경영에서 중요한 역할을 하며, 지속 가능한 성장을 도모할 수 있게 한다.

1 투명한 지배구조의 개념과 중요성

지배구조는 기업이 전략적 결정을 내리고, 운영 방식을 관리하는 제도적 틀이다. 투명한 지배구조는 이러한 의사결정 과정과 경영 활동이 이해관계자들에게 개방적이고 공정하게 이뤄지는 것을 보장하는 것을 의미한다. 이는 경영진의 의사결정이 주주와 이해관계자의 이익에 맞게 이루어지도록 하고, 외부로부터 신뢰를 얻는 데 필수적인 요소이다.

1. 투명한 지배구조의 주요 요소

- **이사회 독립성**: 이사회는 경영진을 감시하고 기업의 중요한 의사결정을 내리는 역할을 한다. 이사회의 독립성은 경영진의 이해관계에서 벗어나 공정한 결정을 내릴 수 있도록 보장하며, 이해충돌을 방지하는 데 중요하다.
- **주주 권리 보호**: 투명한 지배구조는 모든 주주의 권리를 보호하는 것을 목표로 한다. 대주주뿐만 아니라 소액 주주들까지도 공정한 대우를 받을 수 있어야 하며, 주주들이 중요한 결정에 참여할 수 있는 기회를 보장해야 한다.
- **윤리적 경영**: 경영진은 법적, 윤리적 기준을 준수해야 하며, 이해관계자들의 이익을 보호하는 데 초점을 맞춰야 한다. 윤리적인 경영 원칙은 기업의 투명성을 강화하고, 장기적인 신뢰를 구축하는 기반이 된다.
- **정보 공개**: 기업의 재무 정보, 비재무 정보(ESG 정보 포함), 주요 의사결정 사항 등을 주주 및 이해관계자들에게 투명하게 공개해야 한다. 이는 기업의 경영 성과와 리스크를 평가할 수 있는 기회를 제공한다.

2. 투명한 지배구조의 필요성

투명한 지배구조는 기업이 **책임 경영**을 실현하고, 지속 가능한 성장을 도모하는 데 필수적이다. 이는 기업이 더 많은 투자자들의 신뢰를 얻고, 더 나은 성과를 거둘 수 있는 기반을 마련하는 동시에, 장기적인 성장 가능성을 높인다.

- **리스크 관리**: 투명한 지배구조는 경영진의 독단적인 결정을 방지하고, 기업이 전략적 리스크를 사전에 관리할 수 있도록 돕는다. 또한, 기업의 윤리적 문제나 법적 리스크를 미리 감지하고 대응할 수 있는 체계를 제공한다.

- **투자자 신뢰 확보:** 투명한 지배구조를 실현하는 기업은 투자자들로부터 더 높은 신뢰를 얻을 수 있다. 특히 기관 투자자들은 기업의 지배구조를 중요한 투자 판단 요소로 간주하며, 신뢰할 수 있는 기업에 장기적으로 투자하려는 경향이 있다.
- **평판 관리:** 기업의 지배구조가 투명하면 사회적 책임을 다하는 기업으로 인식되며, 이는 기업의 평판을 높이는 데 기여한다. 좋은 평판은 고객 충성도와 브랜드 이미지 강화로 이어진다.

2 투명한 지배구조가 장기적 신뢰에 미치는 영향

투명한 지배구조는 기업이 장기적인 신뢰를 구축하고, 지속적인 성장을 달성하는 데 중요한 역할을 한다. 특히, 투자자와 이해관계자들이 기업의 경영 성과를 평가할 때 지배구조의 투명성을 중요한 기준으로 삼으며, 이는 기업 가치에 직접적인 영향을 미친다.

1. 투자자 신뢰 구축

투명한 지배구조는 기업이 장기적인 투자 유치를 이끌어 내는 데 핵심적인 역할을 한다. 기업의 의사결정 과정이 공정하고 투명하게 이루어질 때, 투자자들은 기업의 미래 성장 가능성을 신뢰하게 된다.
- **기관 투자자 유치:** 많은 기관 투자자들은 ESG 요건과 지배구조의 투명성을 중시하며, 장기적인 투자 수익을 기대한다. 투명한 지배구조를 통해 경영진의 독단적인 결정을 방지하고, 경영의 투명성을 보장하면, 기관 투자자들로부터 더 많은 자금을 유치할 수 있다.
- **리스크 감소:** 투자자들은 불투명한 의사결정과 부실한 지배구조에서 발생할 수 있는 리스크를 우려한다. 반면, 투명한 지배구조

는 경영 리스크를 최소화하고, 기업이 안정적인 경영을 지속할 수 있는 기반을 제공한다.

2. 고객 및 소비자 신뢰 강화

투명한 지배구조는 소비자와 고객의 신뢰를 얻는 데도 중요한 역할을 한다. 소비자들은 윤리적이고 책임 있는 기업과 거래하기를 원하며, 이러한 기업에 더 큰 충성도를 보일 가능성이 높다.

- **윤리적 경영 실천**: 투명한 지배구조는 기업이 **윤리적 기준을 준수**하고 있다는 신호를 시장에 전달한다. 이는 소비자들이 윤리적 소비를 실천하는 기업을 더 선호하게 만들며, 장기적인 고객 충성도를 높인다.
- **사회적 신뢰 구축**: 기업이 지배구조의 투명성을 보장하면, 이는 사회적 신뢰도 강화로 이어진다. 특히, 투명한 정보 공개는 기업이 사회적 책임을 다하고 있음을 입증하는 중요한 수단이다.

3. 장기적인 성장 가능성 강화

투명한 지배구조는 기업이 단기적인 이익을 넘어서 **장기적인 성장**을 목표로 경영할 수 있는 기반을 제공한다. 이는 주주와 이해관계자들의 신뢰를 강화하고, 기업이 지속 가능한 성장을 이룰 수 있도록 돕는다.

- **경영 안정성**: 투명한 지배구조는 기업 경영이 더 안정적으로 운영되도록 보장하며, 단기적인 성과에 치우치지 않고 장기적인 전략을 실행할 수 있는 환경을 조성한다. 이는 기업이 단기적 이익보다 장기적인 가치를 추구할 수 있게 한다.
- **지속 가능성 확보**: 투명한 지배구조는 ESG 경영을 지원하는 중요한 기초이기도 하다. ESG 성과를 향상시키려는 기업은 지배

구조의 투명성을 유지해야 하며, 이는 지속 가능한 경영과 장기적인 성장을 동시에 달성하는 데 기여한다.

3 사례: 다우존스 지속 가능성 지수(DJSI)에 포함된 기업들

다우존스 지속 가능성 지수(DJSI)는 1999년에 출범한 지속 가능성 평가 지수로, 전 세계 수천 개 상장 기업의 지속 가능성 성과를 평가하는 지표이다. 이 지수는 기업의 경제적, 환경적, 사회적 성과를 분석하며, 기업 지배구조, 리스크 관리, 브랜딩, 기후 변화 완화, 공급망 기준 및 노동 관행 등의 이슈를 평가한다.

ESG 경영과 투명한 지배구조

DJSI에 포함된 기업들은 ESG(환경, 사회, 지배구조) 경영과 투명한 지배구조를 실천하고 있다. 이들 기업은 지속 가능성 성과를 향상시키기 위해 장기적인 경제적, 사회적, 환경적 자산 관리 계획을 수립하고 있다.

투명한 정보 공개

DJSI 평가 과정은 기업의 지속 가능성 성과에 대한 포괄적인 평가를 제공한다. 이 평가는 기업 지배구조, 리스크 관리, 기후 변화 전략 등 다양한 측면을 평가한다. FTSE4Good 지속 가능성 지수의 경우, 기업의 환경, 사회, 기업 지배구조 관행에 대해 공개적으로 이용 가능한 정보를 바탕으로 평가를 수행하여 평가의 신뢰성과 투명성을 제공한다.

이사회 독립성 및 주주 권리 보호

DJSI는 기업 지배구조, 리스크 관리, 기업 문화 등의 기준에 따라 기업의 성과를 평가한다. 이는 기업들이 높은 수준의 기업 지배구조 기준을 유지하고 리스크를 효과적으로 관리하도록 요구한다.

장기적 신뢰 구축과 자본 유치

DJSI에 포함된 기업들은 ESG 성과를 통해 투자자들로부터 더 많은 자본을 유치하고, 주주들에게 장기적인 신뢰를 얻고 있다.

투자자 유치

DJSI는 투자자들이 기업의 지속 가능성 성과를 측정하고 비교할 수 있는 벤치마크 역할을 한다. 이는 ESG 요소를 투자 결정에 통합하려는 투자자들에게 명확한 지표를 제공한다. DJSI에 포함되면 기업의 가시성이 금융 분석가들 사이에서 증가하고, 장기 투자자들이 보유한 주식 비율도 증가한다.

신뢰 구축

DJSI에 포함되는 것은 기업의 지속 가능성에 대한 헌신을 인정받는 것이며, 이는 기업의 평판과 브랜드 이미지를 향상시킨다. 이는 이해관계자, 투자자, 소비자들에게 해당 조직이 지속 가능한 관행에 전념하고 있다는 신호를 보낸다.

ESG 성과와 기업 가치 향상(밸류업)

ESG 성과와 기업 가치 간의 관계에 대한 여러 연구들이 수행되었으며, 대부분의 연구에서 긍정적인 상관관계가 발견되었다. 우수한 ESG 성과를 보이는 기업들은 시장에서 더 높게 평가되며, 산업 내 경쟁사들에 비해 재무적으로 더 나은 성과를 보이는 경향이 있다.

ESG 성과와 재무 성과의 관계

ESG 성과와 재무 성과 간의 관계에 대한 연구 결과, ESG 성과가 기업 가치와 수익성에 긍정적이고 매우 유의한 관계를 갖는 것으로 나타났다. 이러한 결과는 기업 경영자들이 ESG에 더 많은 자원을 동원하는 것을 정당화할 수 있는 근거를 제공한다.

ESG 성과와 시장 가치의 관계

우수한 ESG 성과를 보이는 기업들은 재무적으로 더 나은 성과를 보이며 시장에서 더 높게 평가되는 경향이 있다. ESG 평가 점수는 재무 성과의 대리 지표인 투자자본수익률(ROCE)과 기업의 시장 가치 평가의 대리 지표인 토빈의 Q 모두에 영향을 미친다.

산업별 ESG 성과와 기업 가치의 관계

ESG 성과와 기업 가치 평가 사이의 관계는 고려하는 산업 부문에 따라 긍정적이거나 중립적일 수 있다. 이는 ESG 성과가 모든 산업에서 동일한 영향을 미치지 않을 수 있음을 시사한다.

ESG 성과와 장기적 가치 창출

McKinsey의 연구에 따르면, 강력한 ESG 성과는 더 높은 주식 수익률 및 하방 위험 감소와 긍정적인 상관관계가 있다. 이는 ESG에 대한 투자가 장기적으로 기업의 가치를 향상시킬 수 있음을 시사한다.

결론

DJSI에 포함된 기업들은 ESG 경영과 투명한 지배구조를 실천함으로써 장기적인 신뢰를 구축하고 있다. 이러한 기업들은 투명한 정보 공개, 이사회 독립성, 주주 권리 보호 등을 통해 ESG를 기업 경영의 중요한 요소로 삼고 있다. 결과적으로, 이들 기업은 투자자들로부터 더 많은 자본을 유치하고 주주들의 장기적인 신뢰를 얻고 있다. 또한, ESG 성과는 기업의 재무 성과와 시장 가치에 긍정적인 영향을 미치는 것으로 나타나, ESG에 대한 투자가 기업의 장기적인 가치 향상(밸류업)에 도움이 될 수 있음을 시사한다.

---

4 사례: 유니레버(Unilever)의 투명한 지배구조와 ESG 경영

유니레버의 ESG 경영과 투명한 지배구조 실천은 글로벌 기업의 모범 사례로 평가받고 있다. 이를 바탕으로 유니레버의 ESG 경영 전략과 성과, 그리고 이것이 기업 가치 향상에 미치는 영향을 구체적으로 분석해보겠다.

유니레버의 ESG 경영 전략은 '지속 가능한 생활 계획(Unilever Sustainable Living Plan, USLP)'을 중심으로 이루어지고 있다. 이 계획은 2010년에 시작되어 2020년까지 진행되었으며, 세 가지 주요 목표를 중심으로 구성되었다.

- 10억 명 이상의 건강과 웰빙 개선
- 환경 영향 절반으로 감소
- 수백만 명의 생활 개선

ESG 성과와 정보 공개

유니레버는 ESG 성과를 투명하게 공개하고 있으며, 이는 기업의 신뢰도를 높이는 데 큰 역할을 하고 있다.

① 환경(E) 측면

- **온실가스 배출 감소:** 유니레버는 2030년까지 운영에서 탄소 배출을 절반으로 줄이고, 2039년까지 전체 가치 사슬에서 넷 제로 배출을 달성하겠다는 목표를 발표한 바 있다.
- **플라스틱 사용 감소:** 유니레버는 2025년까지 포장재에 사용되는 버진 플라스틱의 양을 절반으로 줄이고, 플라스틱 사용량을 10만 톤 이상 감축하겠다는 목표를 세운 바 있다.
- **지속 가능한 농업 원료 조달:** 2018년 기준으로 주요 농업 원료의 56%를 지속 가능한 방식으로 조달했다.

② 사회(S) 측면

- **건강과 위생 개선:** 유니레버의 라이프부이(Lifebuoy) 브랜드는 글로벌 손 씻기 캠페인을 통해 많은 사람들의 건강과 위생 개선에 기여해왔다.
- **다양성 및 포용성 증진:** 2025년까지 전 세계적으로 다양한 사업체와 연간 20억 유로 규모의 거래를 목표로 하고 있다.

③ 지배구조(G) 측면

- 투명한 보고: 유니레버는 매년 상세한 지속 가능성 보고서를 발행하여 ESG 성과를 투명하게 공개하고 있다.
- 이사회의 ESG 감독: 이사회 내 기업책임위원회(Corporate Responsibility Committee)를 통해 ESG 관련 이슈를 정기적으로 검토하고 감독하고 있다.

이사회 구조 개선

유니레버는 투명하고 효과적인 지배구조를 위해 다음과 같은 노력을 기울이고 있다.

① **이사회 구성**: 유니레버의 이사회는 다양한 배경과 전문성을 가진 이사들로 구성되어 있으며, 이사회 내 여성 비율은 42%에 달한다.

② **위원회 구조**: 감사위원회, 보상위원회, 기업책임위원회, 지명 및 기업지배구조위원회 등 다양한 위원회를 운영하여 전문적이고 효과적인 의사결정을 지원하고 있다.

③ **경영진 감독**: 이사회는 CEO와 경영진의 성과를 정기적으로 평가하고, 장기적인 가치 창출을 위한 전략을 검토한다.

밸류업(Value-up)에 미치는 영향

유니레버의 ESG 경영과 투명한 지배구조는 다음과 같은 방식으로 기업 가치 향상에 기여하고 있다.

① **브랜드 가치 상승**: 유니레버의 지속 가능성 중심 브랜드들은 다른 브랜드들보다 빠르게 성장하고 있으며, 이는 전체 기업 가치 상승으로 이어지고 있다.

② **리스크 관리 강화**: 기후변화, 자원 고갈 등 ESG 관련 리스크에 선제적으로 대응함으로써 장기적인 기업 가치 하락 위험을 줄이고 있다.

③ **투자자 신뢰 확보**: ESG 성과와 투명한 정보 공개는 장기 투자자들의 신뢰를 얻는 데 도움이 되며, 이는 안정적인 주가 형성에 기여한다.

④ **혁신 촉진**: 지속 가능성 목표 달성을 위한 노력이 제품 혁신으로 이어져 새로운 시장 기회를 창출하고 있다. 예를 들어, 농축 세제 개발을 통해 물 사용량과 포장재를 줄이면서도 높은 성능을 유지하는 제품을 출시했다.

⑤ **운영 효율성 개선**: 자원 사용 절감, 에너지 효율성 향상 등의 노력은 장기적으로 운영 비용 절감으로 이어져 수익성 개선에 기여한다.

결론적으로, 유니레버의 사례는 ESG 경영과 투명한 지배구조가 단순히 사회적 책임을 넘어 기업의 장기적 가치 창출에 실질적으로 기여할 수 있음을 보여준다. 이는 지속 가능한 비즈니스 모델이 기업의 경쟁력 강화와 밸류업으로 이어질 수 있다는 것을 입증하고 있다.

제6장

인수합병(M&A)과
전략적 제휴

인수합병을 통한
시너지 효과 극대화

인수합병(Mergers and Acquisitions, M&A)은 기업이 경쟁력을 강화하고 시장에서의 위치를 공고히 하기 위해 사용되는 전략적인 경영 활동이다. M&A는 두 개 이상의 기업이 합쳐지거나 한 기업이 다른 기업을 인수하는 과정을 의미하며, 이 과정을 통해 시너지 효과를 극대화하는 것이 주요 목표이다. M&A는 단순히 기업 규모를 확장하는 것에 그치지 않고, 기술적 통합, 시장 점유율 확대, 운영 효율성 증대 등을 통해 더 큰 가치를 창출하는 데 중점을 둔다.

1 M&A의 개념과 목적

M&A는 기업이 성장 전략을 실현하기 위한 중요한 도구로, 다양한 목적을 가지고 진행된다. 기업이 M&A를 추진하는 주된 이유는 경쟁 우위 확보, 성장 촉진, 시장 확장, 비용 절감 등이며, 이를 통해 더 큰 기업 가치를 창출할 수 있다.

1. M&A의 주요 목적

• 시장 점유율 확대: M&A는 기업이 새로운 시장에 진출하거나,

기존 시장에서의 점유율을 확대할 수 있는 효과적인 수단이다. 경쟁사를 인수하거나 합병하면, 더 큰 시장 지배력을 갖추게 되어 경쟁 우위를 확보할 수 있다.

- **기술 및 자원 통합**: M&A는 혁신적인 기술을 보유한 기업이나 중요한 자원을 확보하기 위한 전략으로 활용될 수 있다. 이를 통해 기업은 새로운 기술 역량을 빠르게 내재화하고, 시장에서의 경쟁력을 강화할 수 있다.
- **비용 절감**: M&A는 운영의 중복성을 제거하고, 규모의 경제를 실현함으로써 비용을 절감하는 데 중요한 역할을 한다. 특히, 공급망 통합이나 공동 마케팅 등을 통해 더 효율적인 운영이 가능해진다.
- **새로운 성장 기회 창출**: M&A는 기업이 성숙기에 접어든 기존 시장에서 벗어나 새로운 성장 기회를 모색할 수 있는 방법이다. 새로운 산업에 진출하거나, 혁신적인 제품 라인을 추가함으로써 기업은 새로운 성장 동력을 확보할 수 있다.

2. 인수와 합병의 차이

- **인수(Acquisition)**: 인수는 한 기업이 다른 기업의 지배적 지분을 구매하거나 통제권을 확보하여, 그 기업을 흡수하는 형태의 M&A이다. 인수된 기업은 법적으로 별도의 존재로 유지될 수 있으나, 통제권은 인수한 기업이 행사한다.
- **합병(Merger)**: 합병은 두 개 이상의 기업이 하나의 기업으로 합쳐져 새로운 법인을 설립하는 과정을 의미한다. 합병 후 기존 기업들은 법적으로 소멸되며, 새로운 단일 기업으로 통합된다.

2 M&A를 통한 시너지 효과 극대화

M&A의 핵심 목표는 시너지 효과를 극대화하는 것이다. 시너지 효과는 두 기업이 합쳐질 때, 각각 독립적으로 운영할 때보다 더 큰 가치를 창출하는 것을 의미한다. 시너지 효과는 여러 방면에서 나타날 수 있으며, 이를 극대화하는 것이 성공적인 M&A의 관건이다.

1. 비용 절감(Cost Synergy)

비용 시너지는 M&A를 통해 발생하는 비용 절감 효과를 의미한다. 두 기업이 합쳐짐으로써 경영 및 운영 과정에서 중복되는 부분을 제거하고, 규모의 경제를 실현함으로써 비용을 줄일 수 있다.

- 운영 통합: M&A를 통해 두 기업의 운영 부서를 통합하고, 중복된 인력을 줄이는 방식으로 비용을 절감할 수 있다. 또한, IT 시스템, 회계 부서, 마케팅 부서 등의 통합을 통해 더 효율적인 경영이 가능하다.
- 구매력 증대: 더 큰 규모의 기업은 더 낮은 가격에 자재를 구매하거나, 공급업체와의 협상에서 우위를 차지할 수 있다. 이를 통해 원가를 절감할 수 있으며, 더 나은 공급망 관리가 가능해진다.

2. 수익 증대(Revenue Synergy)

수익 시너지는 M&A를 통해 두 기업이 결합하여 더 많은 수익을 창출하는 효과를 의미한다. 이는 주로 제품 라인 확대, 신규 시장 진출, 고객 기반 확대 등을 통해 실현될 수 있다.

- 교차 판매(Cross-selling): M&A를 통해 두 기업의 고객층에 서로의 제품을 판매함으로써 더 많은 매출을 창출할 수 있다. 특히, B2B 기업의 경우 기존 고객에게 추가 제품을 제공함으로써 수익을 극대화할 수 있다.

- 시장 확장: M&A는 새로운 지역이나 국가 시장에 진출할 수 있는 기회를 제공한다. 합병된 기업은 각각의 지역적 강점을 결합하여 더 큰 시장을 차지하고, 더 많은 고객에게 접근할 수 있게 된다.

3. 기술 및 자원 통합(Innovation Synergy)

기술 시너지는 M&A를 통해 두 기업의 기술력과 자원을 결합하여 혁신적인 제품이나 서비스를 개발하는 데 중요한 역할을 한다. 특히 기술 집약적 산업에서는 기술 시너지가 M&A 성공의 중요한 요인으로 작용한다.
- R&D 통합: 두 기업의 연구개발(R&D) 부서를 통합하면, 더 많은 자원과 인력을 동원하여 혁신적인 기술을 개발할 수 있다. 이를 통해 새로운 제품 개발 주기를 단축하고, 더 빠르게 시장에 진입할 수 있다.
- 기술적 우위 확보: M&A를 통해 혁신적인 기술을 보유한 기업을 인수하면, 그 기술을 자사 제품에 통합하여 시장에서의 기술적 우위를 확보할 수 있다. 이는 시장에서 차별화된 경쟁력을 제공하는 중요한 요소가 된다.

4. 금융 시너지(Financial Synergy)

금융 시너지는 M&A를 통해 기업이 더 유리한 자본 조달 조건을 확보하거나, 재무 구조를 개선하는 효과를 의미한다. 특히, 금융 시너지는 기업의 비용 절감과 재무적 안정성을 강화하는 데 기여할 수 있다.
- 자본 비용 절감: 더 큰 규모의 기업은 금융 시장에서 더 유리한 금리 조건을 통해 자금을 조달할 수 있다. 이는 자본 비용을 낮추고, 기업의 재무적 유연성을 증가시킨다.
- 세금 혜택: M&A를 통해 일부 세금 혜택을 받을 수 있는 구조를

만들 수 있다. 예를 들어, 인수한 기업의 세금 손실을 활용하여 인수 기업의 세금 부담을 줄일 수 있다.

③ 사례: 디즈니(Disney)의 픽사(Pixar) 인수

디즈니(Disney)는 2006년에 애니메이션 스튜디오 픽사(Pixar)를 약 74억 달러에 인수하여, 성공적인 M&A의 대표적인 사례로 평가된다. 이 인수는 디즈니가 애니메이션 시장에서의 경쟁력을 강화하는 데 크게 기여했다.

- 기술 시너지: 픽사는 혁신적인 컴퓨터 애니메이션 기술을 보유하고 있었으며, 디즈니는 픽사의 기술력을 자사 애니메이션 제작에 통합하여 높은 품질의 애니메이션 영화를 제작할 수 있었다.
- 수익 시너지: 픽사의 성공적인 영화 라인업은 디즈니의 브랜드 파워를 강화했으며, 두 기업이 협력하여 더 많은 수익을 창출했다. 또한, 캐릭터 기반 상품 판매와 테마파크 운영에서도 추가적인 수익을 창출할 수 있었다.
- 결과: 디즈니와 픽사의 결합은 영화 제작과 마케팅, 상품화에 이르는 다양한 시너지 효과를 극대화하여 성공적인 M&A 사례로 기록되었다.

1. RELATIVE VALUE

The Relative Value of one ☆ DIS stock under the base case scenario is 149.01 USD.
Compared to the current market price of 116.73 USD, Walt Disney Co is
undervalued by 22%.

Relative Value is the estimated value of a stock based on various valuation multiples like
P/E and EV/EBIT ratios. It offers a quick snapshot of a stock's valuation in relation to its
peers and historical norms.

ⓘ Relative Valuation FAQ:

- What is Relative Valuation?
- How is Relative Value calculated?

DIS Relative Value
Base Case

149.01 USD

UNDERVALUATION 22%

Relative Value
Price

| Worst Case | Base Case | Best Case |

DIS Competitors Multiples
Walt Disney Co Competitors

| All Multiples | P/S | P/E | EV/EBITDA | EV/EBIT | ⚙ |

			Market Cap	P/S	P/E	EV/EBITDA	EV/EBIT	
🇺🇸 US		**Walt Disney Co** NYSE:DIS	216.3B USD	2.4	43.5	14.7	20.9	
🇺🇸 US		**Netflix Inc** NASDAQ:NFLX	399.6B USD	10.6	51.4	16.3	42	🗑
≡ LU		**Spotify Technology SA** NYSE:SPOT	100.8B USD	6.3	136	97	112	🗑
≡ NL		**Universal Music Group NV** AEX:UMG	42.8B EUR	3.7	27.6	28.2	28.2	🗑
🇺🇸 US		**Live Nation Entertainment Inc** NYSE:LYV	31.5B USD	1.4	136.7	17.6	25.2	🗑
🇺🇸 US		**Warner Bros Discovery Inc** NASDAQ:WBD	26.1B USD	0.7	-2.3	2.8	-158.7	🗑
🇺🇸 US		**TKO Group Holdings Inc** NYSE:TKO	24.6B USD	18.4	145.5	70.6	93.4	🗑
🇨🇳 CN		**Tencent Music Entertainment Group** NYSE:TME	21.2B USD	5.5	25.7	22.6	22.6	🗑
🇫🇷 FR		**Bollore SE** PAR:BOL	16.7B EUR	0.9	4.3	7.8	25.2	🗑
🇺🇸 US		**Warner Music Group Corp** NASDAQ:WMG	16.8B USD	2.6	39.1	15.5	20.8	🗑
🇺🇸 US		**Endeavor Group Holdings Inc** NYSE:EDR	14.2B USD	1.6	-19.4	45.9	-74.4	🗑

출처: https://www.alphaspread.com/security/nyse/dis/relative-valuation

사례: 페이스북(Facebook)의 인스타그램(Instagram) 인수

페이스북(Facebook)은 2012년에 인스타그램(Instagram)을 736백만 달러에 인수하면서 소셜 미디어 시장에서의 경쟁력을 크게 강화했다. 이 인수는 페이스북이 이미지 기반 소셜 네트워크로 확장하는 데 중요한 역할을 했다.

- 시장 확장: 인스타그램 인수를 통해 페이스북은 사진 공유를 중심으로 한 새로운 고객층을 확보할 수 있었다. 이는 페이스북의 소셜 미디어 네트워크에 새로운 성장 기회를 제공했다.
- 교차 판매 기회: 인스타그램 사용자를 대상으로 페이스북의 광고 플랫폼을 통합하여 광고 수익을 극대화할 수 있었다. 두 플랫폼 간의 광고 판매 협력은 더 큰 수익 시너지를 창출했다.
- 결과: 페이스북의 인스타그램 인수는 소셜 미디어 광고 시장에서 강력한 시너지를 창출했으며, 페이스북의 시장 점유율을 더욱 강화했다.

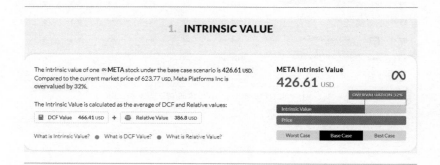

All Multiples P/S P/E EV/EBITDA EV/EBIT

		Market Cap	P/S	P/E	EV/EBITDA	EV/EBIT	
US	Meta Platforms Inc NASDAQ:META	1.6T USD	10.1	28.3	19.6	24	
US	Alphabet Inc NASDAQ:GOOGL	2.1T USD	6.3	22.7	16.9	18.9	🗑
CN	Tencent Holdings Ltd HKEX:700	3.8T HKD	5.6	21.1	17.6	17.6	🗑
JP	LY Corp XMUN:YOJ	38.1B EUR	3.2	56.7	22.1	37.3	🗑
CN	Baidu Inc NASDAQ:BIDU	30.3B USD	1.6	10.8	6.6	6.6	🗑
CN	Kuaishou Technology HKEX:1024	206.9B HKD	1.6	12.9	10.7	10.7	🗑
KR	Naver Corp KRX:035420	30.9T KRW	3.1	20.2	12.7	17.1	🗑
US	Pinterest Inc NYSE:PINS	21.8B USD	6.3	101	143.3	169	🗑
AU	REA Group Ltd ASX:REA	33.2B AUD	19.5	109.6	46.8	46.8	🗑
US	Snap Inc NYSE:SNAP	20.8B USD	4	-21.8	-27.6	-22.6	🗑
JP	Z Holdings Corp TSE:4689	3.1T JPY	1.6	28.6	14.2	24.1	🗑

출처: https://www.alphaspread.com/security/nasdaq/meta/relative-valuation

5 사례: 아마존(Amazon)의 홀푸드(Whole Foods) 인수

아마존(Amazon)은 2017년에 홀푸드(Whole Foods)를 137억 달러에 인수하여 유기농 식품 시장에 본격적으로 진출했다. 이 인수는 아마존이 식품 시장에서 입지를 강화하고, 온라인과 오프라인을 통합한 옴니채널 전략을 실현하는 데 중요한 역할을 했다.

- 시장 확장: 아마존은 홀푸드를 인수함으로써 기존의 전자상거래 외에도 오프라인 식품 시장에 진출할 수 있었으며, 식품 유통 시장에서의 입지를 강화했다.
- 옴니채널 시너지: 아마존의 강력한 온라인 플랫폼과 홀푸드의 오프라인 매장을 결합하여, 고객들에게 더 나은 쇼핑 경험을 제

공할 수 있었다. 이는 아마존 프라임 멤버십과 홀푸드의 상품 할인 혜택을 연계하는 방식으로 시너지를 극대화했다.

- 결과: 아마존은 홀푸드를 통해 식품 유통 시장에서 경쟁력을 확보했으며, 옴니채널 전략을 성공적으로 구현하여 더 많은 고객에게 접근할 수 있었다.

성공적인 M&A 통합 전략

M&A(인수합병)는 단순히 두 기업이 결합하는 것 이상의 과정으로, 합병 이후의 통합 과정이 M&A의 성패를 좌우한다. 성공적인 M&A를 위해서는 기업 간의 문화적 통합, 운영 체계 통합, 인력 관리, 기술 및 시스템 통합이 원활하게 이루어져야 하며, 이를 통해 시너지 효과를 극대화할 수 있다. 이 장에서는 성공적인 M&A를 실현하기 위한 통합 전략에 대해 다룬다.

① M&A 통합의 중요성

M&A의 성공 여부는 통합 과정(Post-Merger Integration, PMI)에 크게 의존한다. 통합이 제대로 이루어지지 않으면, 시너지 효과를 실현하지 못하고 예상치 못한 리스크와 문제로 인해 기업 가치는 오히려 하락할 수 있다. 반면, 통합이 잘 이루어지면 비용 절감, 수익 증대, 기술 혁신 등 M&A를 통해 기대했던 모든 목표가 달성될 수 있다.

1. M&A 통합의 주요 도전 과제

• 문화적 통합: 두 기업이 합병되면 각기 다른 조직 문화가 충돌

할 수 있다. 이는 직원들의 불만을 초래하거나 생산성을 저하시키는 원인이 될 수 있다. 문화적 차이를 극복하고 새로운 통합된 기업 문화를 형성하는 것이 중요하다.

- **운영 체계 통합**: 각 기업이 가진 운영 체계를 통합하는 것은 중요한 과제다. 운영 프로세스, 정보 시스템, 공급망 관리, 재무 시스템 등이 서로 다른 경우, 이를 통합하여 더 효율적인 운영을 이루어내야 한다.
- **인력 관리**: 통합 과정에서 인력 재배치나 구조조정이 불가피할 수 있다. 이는 직원들의 불안과 저항을 유발할 수 있기 때문에, 인적 자원의 관리가 매우 중요하다.
- **기술 및 시스템 통합**: IT 시스템과 기술 인프라를 통합하는 과정에서 발생하는 복잡한 문제들이 M&A 성공에 큰 영향을 미친다. 시스템의 원활한 통합은 운영 효율성 및 데이터 관리에 필수적이다.

② 성공적인 M&A 통합 전략 요소

M&A 통합을 성공적으로 이끌기 위해서는 **통합 계획과 관리 체계를 명확히 하고, 사전에 철저한 준비를 해야** 한다. 다음은 성공적인 M&A 통합을 위한 주요 전략 요소들이다.

1. 명확한 통합 리더십과 계획 수립

성공적인 M&A 통합의 첫 단계는 **명확한 리더십을 확보하고, 포괄적인 통합 계획을 세우는 것**이다. 이를 통해 각 단계에서 발생할 수 있는 문제들을 사전에 대비하고, 통합 과정이 체계적으로 진행될 수 있도록 한다.

- **통합 리더십 팀 구성**: M&A 과정에서는 통합 리더십 팀을 구성하여, 통합 과정 전반을 관리할 수 있는 리더가 필요하다. 리더십 팀은 각 부문별로 발생할 수 있는 문제들을 해결하고, 통합 목표를 달성하기 위한 구체적인 계획을 수립한다.
- **통합 계획 수립**: 구체적인 통합 계획은 M&A의 성공을 보장하는 핵심 요소다. 통합 계획은 일정, 목표, 책임 등을 명확히 하고, 조직 구조, 운영 체계, 시스템 통합 등에 대한 세부적인 지침을 포함해야 한다.

2. 조직 문화 통합

조직 문화 통합은 M&A 성공을 위한 핵심 과제 중 하나다. 서로 다른 두 조직의 문화가 융합되지 않으면, 직원들의 불만이나 저항이 발생할 수 있다. 따라서 두 조직 간의 문화적 차이를 이해하고, 이를 바탕으로 새로운 **통합된 문화**를 형성하는 것이 필요하다.

- **조직 문화 진단**: 합병 전에 두 조직의 문화적 차이를 진단하고, 어떤 부분에서 충돌이 발생할 수 있는지를 파악해야 한다. 이를 통해 문화적 차이를 극복할 수 있는 방안을 마련할 수 있다.
- **통합된 문화 형성**: 새로운 기업 문화는 두 조직의 강점을 결합하여 형성되어야 하며, 이를 직원들에게 명확하게 전달하는 것이 중요하다. 통합된 문화는 조직 내에서 공통의 목표와 가치관을 공유할 수 있도록 돕는다.

3. 인력 관리 및 커뮤니케이션 전략

M&A 과정에서 직원들이 느끼는 불안과 저항을 최소화하기 위해 **인력 관리와 커뮤니케이션 전략**이 필요하다. 직원들에게 통합의 이유와 이점, 변화 과정을 명확히 설명하고, 신뢰를 구축하는 것이 중요하다.

- **명확한 커뮤니케이션**: 직원들에게 통합 과정과 그 영향에 대해

투명하게 설명하고, 새로운 비전과 전략을 공유하는 것이 중요
하다. 직원들은 자신이 통합된 조직에서 어떤 역할을 하게 될지
를 명확히 이해할 수 있어야 한다.
- 인재 유지: M&A 과정에서 핵심 인재가 이탈하지 않도록 적절
한 인센티브와 경력 발전 기회를 제공해야 한다. 핵심 인재의 유
지가 통합의 성공에 매우 중요하기 때문에, 이들을 격려하고 보
상하는 체계가 필요하다.

4. 운영 및 시스템 통합

운영 통합은 M&A의 성패를 좌우하는 중요한 요소 중 하나다. 효
율적인 운영을 위해 재무 시스템, IT 인프라, 공급망 관리 등의 통합이
필수적이다. 이를 통해 중복된 자원을 줄이고, 운영 효율성을 극대화
할 수 있다.
- IT 시스템 통합: IT 시스템은 운영의 중요한 부분을 차지하며,
이를 통합하는 것은 필수적이다. 각 기업의 시스템 간 호환성을
확보하고, 원활한 데이터 이전을 위한 통합 계획이 필요하다.
- 공급망 및 재무 통합: 공급망 관리와 재무 시스템은 M&A 통합
에서 가장 큰 영향을 미치는 요소 중 하나다. 통합된 재무 관리
시스템을 구축하고, 공급망의 중복성을 제거하여 운영 비용을
절감할 수 있다.

5. 단계별 접근 방식

M&A 통합은 단계별로 진행되어야 하며, 각 단계에서 발생하는
문제들을 신속하게 해결할 수 있는 체계적인 접근이 필요하다. 통합
의 속도와 우선순위를 설정하고, 핵심 요소부터 단계적으로 통합을
추진한다.
- 우선순위 설정: 통합 과정에서 가장 중요한 영역부터 우선적으

로 통합하는 것이 필요하다. 예를 들어, 재무 시스템과 인력 관리 등 중요한 요소들을 먼저 통합하고, 그 외의 운영 통합은 단계적으로 진행한다.

- **통합 속도 관리**: 통합의 속도는 너무 빠르거나 너무 느려서는 안된다. 적절한 속도로 통합을 진행하여 각 부문이 새로운 체제에 적응할 수 있도록 해야 한다. 속도 조절이 실패할 경우, 직원들이 혼란을 느끼거나 통합 과정이 지연될 수 있다.

③ 사례: 구글(Google)과 유튜브(YouTube)의 통합

구글(Google)은 2006년에 유튜브(YouTube)를 약 16억 5천만 달러에 인수하면서, 비디오 플랫폼 시장에서의 입지를 크게 강화했다. 구글과 유튜브의 통합은 성공적인 통합 사례로 평가되며, 두 기업은 기술적, 문화적 통합을 성공적으로 이루어냈다.

- **기술 통합**: 구글은 유튜브의 기술 인프라와 광고 플랫폼을 통합하여 더 나은 사용자 경험을 제공했다. 특히, 구글의 검색 기술과 유튜브의 동영상 콘텐츠가 결합되면서 검색 기능이 크게 향상되었다.
- **문화적 통합**: 구글은 유튜브의 기업 문화를 존중하며 통합을 진행했으며, 유튜브의 창의적이고 자유로운 조직 문화를 유지하면서도 구글의 기술적 지원을 통합하여 성공적인 시너지를 창출했다.
- **결과**: 구글과 유튜브의 통합은 온라인 비디오 광고 시장에서 지배적인 위치를 확보하는 데 기여했으며, 두 기업은 상호 보완적인 강점을 결합하여 높은 성과를 달성했다.

사례: 디즈니(Disney)와 마블(Marvel)의 통합

디즈니(Disney)는 2009년에 마블(Marvel)을 약 40억 달러에 인수하여, 엔터테인먼트 시장에서 큰 성과를 거두었다. 디즈니와 마블의 통합은 캐릭터 기반 프랜차이즈를 성공적으로 확대한 사례로, M&A 시너지 효과를 극대화한 대표적인 사례이다.
- 운영 통합: 디즈니는 마블의 독창적인 캐릭터와 스토리텔링 능력을 자사의 마케팅, 상품화, 테마파크 운영과 결합하여 운영 효율성을 극대화했다.
- 문화적 융합: 디즈니는 마블의 창의적 독립성을 존중하면서도, 디즈니의 경영 관리 체계와 결합하여 각 조직의 강점을 유지했다.
- 결과: 디즈니와 마블의 통합은 마블 시네마틱 유니버스(MCU)라는 글로벌 엔터테인먼트 프랜차이즈를 창출했으며, 이는 디즈니의 수익 증대와 시장 점유율 확대에 큰 기여를 했다.

 ## 사례: 아마존(Amazon)과 자포스(Zappos)의 통합

아마존(Amazon)은 2009년에 온라인 신발 판매업체 자포스(Zappos)를 약 12억 달러에 인수했다. 이 통합은 아마존이 전자상거래 시장에서 고객 중심 서비스를 강화하는 데 기여한 성공적인 사례로 평가된다.
- 고객 서비스 통합: 아마존은 자포스의 탁월한 고객 서비스 문화를 유지하면서, 자사의 물류 시스템과 결합하여 고객 경험을 더욱 개선했다.
- 문화적 통합: 아마존은 자포스의 독창적이고 고객 지향적인 문화를 존중하며 통합을 진행했고, 이로 인해 직원들의 사기와 성과가 유지되었다.

- **결과**: 아마존과 자포스의 통합은 온라인 쇼핑 경험을 혁신적으로 개선했으며, 고객 충성도를 높이고 전자상거래 시장에서의 경쟁력을 강화하는 데 기여했다.

글로벌 확장과 전략적 제휴를 통한 새로운 시장 개척

글로벌 확장(Global Expansion)과 **전략적 제휴**(Strategic Alliances)는 기업이 성장 기회를 모색하고, 새로운 시장에 진출하며, 장기적인 경쟁 우위를 확보하기 위한 주요 전략이다. 이러한 전략을 통해 기업은 신규 고객 기반을 확보하고, 비즈니스 운영 범위를 확장하며, 리스크를 분산할 수 있다. 특히, 글로벌 확장과 전략적 제휴를 효과적으로 결합하면, 기업은 현지 시장에서 필요한 역량을 보완하고 더 신속하게 적응할 수 있는 기회를 얻게 된다.

① 글로벌 확장의 개념과 중요성

글로벌 확장은 기업이 자국 외부의 새로운 국가나 지역으로 사업을 확대하여, 글로벌 시장에서 경쟁력을 강화하고 **수익 다변화**를 이루는 전략이다. 기업은 글로벌 확장을 통해 **경제적 기회**를 최대화하고, 비즈니스 성장을 촉진할 수 있다. 글로벌 확장은 특히 시장의 성숙도에 따라 새로운 성장 동력을 찾는 기업에게 필수적이다.

1. 글로벌 확장의 주요 목적

- **신규 시장 개척:** 글로벌 확장은 기업이 자국에서 포화된 시장을 넘어서, 성장이 예상되는 새로운 지역이나 국가로 진출하여 고객 기반을 확장하는 데 중요한 역할을 한다.
- **수익 다변화:** 글로벌 확장을 통해 기업은 다양한 지역에서 수익을 창출하여, 특정 시장의 경기 변동성에 따른 리스크를 줄일 수 있다.
- **경쟁력 강화:** 글로벌 시장에서의 확장은 더 많은 고객 접근성을 제공하며, 이를 통해 글로벌 브랜드 인지도를 높이고, 더 강력한 경쟁 우위를 확보할 수 있다.

2. 글로벌 확장의 도전 과제

글로벌 확장은 많은 기회를 제공하지만, 동시에 여러 가지 도전 과제도 수반된다. 기업이 성공적으로 새로운 시장에 진입하기 위해서는 **문화적, 법적, 운영적 차이** 등을 극복해야 한다.

- **문화적 차이:** 각국의 소비자 행동, 문화적 가치, 언어 차이는 글로벌 확장에서 큰 도전이 될 수 있다. 현지화 전략을 수립하여 각 지역의 문화적 요구를 이해하고, 이에 적응할 필요가 있다.
- **법적·규제적 장벽:** 각국의 법적 및 규제 요구사항이 다를 수 있으며, 이러한 차이를 고려한 전략적 접근이 필요하다. 특히, 현지에서의 법률 준수와 규제 문제를 해결하는 것은 글로벌 확장에서 매우 중요하다.
- **운영 및 공급망 관리:** 글로벌 확장은 각국의 운영 환경에 맞춰 공급망과 운영 체계를 조정하는 복잡한 문제를 포함한다. 물류, 인력, 재고 관리 등의 운영 요소를 현지화해야 하는 경우가 많다.

전략적 제휴(Strategic Alliances)는 두 개 이상의 기업이 특정 목표를 달성하기 위해 공동으로 협력하는 파트너십 형태를 의미한다. 전략적 제휴는 기업이 단독으로는 부족한 자원, 기술, 시장 진출 기회 등을 상호 보완하여 활용할 수 있게 해주며, 글로벌 확장의 리스크를 줄이고, 성공 가능성을 높이는 데 중요한 역할을 한다.

1. 전략적 제휴의 주요 유형

- **합작 투자**(Joint Ventures): 두 기업이 공동으로 새로운 사업을 설립하고, 자원과 기술을 공유하여 운영하는 방식이다. 합작 투자는 특히 현지 시장에 대한 경험과 자원을 결합하여 새로운 시장에 신속하게 진출할 수 있는 기회를 제공한다.
- **라이선싱 및 프랜차이즈**: 전략적 제휴를 통해 한 기업이 다른 기업에게 자사의 상표, 기술, 제품 등의 사용권을 제공하는 방식이다. 이는 특히 현지 파트너를 통해 빠르게 시장에 진출할 수 있는 수단이 된다.
- **공동 개발 및 기술 협력**: 기술 협력을 통해 두 기업이 공동으로 연구개발(R&D)을 추진하거나, 혁신적인 제품을 공동 개발하는 방식으로 시너지를 창출할 수 있다.

2. 전략적 제휴의 필요성

전략적 제휴는 글로벌 확장 과정에서 기업이 현지의 시장 진입 장벽을 낮추고, 위험을 분산하며, 성공 가능성을 높이는 중요한 수단이다. 특히, 현지 파트너의 지원을 받음으로써 현지 시장에서의 신속한 적응이 가능해진다.

- **현지화와 적응력 강화**: 현지 파트너와의 제휴는 기업이 그 시장

에서의 문화적, 규제적 요구 사항을 더 잘 이해하고 적응할 수 있는 기회를 제공한다. 이는 특히 소비자 행동이나 법적 규제가 복잡한 시장에서 중요한 이점이다.

- 리스크 분산: 글로벌 확장은 많은 리스크를 수반하는데, 전략적 제휴는 이를 분산시킬 수 있다. 예를 들어, 비용을 공유하거나, 특정 지역에서의 사업 리스크를 파트너와 분담하는 방식으로 운영 리스크를 줄일 수 있다.
- 시장 진입 속도 가속화: 전략적 제휴를 통해 현지 파트너의 기존 네트워크와 자원을 활용하면, 기업이 스스로 시장을 개발하는 데 드는 시간을 줄이고 더 빠르게 시장에 진입할 수 있다.

③ 글로벌 확장과 전략적 제휴의 시너지 효과

글로벌 확장과 전략적 제휴를 결합하면, 각 전략이 상호 보완적으로 작용하여 더 큰 시너지 효과를 창출할 수 있다. 이 과정에서 기업은 현지 적응성, 성장 속도, 위험 관리 등의 측면에서 더 큰 성과를 거둘 수 있다.

1. 현지 파트너와의 제휴를 통한 성공적 시장 진입

전략적 제휴는 글로벌 확장을 추진하는 기업이 현지 시장에서 필요한 자원을 효율적으로 확보하는 데 중요한 역할을 한다. 현지 기업과의 제휴는 새로운 시장에 대한 지식 부족을 보완해주고, **신뢰할 수 있는 네트워크**를 구축하는 데 기여한다.

- **현지 법규와 규제 준수**: 현지 기업과 제휴를 맺으면, 현지 법규나 규제 요구 사항을 더 잘 이해하고 준수할 수 있다. 현지 파트너는 지역 규제 환경에 대한 풍부한 경험과 네트워크를 제공할

수 있다.

- **현지 고객층 확보**: 전략적 제휴를 통해 현지에서 이미 구축된 고객층을 빠르게 확보할 수 있다. 현지 파트너는 그들의 고객 네트워크와 마케팅 역량을 제공할 수 있으며, 이를 통해 기업은 새로운 고객 기반을 확보하는 데 더 유리해진다.

2. 기술 및 자원 공유를 통한 경쟁력 강화

글로벌 확장과 전략적 제휴를 결합하면, 기업은 기술과 자원을 효과적으로 공유하여 경쟁력을 강화할 수 있다. 특히, **연구개발**(R&D) 협력이나 제품 공동 개발을 통해 혁신을 촉진할 수 있다.

- **기술 시너지**: 기술 협력은 새로운 시장에서 경쟁 우위를 확보하는 데 중요한 역할을 한다. 예를 들어, 현지 파트너의 기술 역량과 자사의 자원을 결합하여 더 빠르고 효율적인 신제품을 개발할 수 있다.
- **생산 및 운영 효율성 극대화**: 현지 파트너의 생산 역량과 공급망을 활용하면, 기업은 현지 시장에서 더 효율적인 운영을 실현할 수 있다. 이는 생산 비용 절감과 운영 속도 가속화에 기여할 수 있다.

---

4 사례: 스타벅스(Starbucks)의 중국 시장 진출

스타벅스는 중국 시장에서 현지 파트너와의 전략적 제휴를 통해 성공적인 시장 개척을 이뤄냈다. 합작 투자와 프랜차이즈 모델을 결합하여 강력한 규제와 소비자 행동 차이를 극복하며, 현지화된 메뉴를 도입함으로써 중국 소비자의 기호에 맞춘 전략을 성공적으로 수행하였다. 이러한 노력은 스타벅스의 빠른 성장을 이끌어내며 높은 브랜드 인지도를 구축하는 데 기여했다.

1. 합작 투자 방식의 활용

스타벅스는 중국 진출 시 현지 기업과의 합작 투자를 통해 사업을 운영하였다. 이를 통해 스타벅스는 현지 파트너의 네트워크와 시장 지식을 활용할 수 있었고, 이는 중국에 대한 이해를 높이는 데 중요한 역할을 했다. 합작 투자 모델은 현지화 전략의 성공을 이끌어내는 중요한 기초가 되었다. 예를 들어, 신세계 그룹과의 합작 투자를 통해 한국 시장이나, 중국의 현지 파트너와의 협력을 통해 중국 시장에서의 대응력을 높여간 사례가 있다.

2. 현지화 전략과 메뉴 도입

스타벅스는 중국 소비자에 맞춘 현지화된 메뉴를 개발하여 소비자의 호응을 이끌어냈다. 중국 고객의 식습관과 문화적 배경을 반영한 메뉴 개발은 소비자에게 더욱 친숙하게 다가갈 수 있는 계기가 되었다. 예를 들어, 스타벅스는 중국 전통 음료인 차(茶)와 결합한 새로운 커피 메뉴를 선보이며, 현지화 전략을 성공적으로 수행하였다.

3. 빠른 성장과 브랜드 인지도 구축

스타벅스의 이러한 전략은 중국 시장에서 빠른 성장을 이루게 하였고, 곧바로 현지 소비자들에게 높은 인지도를 구축하였다. 스타벅스는 중국 전역에 점포를 빠르게 확장하면서도, 품질과 서비스를 안정적으로 유지한 점이 중요한 요소로 작용하였다. 그 결과로, 스타벅스는 중국 시장에서 커피 브랜드의 상징으로 자리 잡을 수 있었다.

4. 글로벌 확장 전략의 성공 사례로서의 위치

스타벅스의 중국 진출 사례는 기업이 현지 시장에 진입할 때 고려해야 할 중요한 전략적 요소를 잘 보여주고 있다. 합작 투자와 현지화 전략을 성공적으로 결합함으로써, 스타벅스는 글로벌 확장 전략의 좋은 모델이 되었다. 이는 앞으로도 다른 기업들에게 벤치마킹할 수 있는 중요한 참고 사례가 될 것이다.

5. 밸류업에 대한 긍정적 영향

스타벅스의 전략적 제휴와 현지화 대응은 기업의 밸류업에 긍정적인 영향을 미쳤다. 스타벅스는 중국 내에서의 빠른 성장과 높은 브랜드 인지도를 바탕으로, 글로벌 시장에서의 입지 강화를 이루어냈다. 이로써, 스타벅스는 수익성과 브랜드 충성도도 높일 수 있어, 장기적으로 더 큰 시장 기회를 포착할 수 있는 기반을 마련한 것이다.

이와 같이 스타벅스의 중국 시장 진출은 성공적인 현지화를 통한 글로벌 기업 확장의 우수한 사례로 평가받고 있다.

스타벅스 중국 내 매장 분포도(2016년 기준)

2006~2015년 스타벅스 중국 내 매장 수량 변화

출처: 스타벅스 '폭풍성장' 중국 커피 시장 장악, 한국 브랜드 '도태' (newspim.com)

사례: 구글(Google)과 삼성(Samsung)의 기술 제휴

구글과 삼성의 전략적 제휴는 모바일 기술 분야에서 혁신과 성장을 이끌어낸 성공적인 사례이다. 이 제휴는 두 회사의 기술과 하드웨어 역량을 결합하여 글로벌 모바일 시장에서의 입지를 강화하고, 특히 개발 도상국에서의 성장 기회를 확대하는 데 중요한 역할을 하였다. 이러한 협력은 양사 모두에게 긍정적인 밸류업 효과를 가져왔다.

1. 기술 협력의 중요성

구글은 삼성에게 안드로이드 운영체제를 제공함으로써 두 회사 간의 기술적 협력의 기반을 마련하였다. 삼성은 이 운영체제를 자사의 스마트폰 하드웨어와 결합하여 혁신적인 제품들을 출시하였으며, 이는 소비자들에게 더욱 매력적인 선택지를 제공하는 결과로 이어졌다. 예를 들어, 갤럭시 시리즈는 구글 안드로이드의 강력한 성능과 삼성의 하드웨어 기술이 결합하여 시장에서 매우 긍정적인 반응을 얻었다.

2. 시장 확대 전략

구글과 삼성의 제휴는 글로벌 모바일 시장에서의 점유율 확대에 크게 기여하였다. 두 회사는 협력하여 다양한 시장, 특히 개발 도상국에서 새로운 기회를 창출하였다. 예를 들어, 삼성은 가격대가 다양한 스마트폰 모델을 출시하여 중저가 시장에서의 입지를 강화하였고, 구글은 이러한 삼성의 제품에 대한 지원을 통해 더 많은 사용자에게 안드로이드 생태계를 확장할 수 있었다.

3. 결과 및 성과

결과적으로, 구글과 삼성은 협력을 통해 글로벌 스마트폰 시장에서 강력한 입지를 확보하였다. 두 회사는 시너지 효과를 극대화하여 시장 점유율을 크게 확대하였으며, 이로 인해 수익성도 증가하였다. 삼성전자의 스마트폰 출하량 증가와 구글의 서비스 이용자 수 확대는 이 협력의 성과를 보여주는 좋은 예이다.

4. 밸류업에 대한 긍정적인 영향

구글과 삼성의 협력은 각 회사의 밸류업을 크게 촉진하였다. 삼성은 안정적인 안드로이드 생태계의 지원을 받으면서 하드웨어 성능을 높일 수 있었고, 글로벌 시장에서의 경쟁력을 강화할 수 있었다. 반면, 구글은 삼성의 대규모 유통망을 활용하여 안드로이드 운영체제를 더욱 널리 확산시킬 수 있었다. 이러한 구조는 양사 모두에게 실질적인 이익을 가져왔으며, 장기적인 성장 가능성을 높이는 데 기여하고 있다.

5. 성공적인 사례들

구글과 삼성의 협력은 여러 성공적인 사례로 평가받고 있다. 갤럭시 S 시리즈는 구글과의 협업을 통해 출시된 대표적인 제품으로, 고성능 카메라와 최신 Android 기능이 결합되어 소비자 반응이 뜨거웠다. 또한, 이러한 협력의 성공을 이어받아 구글은 자사의 Pixel 라인업에서도 삼성의 하드웨어 기술을 활용하는 사례도 있다.

이와 같이, 구글과 삼성의 전략적 제휴는 서로의 강점을 효과적으로 활용하여 모바일 시장에서의 경쟁력을 높이는 데 큰 기여를 하였으며, 이는 다른 산업에서도 유사한 협력 모델의 가능성을 암시한다.

6 사례: 나이키(Nike)와 애플(Apple)의 협력

나이키와 애플은 스포츠 및 헬스케어 기술 분야에서의 전략적 제휴를 통해 새로운 시장을 개척하고 소비자들에게 큰 반향을 일으켰다. 이 협력은 두 브랜드의 강점을 결합하여 혁신적인 제품을 출시하고, 공동 마케팅을 통해 헬스케어 기술 시장에서 점유율을 확대하는 데 기여하였다. 이는 결국 두 회사가 더 큰 시장을 창출하는 데 성공하게 된 결과로 이어졌다.

1. 기술과 스포츠의 융합

나이키와 애플은 자사의 기술력을 융합하여 혁신적인 제품을 개발하였다. 특히 Nike+ 제품 라인은 애플의 웨어러블 기술을 나이키의 스포츠 용품에 통합하여 소비자들이 운동 중 실시간으로 피트니스 데이터를 측정할 수 있도록 하였다. 예를 들어, Nike+iPod 스포츠 키트는 나이키의 신발과 아이팟을 연결해 러너들이 자신의 운동 데이터를 기록하고 분석할 수 있도록 하여 많은 인기를 끌었다. 이러한 제품은 소비자에게 실질적인 운동 데이터를 제공하여 운동 효율성을 높이는 데 도움을 주었다.

2. 브랜드 협력과 공동 마케팅

두 회사는 각 브랜드의 강점을 결합하여 공동 마케팅을 펼쳤다. 나이키는 강력한 운동 용품 제조사 위치와 애플의 기술력을 결합하여 새로운 고객층을 타겟으로 한 마케팅 전략을 수립하였다. 예를 들어, Apple Watch Nike+는 애플 워치와 함께 제공되며, 나이키의 브랜드 특성을 가미한 다양한 기능을 통해 운동하는 소비자들에게 맞춤형 경험을 제공하고 있다. 이러한 마케팅 전술은 소비자들의 높은 반응을 얻으며 두 브랜드의 시장 점유율을 더욱 확장하는 데 기여하였다.

3. 소비자 반응과 시장 트렌드 선도

나이키와 애플의 협력은 웨어러블 헬스케어 시장에서 큰 반향을 일으켰다. 이들은 각각 스포츠용품과 개인용 기술에서 높은 소비자 신뢰를 얻고 있어, 소비자들은 두 브랜드의 융합 제품을 더 쉽게 받아들였다. 예를 들어, Apple Watch Nike+는 여러 기능을 제공하여 사용자가 운동 목표를 달성할 수 있도록 돕는다. 또한 이러한 혁신적인 제품은 헬스케어 기술 시장의 새로운 트렌드를 선도하고 있다.

4. 밸류업에 기여하는 요소

나이키와 애플의 협력은 두 브랜드 모두에게 긍정적인 밸류업 효과를 가져왔다. 웨어러블 기술과 헬스케어 시장에서의 점유율 확대는 두 회사가 장기적인 수익성을 강화하는 데 기여하였다. 애플은 나이키의 피트니스 친화적인 소비자층을 공략하여 새로운 매출 기회를 창출하였고, 나이키는 애플의 기술력을 통해 제품에 대한 소비자 신뢰를 높일 수 있었다. 이러한 협력은 결국 두 회사를 더욱 대표적인 혁신 기업으로 자리 잡도록 도왔으며, 향후 확장 가능성을 높이는 기반을 마련하였다.

이와 같은 요소들은 나이키와 애플이 스포츠 및 헬스케어 기술 분야에서 영향력 있는 브랜드로 자리 잡도록 하였으며, 협력이라는 시너지를 통해 서로의 기업 가치를 극대화하는 데 기여하였다.

출처: Nike and apple partnership, PPT(slideshare.net)

7 결론

협력 모델은 다양한 산업에서 성공적으로 적용된 사례가 존재한다. 이들 사례는 기술 혁신, 생산성 향상 및 시장 경쟁력 강화를 통해 각 산업의 발전에 기여하고 있다. 특히, 자동차, IT 및 헬스케어 분야에서의 협력 모델은 주목할 만한 성과를 보여주고 있다.

1. 자동차 산업의 협력 모델

자동차 산업에서는 여러 기업이 협력하여 전기차 및 자율주행차 개발에 나서고 있다. 예를 들어, 현대자동차는 구글과 협력하여 차량의 내비게이션 및 인포테인먼트 시스템을 강화하고 있으며, 자율주행 기술 개발을 위해 구글의 자회사인 웨이모와도 협력하고 있다. 이러한 협력은 차량 안전성 향상뿐만 아니라, 소비자에게 혁신적인 운전 경험을 제공하는 데 기여하고 있다.

2. IT 산업의 협력 모델

IT 산업에서도 협력 모델이 성공적으로 적용되고 있다. 마이크로소프트는 여러 스타트업과의 협업을 통해 클라우드 서비스 및 인공지능(AI) 솔루션을 개발하고 있다. 이들은 기술 혁신을 위해 함께 연구개발을 진행하며, 시장에서의 경쟁력을 높이고 있다. 이러한 협력은 고객 요구에 신속히 대응할 수 있는 기반을 마련하고 있다.

3. 헬스케어 산업의 협력 모델

헬스케어 분야에서는 제약사와 연구 기관 간의 협력이 두드러진다. 화이자와 바이오앤텍은 코로나19 백신 개발을 위해 협력하여, 빠른 시일 내에 효과적인 백신을 출시하는 성과를 거두었다. 이들의 협력은 글로벌 건강 문제를 해결하는 데 중요한 역할을 했으며, 앞으로도 지속적인 협력이 필요할 것으로 보인다.

4. 소부장 산업의 협력 사례

소부장 산업에서도 협력 모델의 중요성이 부각되고 있다. 예를 들어, 율촌화학은 전기차용 이차전지 배터리 파우치의 국산화를 위해 국내 이차전지 기업과 협력하여 성공적인 모델을 구현하였다. 이 사례는 산업 간 협력의 모범적인 예로, 다른 기업들에게도 향후 참고가 될 수 있는 모델이다. 이와 같은 협력은 원자재와 부품의 국산화를 통해 외산 의존도를 낮추고 경쟁력을 강화할 방안을 모색하게 한다.

5. 결론적 시사점

이러한 다양한 산업에서의 협력 모델은 기업들이 직면한 과제를 해결하고, 서로의 강점을 활용하여 경쟁력을 강화하는 중요한 수단이 되고 있다. 향후 많은 산업이 이러한 협력 모델을 통해 혁신과 성장을 도모할 것으로 기대된다.

제7장

인적 자본과
조직 역량 강화

인재 유치 및 유지 전략: 기업 가치의 핵심

인적 자본(Human Capital)은 기업이 성장하고 혁신하며 경쟁력을 유지하는 데 가장 중요한 자산이다. 기업은 **유능한 인재를 유치하고 유지하는 전략**을 통해 조직의 성과를 높이고, 장기적인 가치를 창출할 수 있다. 인재가 기업의 핵심 경쟁력임을 인식하는 기업들은 지속 가능한 성장과 혁신을 위해 **인재 관리**를 핵심 전략으로 삼고 있으며, 이는 기업의 가치 극대화와 직결된다.

1 인재 유치의 중요성

인재 유치(Talent Acquisition)는 기업이 장기적인 성장을 위해 필수적인 전략적 과제이다. 인재를 유치하는 과정은 단순한 채용을 넘어서, 기업의 비전과 문화를 전달하고, 시장에서 최고의 인재를 확보하기 위한 노력을 포함한다. 특히 글로벌화와 디지털 혁신이 가속화되는 시대에, 기업이 **최고의 인재**를 유치하는 능력은 곧 **경쟁력의 핵심** 요소로 작용한다.

1. 인재 유치의 주요 목적

- **경쟁력 강화**: 유능한 인재를 유치함으로써 기업은 더 혁신적이고, 경쟁력 있는 제품과 서비스를 개발할 수 있다. 이는 시장에서의 경쟁 우위를 유지하고, 새로운 기회를 창출하는 데 필수적이다.
- **조직 성과 향상**: 최고의 인재는 조직의 전반적인 성과를 높인다. 이들은 새로운 아이디어를 제안하고, 문제 해결에 창의적인 접근을 하며, 팀의 효율성을 극대화한다.
- **기업 문화 형성**: 인재 유치는 기업의 문화와 가치관을 강화하는 데 기여한다. 기업에 적합한 인재를 유치하는 것은 조직의 비전과 목표에 부합하는 문화를 발전시키는 데 중요한 역할을 한다.

2. 인재 유치 전략의 핵심 요소

인재 유치를 성공적으로 하기 위해서는 **기업 브랜딩, 채용 프로세스, 보상 체계** 등의 핵심 요소가 전략적으로 설계되어야 한다. 특히, 우수한 인재를 끌어들이기 위해 기업은 자신만의 강점을 부각하고, 경쟁사와 차별화된 **고유의 가치**를 제시해야 한다.

- **기업 브랜딩**: 기업은 구직자에게 매력적인 일터로 인식되기 위해 자신을 **브랜드화**해야 한다. 이는 회사의 가치, 비전, 성장 가능성 등을 구직자에게 효과적으로 전달하는 과정으로, 특히 신뢰성 있는 기업 문화를 강조하는 것이 중요하다.
- **적합한 채용 프로세스**: 채용 과정은 신속하면서도 신중해야 한다. 기업은 다양한 경로를 통해 우수한 인재를 발굴하고, 효과적인 면접 및 평가 프로세스를 통해 적합한 인재를 선별해야 한다. 기술적 역량뿐만 아니라, 기업의 문화와 비전에 맞는 인재를 선발하는 것이 중요하다.
- **경쟁력 있는 보상**: 급여와 보상은 인재 유치의 중요한 요소이다. 기업은 경쟁력 있는 급여와 복지, 성과 기반 보상 등을 통해 인

재에게 매력적인 기회를 제공할 수 있어야 한다. 단순한 금전적 보상을 넘어, 경력 개발 기회와 리더십 훈련 등을 제공함으로써 장기적인 성장을 도모할 수 있다.

② 인재 유지의 중요성

인재 유지(Talent Retention)는 기업이 장기적인 성공을 거두기 위해 필수적으로 고려해야 할 전략이다. 기업이 인재를 유치하는 데 성공하더라도, 유능한 인재가 장기적으로 기업에 남아 성장할 수 있도록 환경을 제공하는 것이 중요하다. 인재 유지는 조직의 안정성과 경쟁력 유지에 직접적인 영향을 미치며, 기업의 성공 여부를 결정짓는 중요한 요소 중 하나이다.

1. 인재 유지의 주요 목적

- 지속적인 성과 창출: 유능한 인재가 기업에 오래 머물수록, 기업은 그들의 지식과 경험을 통해 더 많은 성과를 창출할 수 있다. 직원들이 조직 내에서 경력을 쌓고 발전할 수록, 이들의 성과는 조직의 장기적인 성과와 직결된다.
- 지식 및 경험 축적: 인재를 유지하는 것은 기업 내부에 축적된 지식과 경험을 보호하는 데 중요하다. 인재가 이탈하면 조직은 그들이 쌓아온 전문 지식과 네트워크를 잃게 되어, 경쟁력에도 큰 타격을 입을 수 있다.
- 리더십 양성: 장기적으로 기업에 남은 인재는 미래의 리더로 성장할 가능성이 크다. 이를 통해 기업은 지속적인 리더십 계승을 보장할 수 있으며, 조직의 장기적인 비전과 목표를 실현할 수 있는 기반을 마련할 수 있다.

2. 인재 유지 전략의 핵심 요소

인재를 유지하기 위해서는 직원의 동기 부여와 성장 기회 제공이 핵심이다. 이를 위해 기업은 직원 복지, 경력 개발, 조직 문화 등 다양한 요소를 포괄하는 전략을 마련해야 한다.

- **동기 부여 및 보상:** 인재 유지를 위해서는 금전적 보상뿐만 아니라 비금전적 보상도 중요하다. 직원들이 조직 내에서 기여한 만큼 인정받고 보상받는 환경을 조성하는 것이 필요하다. 예를 들어, 성과 기반 보상, 유연한 근무 환경, 건강 복지 등이 이에 포함된다.
- **경력 개발 기회:** 인재가 조직에 오래 남기 위해서는 **성장 기회**가 필요하다. 직원들이 새로운 기술을 배우고, 경력을 발전시킬 수 있도록 **교육 프로그램과 리더십 개발 기회**를 제공해야 한다. 기업은 이를 통해 인재의 장기적 성장 경로를 제시할 수 있어야 한다.
- **긍정적 조직 문화 조성:** 긍정적이고 협력적인 조직 문화는 인재 유지를 위한 중요한 요소이다. 직원들이 조직 내에서 소속감을 느끼고, 개인의 가치가 인정받는 환경을 조성하는 것이 필요하다. 상사와의 원활한 의사소통, 투명한 경영 방식, 존중받는 문화 등이 이를 뒷받침한다.

③ **사례: 구글(Google)의 인재 관리 전략**

구글은 인재 유치와 유지에서 뛰어난 성과를 발휘하며, 혁신적인 근무 환경과 경력 개발 기회를 통해 최고의 일터로 평가받고 있다. 특히, 자율성 부여와 체계적인 경력 개발 지원은 구글의 인재 관리 전략에서 중요한 요소로 작용하고 있으며, 이러한 전략은 기업의 지속 가능한 성장에 기여하고 있다.

1. 자율성 부여와 창의적 프로젝트

구글은 직원들에게 자율성을 부여하여 창의적인 프로젝트에 몰두할 수 있는 환경을 제공한다. 이를 통해 직원들은 스스로 선택한 방향으로 프로젝트를 진행하며, 개인의 흥미와 전문성을 최대한 활용할 수 있다. 특히, 구글의 20% 시간 정책은 직원들에게 정규 업무 외의 시간 동안 개인적인 프로젝트를 진행할 수 있도록 허용하는 것으로, 많은 혁신적인 제품의 출발점이 되기도 했다. 예를 들어, 지메일과 구글 뉴스와 같은 서비스는 이러한 방식으로 개발되었다.

2. 경력 개발 지원 프로그램

구글은 다양한 직무 교육 프로그램과 리더십 개발 프로그램을 통해 직원의 경력 성장에 기여하고 있다. 이러한 프로그램은 직원들이 필요한 기술과 역량을 개발할 수 있도록 설계되어 있다. 구글은 특별히 학습하는 문화를 강조하며, *GSDC(구글 소프트웨어 개발자 커뮤니티)* 와 같은 커뮤니티를 통해 대학생과 신입 개발자들에게 실제 경험을 제공하고, 이를 통해 직원들의 전문성과 자산을 향상시키고 있다. 또한, 직원들은 다양한 경력 개발 기회를 통해 조직 내에서 성장하고 장기적으로 회사에 머무를 수 있는 유인책을 마련하고 있다.

3. 우수한 인재 유치 및 유지

구글은 이러한 자율성과 경력 개발 지원을 통해 우수한 인재를 유치하고 유지하는 데 성공하고 있다. 실제로, 구글은 채용에서 인재의 다양성과 역량을 높이기 위해 장기간의 선발 과정을 거치며, 이를 통해 최고의 인재를 확보할 수 있는 자리를 마련하고 있다. 구글의 혁신적인 기업 문화와 유연한 근무 환경은 직원들에게 직무 만족도를 높이고, 이는 낮은 이직률로 이어진다.

4. 글로벌 IT 업계에서의 경쟁력 유지

구글은 우수한 인재를 유치하고 유지할 수 있는 최적의 근무 환경을 조성하며, 이를 통해 글로벌 IT 업계에서 최고의 경쟁력을 유지하고 있다. 이러한 환경은 직원들이 자발적으로 더 높은 성과를 내도록 독려하고, 이는 기업의 지속적인 성장으로 이어진다. 구글의 지속적인 지원과 혁신적인 정책은 업계 선두 기업으로서의 위치를 확고히 하는 원동력이 되고 있다.

5. 밸류업에 대한 영향

구글의 인재 관리 방식은 기업 가치(밸류업) 상승에 긍정적인 영향을 미친다. 혁신적이고 유연한 근무 환경은 직원들의 생산성을 높이며, 이는 기업 성과로 직결된다. 특히 20% 시간 정책과 같은 제도는 직원들의 창의성과 자율성을 극대화하여, 신제품 개발과 서비스 개선 등 혁신적인 성과를 만들어낸다. 이러한 방식은 다른 기업들이 참고할 만한 모범 사례로 자리 잡고 있다.

구글의 인재 관리 전략은 기업이 미래의 도전에 효과적으로 대응하고, 지속 가능한 성장을 이끌어내는 중요한 기반이 되고 있다.

ㄴ 사례: 넷플릭스(Netflix)의 기업 문화

넷플릭스는 독특한 기업 문화를 통해 인재를 성공적으로 유치하고 유지하는 대표적인 사례이다. 이를 위해 높은 자율성과 책임을 강조하고, 성과 기반의 보상 시스템을 갖추었다. 이러한 접근은 직원들이 스스로 문제를 해결하고 창의적으로 기여할 수 있는 환경을 제공하며, 이는 결국 기업의 성장과 경쟁력 강화로 이어진다.

1. 자유와 책임의 문화

넷플릭스는 직원들에게 높은 수준의 자율성을 제공한다. 이러한 문화는 직원들이 스스로 의사결정하고 창의적으로 문제를 해결할 수 있는 공간을 마련한다. 예를 들어, 직원들이 업무 수행에 있어 필요한 도구와 자원을 자유롭게 선택할 수 있도록 하여, 그들이 최선을 다할 수 있는 환경을 조성한다. 이와 같은 자율성은 직원들로 하여금 책임감을 느끼게 하고, 조직의 목표에 기여하고자 하는 동기를 부여한다.

2. 성과 기반 보상 시스템

넷플릭스는 성과 기반 보상 시스템을 통해 직원들의 성과를 평가하고 이에 따른 보상을 제공한다. 뛰어난 성과를 내는 직원은 보상에서 직접적으로 인정받으며, 이는 그들의 동기 부여로 이어진다. 예를 들어, 성과가 뛰어난 창작자는 시청률이나 시청 시간에 따라 보너스를 받을 수 있으며, 이는 그들이 지속적으로 높은 성과를 내도록 유도한다. 성과 기반 보상은 직원들이 자신의 일을 더욱 열정적으로 수행하도록 만드는 강력한 동기가 된다.

3. 인재 유지와 기업 성장

자율성과 책임을 바탕으로 한 넷플릭스의 문화는 우수한 인재들이 장기적으로 조직에 남아 기여하도록 만드는 환경을 조성한다. 이 덕분에 넷플릭스는 지속적으로 인재 밀도를 높일 수 있으며, 이는 또한 혁신과 사업 성공으로 이어진다. 직원들이 자신의 성과를 인정받고 보상받는 시스템은 그들이 회사에 대한 로열티를 강화하는 데 기여한다.

4. 사례: 넷플릭스의 성과 기반 보상 제도

넷플릭스는 최근 할리우드 스튜디오와 협력하여 새로운 성과 기반 보상 시스템 도입을 검토하고 있다. 이는 콘텐츠 업계 전반에서 확산

되고 있는 성과 중심 보상 체계를 반영한 것으로, 배우들이 프로그램의 시청 수와 시청 시간에 따라 보너스를 받는 방식이다. 이러한 시스템 덕분에 창작자들은 더 높은 성과를 내기 위해 노력하게 되며, 이는 결국 우수한 콘텐츠 제작으로 이어져 넷플릭스의 경쟁력을 높이는 결과를 낳는다.

5. 밸류업에 기여하는 요인

넷플릭스의 자율성과 책임 기반 문화는 기업의 성장과 가치 상승에 직결된다. 직원들이 적극적으로 의사결정에 참여하고 창의적인 아이디어를 제안함으로써, 이는 곧 고객 만족으로 이어지고, 결과적으로 매출 증가로 이어져 기업 가치를 높인다. 또한, 성과 기반 보상 시스템은 기업 내에서 높은 성과를 내는 인재를 확보하고 이들이 지속적으로 기여할 수 있는 환경을 갖추게 한다. 이는 전략적으로 기업의 경쟁력을 유지하고 향후 성장 가능성을 극대화하는 중요한 요소가 된다.

이와 같은 요소들이 결합되어 넷플릭스는 독특한 기업 문화로 인해 지속적인 성장과 발전을 이끌어내고 있으며, 이는 다른 기업들에게도 모범 사례로 자리잡고 있다.

출처: https://blog.naver.com/PostView.naver?blogId=bhcenter2005&log-No=221918051967

애플의 리더십 프로그램은 경력 개발과 조직 내 리더십 양성을 목표로 하여 효과적으로 운영되고 있다. 이러한 프로그램을 통해 직원들은 전문성과 리더십 역량을 강화하며, 결과적으로 회사에 장기적으로 기여할 수 있는 기반을 마련하게 된다.

1. 경력 개발 프로그램

애플은 직원들이 최신 기술과 경영 트렌드를 습득할 수 있도록 다양한 교육 및 훈련 프로그램을 운영하고 있다. 이러한 프로그램들은 직원들이 맡은 역할에서 성장할 수 있도록 돕고, 실무에서 필요한 기술을 익혀 성과를 높이는 데 기여한다. 직원들은 이러한 기회를 통해 자신들의 전문성을 개발하고, 더 나아가 조직의 발전에도 기여할 수 있다.

2. 리더십 양성 프로그램

애플의 리더십 양성 프로그램은 직원들이 조직 내에서 리더십을 발휘할 수 있도록 지원하는 데 중점을 둔다. 이 프로그램은 직원들이 자신의 역할을 넘어 리더로서 필요한 역량을 강화할 수 있도록 돕는다. 이를 통해 미래의 리더를 양성하고, 이들이 조직에 긍정적인 영향을 미칠 수 있도록 장려한다.

3. 재량적 리더십 교육

애플은 재량적 리더십을 중요한 가치로 여긴다. 스티브 잡스의 리더십 이후, 애플은 깊은 전문 지식을 바탕으로 협력적인 태도로 토론할 수 있는 리더를 양성하기 위한 교육 프로그램을 강화하였다. 이러한 교육은 직원들이 스스로 판단하고 행동할 수 있는 능력을 키우는데 도움을 준다.

4. 애플 스토어 리더 프로그램[1]

애플의 애플 스토어 리더 프로그램은 24개월 동안 진행되는 몰입형 프로그램으로, 참가자들은 전문가 및 스페셜리스트로서 다양한 기술을 배울 수 있다. 이 과정에서 참가자들은 실제 업무에 참여하여 리더십 기술을 습득하고, 동료들과의 협업을 통해 실무 능력을 강화한다.

5. 결과와 효과

애플의 리더십 프로그램은 인재들이 성장할 수 있는 기회를 제공하여, 글로벌 시장에서 혁신을 이끌어내는 핵심 인재들을 장기적으로 유지할 수 있도록 하고 있다. 효과적인 경력 개발과 리더십 지원은 애플의 지속적인 혁신과 성공에 큰 기여를 하고 있으며, 전반적인 기업 가치 상승에도 긍정적인 영향을 미치고 있다.

이러한 체계적인 운영 프로그램을 통해 애플은 직원의 경력 발전과 조직의 경쟁력을 동시에 강화하고 있다.

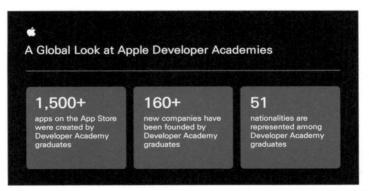

전 세계적으로 Apple Developer Academy 졸업생들은 사업을 시작하거나 앱을 개발해 App Store에서 판매하는 등 다양한 방식으로 자신이 속한 커뮤니티에 기여하고 있다.

출처: https://brunch.co.kr/@kmug/242

---

1 https://jobs.gaijinpot.com/en/job/116874/details/wholesale-retail/apple-store-leader-program

인적 자원의 역량 개발과
혁신 촉진

인적 자원의 역량 개발은 기업이 경쟁력을 유지하고, 변화하는 시장 환경에 적응하며, 혁신을 지속적으로 추구하는 데 필수적인 요소이다. 기업은 인재 역량 강화와 혁신 촉진을 통해 장기적인 성장을 도모할 수 있으며, 이를 위해 조직 내 인적 자원의 지속적인 학습과 개발을 지원하는 체계를 구축해야 한다. 혁신은 인재가 창의적이고 전략적인 문제 해결 능력을 발휘할 수 있는 환경에서 이루어지며, 이를 촉진하는 기업 문화와 시스템이 중요한 역할을 한다.

1 인적 자원의 역량 개발의 중요성

역량 개발(Capability Development)은 인재가 변화하는 시장 요구에 맞춰 새로운 기술을 습득하고, 지속적으로 성장할 수 있도록 지원하는 과정이다. 이를 통해 직원들은 기업의 성장과 발전에 기여할 수 있으며, 기업은 변화하는 환경에서 경쟁력을 유지할 수 있다. 특히, 글로벌화와 디지털 혁신이 가속화되는 시대에는 지속적인 역량 개발이 필수적이다.

1. 역량 개발의 주요 목적

- 기술 및 전문성 강화: 급변하는 기술 환경에서 경쟁력을 유지하기 위해 직원들은 지속적으로 새로운 기술을 습득해야 한다. 이를 통해 기업은 최신 트렌드에 맞는 역량을 갖춘 인재를 확보할 수 있다.
- 문제 해결 능력 향상: 역량 개발은 직원들이 창의적이고 전략적으로 문제를 해결할 수 있는 능력을 강화하는 데 기여한다. 이는 혁신적인 해결책을 모색하는 데 중요한 요소로 작용한다.
- 직무 만족도 및 동기 부여: 직원들이 자신의 역량을 지속적으로 개발할 수 있는 환경은 직무 만족도와 동기 부여를 향상시킨다. 자신이 발전하고 있음을 느끼는 기업과 조직에 더 큰 기여를 하며, 회사에 장기적으로 남을 가능성이 크다.

2. 역량 개발 전략의 핵심 요소

인적 자원의 역량을 개발하기 위해서는 지속적인 학습 기회 제공, 성장 가능성 확대, 맞춤형 교육 프로그램 등을 통해 직원들이 기술적 역량과 리더십을 강화할 수 있는 체계를 구축해야 한다.

- 지속적인 학습 환경 조성: 기업은 온·오프라인 교육 프로그램, 워크숍, 세미나 등을 통해 직원들이 지속적으로 학습하고 발전할 수 있는 기회를 제공해야 한다. 이를 통해 직원들은 변화하는 기술 및 산업 트렌드에 발맞춰 성장할 수 있다.
- 맞춤형 교육 프로그램: 각 직원의 직무 특성과 경력 개발 목표에 맞춘 맞춤형 교육 프로그램을 제공하여, 개별적인 역량 개발을 지원해야 한다. 이를 통해 직원들은 자신만의 전문성을 발전시키고, 회사의 목표에 맞는 성과를 창출할 수 있다.
- 멘토링 및 코칭 프로그램: 멘토링과 코칭은 직원들의 역량 개발에 중요한 역할을 한다. 우수한 선배와 리더의 지도와 피드백을

통해, 직원들은 자신의 성과와 목표를 개선할 수 있다.

② 혁신 촉진의 중요성

혁신(Innovation)은 기업이 지속 가능한 성장과 경쟁 우위를 확보하기 위해 필수적인 요소이다. 혁신은 새로운 아이디어, 제품, 서비스, 또는 프로세스를 개발하고 이를 상업화하는 과정을 포함한다. 인적 자원의 창의적 문제 해결 능력과 협업 역량이 혁신의 원동력으로 작용하며, 이를 촉진하는 조직 문화와 리더십이 필요하다.

1. 혁신 촉진의 주요 목적

- **경쟁력 강화:** 혁신은 기업이 시장에서 차별화된 가치를 제공하고, 새로운 기회를 창출하여 경쟁력을 유지하는 데 필수적이다. 이는 제품의 차별화, 비용 절감, 운영 효율성 개선 등을 통해 실현된다.
- **시장 변화 대응:** 변화하는 소비자 요구와 기술 변화에 적응하기 위해 혁신은 필수적이다. 기업은 혁신을 통해 새로운 시장 기회를 창출하거나, 기존 시장에서 더 높은 점유율을 확보할 수 있다.
- **직원 참여와 동기 부여:** 혁신적인 환경은 직원들이 창의적으로 일할 수 있도록 동기 부여를 제공하며, 직무 만족도를 높이는 데 기여한다. 혁신이 장려되는 환경에서는 직원들이 더 높은 성과를 달성하기 위해 노력한다.

2. 혁신을 촉진하는 전략적 요소

혁신을 촉진하기 위해서는 기업이 **개방형 혁신**(Open Innovation), **창의성 장려, 협업 강화** 등 다양한 요소를 도입해야 한다. 이를 통해 직원들이 새로운 아이디어를 제시하고, 이를 실현할 수 있는 환경을 조성할 수 있다.

- **개방형 혁신**(Open Innovation): 기업 내외부의 아이디어와 자원을 결합하여 혁신을 촉진하는 **개방형 혁신** 전략은 빠르게 변화하는 시장에서 특히 효과적이다. 외부의 스타트업, 연구기관, 학계와 협력하여 새로운 기술과 아이디어를 도입할 수 있다.
- **창의성 장려**: 혁신을 촉진하기 위해서는 직원들이 **창의적인 사고**를 할 수 있도록 장려하는 환경이 필요하다. 이는 실패를 허용하는 조직 문화와 **자유로운 아이디어 제안**을 가능하게 하는 구조를 통해 이루어진다.
- **협업과 지식 공유**: 부서 간의 **협업과 지식 공유**를 촉진함으로써 혁신이 이루어질 수 있다. 다양한 부서와 팀이 협업한다면, 각기 다른 배경과 전문성을 바탕으로 새로운 아이디어가 창출될 가능성이 높아진다.

③ 사례: IBM의 인재 역량 개발 및 혁신 촉진 전략

IBM은 인공지능(AI)과 클라우드 컴퓨팅 분야에서 지속적인 역량 개발과 혁신을 통해 글로벌 IT 리더로 자리매김하고 있다. 직원들에게 학습 기회를 제공하고, 외부 파트너와의 협력을 기반한 개방형 혁신 전략을 통해 기술 혁신을 가속화하고 있으며, 이는 시장에서 경쟁력을 강화하는 결과로 이어지고 있다.

1. 지속적인 학습 기회 제공

IBM은 직원들에게 디지털 학습 플랫폼과 기업 대학을 통해 지속적인 학습 기회를 제공한다. 이러한 플랫폼은 AI, 데이터 분석, 클라우드 기술 등 최신 기술을 습득할 수 있는 기회를 지원한다. 예를 들어, IBM의 AI Skills Academy는 직원들이 AI와 관련된 기술을 효과적으로 배우고 활용할 수 있도록 도와주는 프로그램으로, 기업의 디지털 전환을 가속화하는 데 중요한 역할을 하고 있다.

2. 개방형 혁신 전략

IBM은 Watson AI 개발과 같은 혁신 프로젝트를 추진할 때 외부 기업 및 연구기관과 협력하여 혁신을 촉진하고 있다. 이러한 개방형 혁신 전략은 기술 혁신을 가속화하고, 시장에서의 차별화된 가치를 제공하는 데 기여하고 있다. 예를 들어, 반도체 제조업체와의 협력을 통해 AI 모델 학습을 위한 하드웨어 최적화를 이루어내며 Watson AI 의 성능을 향상시켰다. 이러한 전략은 IBM의 기술적 우위를 확보하는 데 필수적인 요소로 작용하고 있다.

3. 결과와 경쟁력 강화

IBM은 지속적인 역량 개발과 혁신 촉진을 통해 AI 및 클라우드 분야에서 글로벌 리더십을 유지하고 있다. 회사는 이러한 전략을 통해 고객들에게 보다 나은 서비스를 제공하며, 이는 매출 성장을 이끌어내고 있다. IBM은 2023 회계연도에 약 620억 달러의 매출을 기록하였고, 생성형 AI와 관련된 수익이 20억 달러를 넘는 등 AI 시장에서의 성과를 입증하고 있다. 이러한 성과는 IBM의 지속적인 혁신 전략 덕분에 가능한 것이다.

4. 밸류업에 대한 영향

IBM의 이러한 역량 개발 및 혁신 지원 프로그램은 기업의 밸류업에 긍정적인 영향을 미친다. 지속적인 학습 기회와 개방형 혁신 전략은 직원들의 기술 역량을 증가시켜 생산성을 높이고, 이는 결과적으로로 기업의 수익성 향상으로 이어진다. 또한, IBM은 고객의 수요에 더욱 효과적으로 대응할 수 있는 능력을 키워, 기업의 시장 점유율을 증가시키는 데 기여하고 있다.

이와 같이 IBM은 인공지능 및 클라우드 분야에서 지속적인 학습과 개방형 혁신을 통해 경쟁력을 강화하고 있으며, 이는 글로벌 IT 시장에서의 성공적인 모델로 자리 잡고 있다.

출처: https://redresscompliance.com/ibm-cloud-history-a-journey-through-transformation/

4 사례: 구글(Google)의 창의성 장려와 혁신 문화

구글은 자유로운 조직 문화와 창의성을 통해 혁신을 촉진하는 대표적인 기업이다. 20% 시간 정책과 개방형 협업 문화는 구글 직원들이 창의적으로 작업할 수 있도록 지원하며, 이러한 환경에서 혁신적인 아이디어가 구체화된다. 이로 인해 구글은 IT 업계에서 지속적으로 선도적인 지위를 유지하고 있으며, 글로벌 시장에서 밸류업에도 기여하고 있다.

1. 자유로운 조직 문화의 정의

구글의 자유로운 조직 문화는 직원들이 자율적으로 창의적인 프로젝트에 참여할 수 있는 환경을 뜻한다. 이러한 문화는 직원들이 자신의 의견을 적극적으로 제시하고, 또한 결과에 대한 피드백을 바탕으로 성장할 수 있게 한다. 구글은 이러한 환경이 직원들의 동기부여를 증진시키고, 혁신적 사고를 촉진한다고 믿고 있다. 이 때문에 구글의 직원들은 팀원과 협업하고 성장할 수 있는 기회를 얻고 있다.

2. 20% 시간 정책

구글의 20% 시간 정책은 직원들이 근무 시간의 20%를 개인 프로젝트에 활용할 수 있도록 지원하는 제도이다. 이 정책은 직원들에게 자율성과 책임감을 부여하며, 그들의 창의력을 최대한 활용할 수 있게 한다. 예를 들어, 지메일(Gmail)과 같은 혁신적인 제품은 이러한 정책 덕분에 탄생하였다. 이러한 프로젝트는 직원들이 개인적으로 흥미를 느끼는 분야에서 아이디어를 개발할 수 있는 기회를 제공하여 구글의 혁신을 지속적으로 이끌고 있다.

3. 개방형 협업 문화

구글은 부서 간 협업을 촉진하여 다양한 배경을 가진 직원들이 협력할 수 있도록 환경을 조성한다. 이러한 개방형 협업 문화는 근본적으로 다양한 아이디어와 시각을 융합하여 혁신적인 결과를 도출하는 데 중점을 둔다. 직원들이 각자의 전문성을 공유하고 협력할 수 있는 플랫폼을 마련함으로써, 문제 해결 능력과 제품 개발의 속도를 더욱 향상시키고 있다. 이는 제품의 품질 향상과 빠른 시장 출시로 이어진다.

4. 혁신의 가속화

구글은 창의성을 장려하고 개방적인 협업 문화를 통해 혁신 속도를 높이고 있다. 그 속에서 직원들은 자유롭게 실험하고 실패할 수 있는 기회를 가지며, 이를 바탕으로 지속적으로 발전을 이루어낸다. 새로운 아이디어는 신속하게 구체화될 수 있도록 적극 지원받으며, 이러한 과정은 구글이 기술 산업에서 혁신을 이끄는 원동력이 된다. 덕분에 직원들은 더 많은 혁식적인 아이디어를 제안하고 발전시키며, 자긍심과 성취감을 느낄 수 있다.

---

⑤ 사례: GE(General Electric)의 리더십 개발과 혁신 촉진

GE는 리더십 개발 및 역량 강화 프로그램을 통해 직원들이 혁신적인 사고를 할 수 있도록 적극 지원하고 있다. 크로톤빌 리더십 개발 센터는 이러한 프로그램의 핵심 요소로, 직원들이 경영 역량과 문제 해결 능력을 개발하는 데 기여하고 있다. 또한, GE의 디지털 산업 혁신 전략은 직원들이 새로운 기술을 개발하고 이를 시장에 적용하도록 촉진하여 기업의 혁신 문화를 확산시키고 있다. 이러한 전략들은 모두 GE의 밸류업과 성장에 기여하고 있다.

1. 리더십 개발 프로그램의 중요성

GE는 직원들이 혁신을 주도하는 리더로 성장하도록 리더십 개발 프로그램을 운영하고 있다. 이 프로그램은 직원들에게 자신감을 심어주고 경영 역량을 키우는 데 초점을 맞추고 있다. 좋은 리더십은 창의적인 아이디어와 문제 해결 능력을 발휘할 수 있는 환경을 제공에 필수적이며, 이는 GE가 혁신 문화를 지속적으로 유지할 수 있는 원동력이 되고 있다.

2. 크로톤빌 리더십 개발 센터

크로톤빌 리더십 개발 센터는 GE의 리더십 개발 노력의 상징적인 장소이다.[1] 이곳에서는 직원들이 직접 경험하는 교육 프로그램을 통해 경영 역량을 쌓고, 실전에서의 문제 해결 능력을 배양한다. 이러한 경험이 풍부한 교육 프로그램은 직원들이 현장에서 실제로 맞닥뜨리는 다양한 도전 과제를 해결하는 데 큰 도움이 된다.

3. 디지털 산업 혁신의 추진

GE는 산업 인터넷(Industrial Internet) 분야에서 혁신을 이끌고 있으며, 이를 통해 직원들이 새로운 기술을 개발하고 그 기술을 실제 시장에 적용하게끔 독려하고 있다. 이러한 디지털 전환은 전반적인 효율성을 높이고, 고객의 기대에 부응하는 새로운 솔루션을 개발하는 데 기여하고 있다. GE는 이 과정을 통한 1%의 효율성 개선이 연간 약 28억 달러의 비용 절감으로 이어질 수 있다고 분석하며, 이를 목표로 디지털 혁신을 가속화하고 있다.[2]

---

1 https://www.hr.com/buyersguide/product/view/ge_ge_crotonville

2 https://www.ge.com/news/sites/default/files/5901.pdf

4. 혁신 문화의 확산

GE의 리더십 프로그램과 디지털 산업 혁신은 기업 내에서 혁신적인 사고 방식을 확산하는 데 중요한 역할을 한다. 직원들이 자신들의 아이디어를 실현할 수 있는 환경이 조성되면, 이는 결국 GE가 지속 가능한 혁신을 이루는 기반이 된다. 이러한 혁신 문화는 직원들 스스로가 문제를 인식하고 해결하는 능력을 키울 수 있도록 도와준다.

5. 밸류업에 미치는 영향

GE의 리더십 개발 프로그램과 혁신 전략은 기업 가치의 상승에 직접적인 영향을 미친다. 리더십이 강화되고 직원들이 혁신적인 해결책을 제시할 수 있는 역량이 갖춰지면, 이는 매출 증대를 일으키고, 고객 만족도를 높이며, 궁극적으로 기업의 시장 경쟁력을 강화한다. 이러한 모든 요소들은 GE가 지속 가능한 성장을 이루는 데 중요한 기여를 하고 있다.

GE의 전략은 단순한 성장에 그치지 않고, 직원 개개인의 역량을 강화하며, 이는 궁극적으로 기업 전체의 밸류업에 크게 기여하는 중요한 요소로 작용하고 있다.

조직 문화와
리더십의 역할

조직 문화(Organizational Culture)와 **리더십**(Leadership)은 기업의 성과와 지속 가능한 성장에 핵심적인 역할을 한다. 조직 문화는 기업의 가치, 규범, 신념, 행동 방식을 형성하며, 이를 통해 직원들의 행동과 의사결정에 영향을 미친다. 리더십은 조직의 비전을 제시하고, 목표를 달성하기 위한 전략을 수립하며, 조직 문화를 유지하고 발전시키는 데 중요한 역할을 한다. 조직 문화와 **리더십**이 상호작용하여 시너지를 발휘할 때, 기업은 더 높은 성과와 장기적인 경쟁력을 확보할 수 있다.

1 조직 문화의 역할

조직 문화는 기업 내의 구성원들이 공유하는 가치와 행동 방식을 말하며, 조직이 운영되는 방식에 지대한 영향을 미친다. 이는 직원들이 어떻게 행동하고, 의사결정을 내리며, 상호작용하는지를 규정하는 중요한 요소이다.

1. 조직 문화의 구성 요소

- **가치**(Value): 조직의 핵심 가치는 직원들의 행동을 지도하고, 기업의 장기적인 목표를 달성하는 데 필요한 가이드라인을 제공한다. 이는 고객, 주주, 직원 등 모든 이해관계자와의 관계에 영향을 미친다.
- **규범**(Norms): 조직 내에서 어떤 행동이 인정받고, 어떤 행동이 금지되는지를 결정하는 비공식적인 규칙과 관습이다. 규범은 직원들의 일상적인 행동과 협업 방식에 영향을 미친다.
- **신념**(Beliefs): 조직의 구성원들이 공유하는 신념은 기업의 방향성과 전략에 큰 영향을 미친다. 예를 들어, "고객이 항상 우선"이라는 신념은 고객 중심의 서비스 문화를 형성할 수 있다.

2. 조직 문화의 중요성

- **성과 향상**: 긍정적인 조직 문화는 직원들의 동기 부여와 참여도를 높여, 조직의 성과를 향상시킬 수 있다. 협력적인 문화는 팀워크와 창의적 문제 해결을 촉진하며, 경쟁적이고 독단적인 문화는 성과를 저하시킬 수 있다.
- **직원 만족도 및 유지**: 긍정적인 조직 문화는 직원 만족도를 높이고, 조직에 대한 소속감을 강화하며, **이직률을 감소시키는 효과**가 있다. 직원들이 존중받고, 자신의 가치를 인정받는 문화는 장기적으로 인재 유지에 기여한다.
- **혁신 촉진**: 조직 문화는 직원들이 자유롭게 아이디어를 제시하고, 새로운 시도를 할 수 있도록 장려하는 환경을 제공할 수 있다. 혁신적인 기업 문화는 조직이 변화하는 시장 환경에 유연하게 대응할 수 있게 만든다.

② 리더십의 역할

리더십은 조직의 비전과 목표를 설정하고, 이를 실현하기 위한 방향을 제시하며, 조직 문화를 형성하는 중요한 역할을 한다. 효과적인 리더십은 조직의 성공과 지속 가능한 성장을 이끄는 원동력으로, 직원들이 목표를 달성할 수 있도록 동기를 부여하고, 지침을 제공한다.

1. 리더십의 주요 기능

* 비전 제시: 리더는 조직의 장기적인 비전을 제시하고, 그 비전을 실현하기 위한 구체적인 전략과 목표를 설정해야 한다. 이를 통해 직원들은 자신이 달성해야 할 방향성을 명확히 이해할 수 있다.
* 동기 부여 및 지원: 리더는 직원들에게 적절한 피드백, 인정, 성장 기회를 제공함으로써 동기를 부여하고, 그들이 자신의 잠재력을 최대한 발휘할 수 있도록 지원해야 한다.
* 의사결정과 문제 해결: 리더는 중요한 의사결정을 내리고, 조직이 직면한 문제를 해결하는 데 핵심적인 역할을 한다. 이 때문에 리더의 의사결정 능력은 조직의 성과에 직접적으로 영향을 미친다.

2. 리더십의 중요성

* 조직 문화 형성: 리더는 조직 문화를 형성하고 유지하는 데 중요한 역할을 한다. 리더는 자신의 행동과 결정이 조직 내에서 어떤 가치가 강조되고, 어떤 행동이 장려되는지를 보여주는 중요한 모델이다.
* 변화 관리: 리더는 변화하는 환경에 대응해 조직을 성공적으로 이끌 수 있는 능력이 필요하다. 변화 관리는 조직이 시장의 변화나 기술 혁신에 적응할 수 있도록 돕고, 직원들이 새로운 방향에 동참하도록 장려하는 역할을 한다.

- **성과 향상**: 리더는 직원들에게 명확한 목표와 비전을 제시함으로써, 직원들이 성과를 달성할 수 있도록 이끈다. 리더십은 직원들의 성과에 직접적인 영향을 미치며, 이를 통해 조직의 목표 달성 가능성을 높인다.

③ 조직 문화와 리더십의 상호작용

조직 문화와 리더십은 서로 상호작용하여 시너지 효과를 발휘할 수 있다. 리더십은 조직 문화를 형성하고, 조직 문화는 리더십의 효율성을 강화한다. 두 요소가 상호 보완적으로 작용할 때, 조직은 지속 가능한 성과와 혁신을 이루어낼 수 있다.

1. 리더십이 조직 문화에 미치는 영향

- **가치와 행동 모델**: 리더는 조직 내에서 가치를 체화하고, 직원들에게 행동 모델을 제시함으로써 조직 문화를 형성하는 데 중요한 역할을 한다. 리더가 보여주는 행동과 결정은 조직 전체의 문화에 강한 영향을 미친다.
- **변화를 주도하는 리더십**: 리더는 조직 문화의 변화를 주도할 수 있는 능력이 있어야 한다. 새로운 비전이나 전략에 맞는 문화를 조성하기 위해, 리더는 변화 과정을 적극적으로 이끌고, 직원들이 새로운 문화에 적응할 수 있도록 지원해야 한다.

2. 조직 문화가 리더십에 미치는 영향

- **리더십의 효과성 강화**: 긍정적인 조직 문화는 리더십의 효과를 극대화한다. 협력과 참여를 장려하는 조직 문화에 리더는 더 쉽게 목표를 달성하고, 직원들의 적극적인 협력을 얻을 수 있다.

- 리더십 스타일에 대한 피드백: 조직 문화는 리더십 스타일을 형성하고, 리더가 조직에서 어떤 방식으로 행동해야 하는지에 대한 피드백을 제공한다. 예를 들어, 수평적이고 자율적인 문화를 가진 조직에서는 리더가 명령적 리더십보다는 코칭형 리더십을 발휘해야 한다.

4 사례: 애플(Apple)의 혁신적 조직 문화와 리더십

애플은 스티브 잡스의 변혁적 리더십과 혁신적인 조직 문화를 바탕으로 기술 산업에서 선도적인 위치를 차지하였다. 이러한 리더십과 문화는 창의성과 혁신을 강조하며, 직원들이 자유롭게 새로운 아이디어를 제시할 수 있는 환경을 조성함으로써 애플의 경쟁력을 강화하고 있다. 또한, 이러한 요소들은 회사의 밸류업에 중요한 기여를 하고 있다.

1. 스티브 잡스의 리더십

스티브 잡스는 변혁적 리더십을 통해 애플의 비전과 가치를 명확히 하였고, 이를 바탕으로 직원들에게 영감을 주었다. 그는 직원들에게 열정을 불어넣고 불가능한 일도 가능하게 하는 사고방식을 심어주어 성과를 극대화하였다. 잡스는 직설적이고, 때로는 무례한 커뮤니케이션 스타일로도 유명했지만, 이는 오히려 팀원들에게 동기를 부여하고 창의성을 자극하는 결과를 가져왔다.

2. 애플의 조직 문화

애플의 조직 문화는 창의성과 혁신을 중시한다. 직원들은 아이디어를 자유롭게 제시하며, 이는 자율성과 협력의 환경을 조성한다. 이러한 문화는 애플이 혁신적인 제품을 지속적으로 출시하고, 시장 내에서 차별화된 경쟁력을 유지하는 데 중요한 역할을 한다. 이를 통해 애플은 고객들의 요구에 안정적으로 부응하고, 업계 트렌드를 선도할 수 있는 기반을 마련한다.

3. 창의성과 혁신의 중요성

창의성과 혁신은 애플 성공의 핵심적인 요소이다. 잡스는 기존의 한계를 넘어 새로운 아이디어를 탐구하고, 계산된 위험을 감수하는 문화를 만들어냈다. 이는 애플의 제품에 그대로 반영되어, 특히 iPhone과 같은 혁신적인 제품들이 시장을 변화시키는 원동력이 되었다. 이러한 창의적인 접근은 애플이 시장을 주도하고 주요 산업을 선도할 기회를 제공했다.

4. 밸류업에 대한 기여

애플의 혁신적인 조직 문화와 스티브 잡스의 리더십은 회사의 가치 상승에 크게 기여하였다. 혁신적인 제품의 출시와 높은 고객 만족도는 매출 증대와 직결되며, 결과적으로 기업의 주가 상승을 이루어낼 수 있다. 또한, 애플은 이러한 문화 덕분에 직원들의 명확한 목표 설정과 자발적인 참여를 가장 큰 경쟁력으로 활용하고, 시장에서 지속 가능한 성장을 이루어내고 있다.

5. 지속 가능한 가치 창출

애플은 기술적 혁신을 통해 고객에게 가치를 제공한다. 이러한 가치 창출 과정에서 스티브 잡스의 리더십은 회사의 비전과 목표를 더욱 명확히 하고, 이를 위해 구성원들이 주도적으로 참여하도록 유도하였다. 이러한 과정에서 애플은 지속적으로 고객의 기대를 뛰어넘는 제품과 서비스를 제공하며, 시장의 변화에 적절하게 대응하고 있다.

이는 장기적으로 애플의 브랜드 충성도와 고객 기반을 확장하는 데 기여하고 있다.

이와 같은 요소들이 결합하여 애플은 기술 산업에서 선도적 위치를 확립하고, 지속 가능한 성장과 밸류업을 이루는 데 필수적인 역할을 하고 있다.

기업 조직구조의 특징이 반영된 사옥

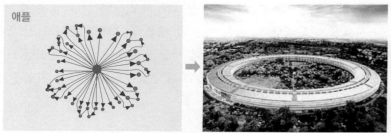

애플 신사옥 조감도(右)와 애플 조직 구조를 묘사한 그림. 탁월한 리더가 전체 조직을 중앙집권식으로 장악하는 특징을 사옥 계획에서도 엿볼 수 있다.

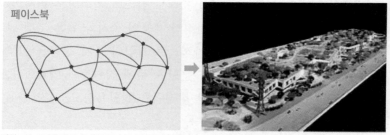

페이스북 신사옥 완공 후 예상 모습(右)과 페이스북 회사가 지닌 특성, 수평적 소통의 연결망을 요약한 그래픽, 사옥은 그 회사의 성격을 발현한다.

※ 이종호 교수 제공(원작자 디자이너 마누 코넷)

출처: https://weeklybiz.chosun.com/site/data/html_dir/2013/12/06/2013120601764.html

넷플릭스는 자유와 책임을 결합한 조직 문화를 통해 직원들에게 높은 자율성과 그에 대한 책임을 강조하여, 뛰어난 성과를 이끌어내는 독창적인 환경을 조성하고 있다. 이러한 문화는 넷플릭스의 기업 가치를 더욱 상승시키는 데 기여하고 있다.

1. 자유와 책임의 조직 문화

넷플릭스의 조직 문화는 기본적으로 '자유와 책임(freedom and responsibility)'이라는 원칙에 기반하고 있다. 이 원칙은 직원들에게 자율성을 부여하여 혁신과 창의력을 극대화하는 동시에, 그에 따른 결과에 대해서는 스스로 책임지도록 요구한다. 이는 직원들이 자신이 맡은 업무의 결과에 대한 소속감과 책임감을 느끼게 하여, 자연스럽게 동기 부여가 이루어지도록 한다.

2. 높은 성과를 이끌어내는 문화

넷플릭스는 성과 지향적 조직 문화를 바탕으로 직원 평가에서도 독창적인 방식을 적용한다. 직원들은 결과물의 질과 성과를 기준으로 평가받으며, 이는 업무에 대한 높은 기대치를 설정한다. 이러한 방식은 직원들이 최상의 결과를 내기 위해 노력하도록 유도한다. 또한, 비즈니스 성과를 극대화하기 위해 끊임없이 피드백과 실험을 장려하며, 이를 통해 개선점을 찾아내는 과정을 지속적으로 이어간다.

3. 자율성을 통한 혁신 촉진

넷플릭스의 조직은 직원들이 새로운 아이디어를 실현하거나 연구 개발을 할 수 있는 자율성을 제공한다. 이러한 환경은 직원들이 주도적으로 문제를 해결하고, 시도해 볼 기회를 가지게 하여 혁신을 촉진한다. 이와 같은 혁신적인 접근 덕분에 넷플릭스는 최신 기술을 활용한 개인화된 추천 시스템과 같은 뛰어난 서비스를 선보일 수 있었다.

4. 직원 참여와 만족도

자유와 책임을 강조하는 조직 문화는 직원들의 참여도와 직무 만족도를 높이는 데 도움을 준다. 직원들은 자신만의 방식으로 업무를 수행할 기회를 가지게 되는 데, 이는 자율성을 높이고 성과를 향상시키는 데 핵심적인 역할을 한다. 이러한 문화는 팀워크를 강화하고, 서로의 의견을 존중하며 지속적으로 피드백을 주고받는 환경을 조성한다.

5. 밸류업에 대한 기여

넷플릭스의 자유와 책임의 문화는 기업 가치 상승에 중요한 역할을 한다. 자율성과 책임을 기반으로 한 성과 지향적인 접근은 경영 효율성을 개선하고, 신속한 의사결정을 가능하게 한다. 이러한 특성이 결합되어 기업의 연결성과 혁신성을 높이고, 무엇보다 고객에게 높은 품질의 콘텐츠를 제공하며, 결과적으로 지속적인 구독자 성장을 이끈다.

6. 지속 가능한 경쟁력 강화

넷플릭스의 조직 문화는 변화하는 시장 환경에 빠르게 적응할 수 있는 능력을 제공한다. 훌륭한 인재를 유치하고 유지하며, 그들이 자신의 최대 잠재력을 발휘할 수 있는 환경을 조성함으로써, 경쟁업체 대비 우위를 점하는 데 크게 기여하고 있다. 이는 기업의 장기적인 성장 가능성을 높이고, 지속 가능한 경쟁력을 확보하는 데 중요한 요소가 된다.

결국, 넷플릭스의 독특한 조직 문화는 기업 가치를 더욱 높일 수 있는 기반을 마련하며, 경쟁 시장에서의 지속적인 성공을 가져오는 중요한 원동력이 된다.

제8장

위험 관리와
가치 보호

재무적 리스크 식별 및 관리 전략

재무적 리스크(Financial Risk)는 기업의 운영과 재무 성과에 부정적인 영향을 미칠 수 있는 잠재적인 위협을 의미하며, 이를 효과적으로 식별하고 관리하는 것은 기업의 가치를 보호하는 핵심적인 요소이다. 기업은 재무적 리스크를 식별하고, 이를 통제하기 위한 관리 전략을 수립함으로써 재무적 안정성을 유지하고, 장기적인 성장을 도모할 수 있다. 재무적 리스크 관리는 기업의 자금 조달, 투자, 운영에 관련된 다양한 요소를 포괄하며, **내부 리스크**와 **외부 리스크**를 모두 고려해야 한다.

1 재무적 리스크의 개념과 유형

재무적 리스크는 기업의 재무 상태와 성과에 영향을 미치는 다양한 요소로 인해 발생할 수 있으며, 이를 효과적으로 관리하지 않으면 기업의 가치와 지속 가능성에 심각한 타격을 줄 수 있다. 재무적 리스크는 **내부적 요인**과 **외부적 요인**에 의해 발생할 수 있으며, 다음과 같은 주요 유형으로 분류할 수 있다.

1. 시장 리스크(Market Risk)

시장 리스크는 금리, 환율, 주식 가격, 상품 가격 등 시장 변수의 변동으로 인해 기업의 재무 성과에 부정적인 영향을 미치는 리스크를 의미한다. 특히 글로벌 시장에서 활동하는 기업은 환율 변동과 같은 외부적인 시장 리스크에 더 크게 노출될 수 있다.

- 금리 리스크: 금리 변동으로 인해 기업의 자금 조달 비용이나 채무 상환 부담이 증가할 수 있다. 이는 이자 비용을 크게 변화시켜 기업의 현금 흐름과 수익성에 영향을 미친다.
- 환율 리스크: 환율 변동은 국제 거래를 하는 기업에 큰 영향을 미친다. 외국에서 발생하는 매출이 환율 변동으로 인해 감소하거나, 외화로 표시된 채무가 증가할 수 있다.
- 주식 가격 리스크: 주식 가격 변동은 상장 기업의 가치와 자본 구조에 영향을 미친다. 기업의 주가 하락은 자본 비용을 증가시키고, 주주 가치에도 부정적인 영향을 미칠 수 있다.

2. 신용 리스크(Credit Risk)

신용 리스크는 거래 상대방이 계약상 의무를 이행하지 못할 경우 발생하는 리스크로, 주로 고객, 거래처, 금융기관과의 신용 거래에서 발생한다. 이는 대출 상환 불이행, 외상매출금 회수 불능, 금융기관의 부실 등이 포함된다.

- 채권 회수 리스크: 고객이나 거래처가 재무적으로 어려움을 겪으면 외상 매출금이 회수되지 않을 수 있다. 이는 현금 흐름에 악영향을 미치고, 기업의 재무 안정성을 해칠 수 있다.
- 대출 리스크: 기업이 금융기관으로부터 대출을 받았을 때, 금융기관의 신용 상태가 악화되면 대출 이자율이 올라가거나 대출 연장이 어려워질 수 있다.

3. 유동성 리스크(Liquidity Risk)

유동성 리스크는 기업이 단기 부채를 상환하거나 운영 자금을 조
달하는 데 필요한 현금이나 자산을 제때 확보하지 못할 경우 발생하
는 리스크를 의미한다. 이는 기업이 일상적인 운영에 필요한 자금을
확보하지 못해 자금난을 겪을 수 있는 위험이다.

- 단기 자금 부족: 유동성 리스크는 단기적으로 현금 흐름이 원활
  하지 못할 때 발생할 수 있다. 이는 자산의 유동성이 부족하거나,
  자금 조달 계획이 실패할 경우 발생할 수 있다.
- 비상 상황에서의 자금 조달 어려움: 비상 시기에 즉시 자금을 조
  달하지 못하는 경우, 기업은 부도나 파산 위험에 직면할 수 있다.

4. 운영 리스크(Operational Risk)

운영 리스크는 기업의 일상적인 운영 과정에서 발생하는 리스크
로, 내부 시스템, 프로세스, 인력 등의 문제로 인해 발생할 수 있다. 운
영 리스크는 기업의 효율성을 저하시킬 뿐만 아니라, 재무적인 손실
을 초래할 수 있다.

- 프로세스 실패: 잘못된 운영 프로세스나 관리 실패로 인해 발생
  하는 손실이 포함된다. 예를 들어, 재고 관리 실패나 물류 시스템
  의 문제로 인해 추가 비용이 발생할 수 있다.
- 인적 자원 리스크: 직원의 실수나 불법적인 행위로 인해 발생하
  는 리스크도 운영 리스크의 일종이다. 특히 고위 경영진의 부적
  절한 결정이 기업에 큰 타격을 줄 수 있다.

2 재무적 리스크 관리 전략

재무적 리스크를 관리하기 위해서는 체계적인 리스크 식별과 모니터링 시스템을 구축하고, 적절한 대응 전략을 마련하는 것이 중요하다. 기업은 이러한 관리 전략을 통해 재무적 리스크를 줄이고, 장기적으로 기업 가치를 보호할 수 있다.

1. 시장 리스크 관리 전략

시장 리스크는 외부 환경의 변화에 의해 발생하는 경우가 많기 때문에, 이를 예측하고 대응할 수 있는 **헤지**(hedge) 전략이 필요하다.

- **헤징**(Hedging): 금리 변동이나 환율 변동에 대비해 **파생상품**을 활용해 헤지 전략을 사용할 수 있다. 예를 들어, 환율 변동에 대비해 **선물환 계약**을 체결하거나, 금리 변동 리스크를 줄이기 위해 **이자율 스왑**을 사용할 수 있다.
- **다변화**: 하나의 시장에 집중하는 대신, 다양한 지역이나 산업으로 사업을 **다변화**함으로써 시장 리스크를 분산시킬 수 있다. 특히, 다국적 기업의 경우 다양한 통화로 자산을 보유하거나, 여러 국가에서 매출을 창출하는 것이 시장 리스크를 줄이는 데 기여할 수 있다.

2. 신용 리스크 관리 전략

신용 리스크는 기업이 거래 상대방의 신용 상태를 신중하게 평가하고, 신용 관리 시스템을 구축함으로써 관리할 수 있다.

- **신용 평가**: 거래처나 고객의 신용 상태를 주기적으로 평가하고, 신용 점수를 기반으로 거래 한도를 설정하는 것이 중요하다. 이를 통해 채권 회수 리스크를 줄일 수 있다.

- 신용 보험: 신용 리스크를 완화하기 위해 신용 보험을 활용할 수 있다. 신용 보험은 고객이 채무를 이행하지 못할 경우, 그 손실을 보상받을 수 있는 방법이다.

3. 유동성 리스크 관리 전략

유동성 리스크는 기업이 원활한 자금 흐름을 유지하고, 비상 자금을 확보하는 체계를 마련함으로써 관리할 수 있다.

- 현금 흐름 관리: 기업은 현금 흐름 예측을 통해 예상되는 자금 부족 상황에 대비해야 한다. 이를 통해 단기적인 자금 조달 계획을 수립할 수 있다.
- 비상 자금 확보: 비상 상황에 대비해 비상 자금을 별도로 확보해 두는 것이 중요하다. 또한, 신용 한도를 설정해 필요시 신속하게 자금을 조달할 수 있는 체계를 갖추는 것이 필수적이다.

4. 운영 리스크 관리 전략

운영 리스크는 내부 시스템과 프로세스의 효율성을 높이고, 리스크 관리 프레임워크를 구축함으로써 관리할 수 있다.

- 내부 통제 시스템 강화: 기업은 운영 리스크를 줄이기 위해 내부 통제 시스템을 강화해야 한다. 이 시스템은 프로세스 관리, 인력 관리, 데이터 보호 등을 포함하여 운영상의 오류나 실수를 최소화하는 데 도움을 준다.
- 리스크 모니터링 시스템: 운영 리스크를 지속적으로 관리하기 위해 리스크 모니터링 시스템을 도입하여 실시간으로 운영 리스크를 파악하고, 문제가 발생했을 때 신속하게 대응할 수 있는 체계를 갖춰야 한다.

③ 사례: 사우스웨스트 항공(Southwest Airlines)의 연료 헤징 전략

사우스웨스트 항공의 연료 헤징 전략은 항공 산업에서 성공적인 사례로 평가받고 있다.

1. 연료 헤징 전략의 도입 배경

사우스웨스트 항공은 1994년부터 체계적인 연료 헤징 프로그램을 도입했다. 당시 CFO였던 게리 켈리(Gary Kelly)의 주도로 시작된 이 전략은 항공사의 가장 큰 비용 항목 중 하나인 제트 연료 가격의 변동성에 대비하기 위한 조치였다.

2. 헤징 전략의 구체적 실행

사우스웨스트는 처음에 예상 연료 수요의 20~30%를 3~6개월 전에 미리 구매하는 방식으로 헤징을 시작했다. 이후 1998년에는 더욱 정교한 사내 연료 관리 프로그램을 구축해 장기적인 가격 안정성을 확보하고자 했다.

3. 헤징 전략의 경제적 효과

1998년부터 2008년 여름까지 사우스웨스트는 이 전략을 통해 약 35억 달러를 절약했다. 이는 같은 기간 회사 이익의 83%에 해당하는 금액으로, 헤징 전략이 회사의 수익성에 중요한 영향을 미쳤음을 보여준다.

4. 경쟁 우위 확보

2008년과 2009년 경제 위기 당시, 사우스웨스트는 연료의 70%를 배럴당 51달러에 구매할 수 있었다. 반면, 경쟁사들은 배럴당 130

달러의 가격을 지불해야 했다. 이러한 비용 우위를 바탕으로 사우스웨스트는 경쟁사들과 달리 추가 요금 부과 없이 무료 수하물 정책을 유지할 수 있었다.

5. 장기적 성장 기반 마련

연료 비용 절감을 통해 확보한 자금으로 사우스웨스트는 149대의 항공기를 추가하고 새로운 노선을 개설할 수 있었다. 이는 회사의 장기적 성장과 확장에 크게 기여했다.

6. 지속적인 수익성 유지

사우스웨스트는 2019년까지 47년 연속 흑자를 기록했다. 이는 연료 헤징 전략이 회사의 장기적인 재무 안정성과 수익성 유지에 핵심적인 역할을 했음을 보여준다.

7. 밸류업에 미친 영향

사우스웨스트의 연료 헤징 전략은 다음과 같은 방식으로 회사의 밸류업에 기여했다.

① **비용 안정화**: 변동성이 큰 연료 비용을 안정화함으로써 예측 가능한 현금 흐름을 확보했다. 이는 투자자들에게 안정적인 재무 성과를 보여주는 데 도움이 되었다.

② **수익성 개선**: 연료 비용 절감을 통해 높은 수익성을 유지했고, 이는 주가 상승으로 이어졌다.

③ **성장 투자**: 절감된 비용을 항공기 확대와 새로운 노선 개발에 투자해 회사의 성장을 촉진했다.

④ **경쟁 우위**: 낮은 운영 비용을 바탕으로 경쟁사 대비 우수한 서비스(예: 무료 수하물)를 제공할 수 있었고, 이는 고객 만족도와 브랜

드 가치 향상으로 이어졌다.

⑤ **위기 대응력 강화**: 경제 위기나 연료 가격 급등과 같은 외부 충격에 대한 대응력을 강화해 장기적으로 안정적인 기업 가치를 유지할 수 있었다.

⑥ **전략적 유연성**: 안정적인 비용 구조를 바탕으로 국제선 확장이나 하와이 노선 진출과 같은 새로운 기회를 추구할 수 있었다.

8. 결론

사우스웨스트의 연료 헤징 전략은 단순한 비용 절감 이상의 의미를 가진다. 이 전략은 회사의 재무적 안정성을 높이고, 경쟁 우위를 확보하며, 지속적인 성장을 가능하게 함으로써 기업 가치를 크게 향상시켰다. 이는 효과적인 리스크 관리 전략이 기업의 장기적인 밸류업에 어떻게 기여할 수 있는지를 보여주는 훌륭한 사례라고 할 수 있다.

SWOT ANALYSIS OF Southwest

S W O T

Strengths	Weaknesses	Opportunities	Threats
• Strong Brand Recognition and Reputation • Excellent Operational Efficiency • Exceptional Customer Service • Profitability and Financial Stability • Employee-Centric Culture • Strong Leadership	• Limited international presence • Dependence on the Boeing 737 aircraft • Labor relations and union issues • Intense competition in the airline industry • Vulnerability to external factors	• Expansion Into International Markets • Leveraging Digital Transformation • Increasing Demand for Low-Cost Carriers • Sustainable Aviation • Strategic Partnerships and Alliances	• Economic downturns and fluctuating fuel prices • Intense competition in the airline industry • Regulatory risks and potential increases in operational costs • Technological disruptions and cybersecurity threats

출처: Southwest Airlines SWOT Analysis(2024)(businessmodelanalyst.com)

4 · 사례: 애플(Apple)의 현금 관리 전략

애플은 대규모 현금 보유와 효과적인 현금 흐름 관리로 유동성 리스크를 안정적으로 관리하고 있다. 이러한 재정적 유연성 덕분에 투자 기회를 신속하게 포착할 수 있다. 이러한 전략은 애플의 기업 가치를 증대시키는 데 기여하고 있다.

1. 현금 보유 및 재정적 유연성

2024년 12월 28일 기준으로 30.299B 달러의 현금 및 현금성 자산을 보유하고 있으며, 총 현금과 단기 투자의 총액은 53.77B달러에 달한다. 이러한 대규모 현금 보유는 애플이 필요할 때 신속하게 자금을 동원할 수 있는 능력을 보여준다.

2. 유동성 리스크 관리 전략

애플의 유동성 관리 전략은 현금 흐름을 체계적으로 분석하고 관리하는 것에 중점을 두고 있다. 운영, 투자, 재무 활동에서의 현금을 모니터링함으로써, 애플은 손실 위험을 최소화하면서 재무 활동을 효과적으로 조정할 수 있다. 이를 통해 애플은 예기치 않은 상황에서도 자금을 원활히 운영할 수 있다.

3. 자금 조달 리스크 최소화

애플은 금융 안정성 지표가 뛰어나다. 예를 들어, 애플의 부채비율은 1.87로 안정적인 상태를 유지하고 있으며, 이는 안정적인 리스크 구간을 뜻한다. 또한, 외환 리스크를 효과적으로 헤지하여 매출의 96%를 보호하고 있다. 이러한 전략은 애플이 시장 변화에 민첩하게 대응할 수 있게 한다.

4. 투자 기회 포착

애플의 재정적 유연성 덕분에, 필요시 신규 투자 기회를 신속하게 포착할 수 있는 능력을 갖추고 있다. 이 회사는 전략적으로 연구개발과 고객 충성도 구축에 투자하고 있으며, 이는 장기적으로 시장에서의 경쟁력을 강화하는 데 도움이 된다. 자금 조달의 안정성 덕분에 고수익성이 예상되는 프로젝트에 적시에 투자할 수 있는 기반을 마련하고 있다.

5. 밸류업에의 기여

애플의 유동성 관리와 재정적 유연성은 기업 가치 상승에 직접적으로 기여한다. 안정적인 현금 흐름은 배당금 지급과 자사주 매입과 같은 주주환원 정책을 지원하며, 이는 주식 가치의 상승을 이끌어낸다. 또한 기업의 전반적인 재무 안정성은 투자자에게 긍정적인 신호를 보내어, 시장에서의 신뢰도를 높이고 적정 기업 가치를 유지하는 데 도움이 된다.

이러한 요소들은 종합적으로 애플이 시장에서 정당한 가치를 평가받고, 지속 가능한 성장을 이룰 수 있도록 하는 중요한 기반이 된다.

⑤ 결론

재무적 리스크 관리는 기업이 지속 가능한 성장을 이루기 위한 필수적인 전략 요소로, 기업의 가치 보호와 재무 안정성을 보장하는 데 중요한 역할을 한다. 기업은 시장 리스크, 신용 리스크, 유동성 리스크, 운영 리스크 등 다양한 재무적 리스크를 식별하고, 이에 대한 대응 전략을 마련해야 한다. 성공적인 재무적 리스크 관리를 통해 기업은 불확실성을 극복하고, 장기적으로 경쟁력을 유지하며 가치 창출을 지속할 수 있다.

헤징과 보험을 통한
위험 회피

헤징(Hedging)과 보험(Insurance)은 기업이 재무적 리스크를 관리하고, 예상치 못한 손실을 방지하기 위한 주요한 **위험 회피**(Risk Mitigation) 전략이다. 두 방법 모두 리스크를 관리함으로써 기업의 가치 보호와 재무 안정성을 유지하는 데 중요한 역할을 한다. 헤징은 주로 **파생상품**을 활용하여 시장 변수의 변동에 대응하는 반면, 보험은 특정 사건 발생 시 **보상**을 통해 손실을 최소화한다. 이 두 전략은 각각의 재무적 리스크에 대한 적절한 대응책을 제공한다.

① 헤징의 개념과 역할

헤징(Hedging)은 미래의 가격 **변동성**이나 금리, 환율 변동 등 재무적 리스크를 관리하기 위해 파생상품(Derivatives)을 활용하여 리스크를 상쇄시키는 전략이다. 헤징을 통해 기업은 예상치 못한 변동성에 대비하여 손실을 줄이거나, 고정된 금액으로 비용을 관리할 수 있다.

1. 헤징의 주요 유형

• **환율 헤징**(Foreign Exchange Hedging): 환율 변동에 대비해 선물환

계약(Forward Contracts), 옵션(Options), 스왑(Swaps) 등을 사용하여 외화 결제나 외화 수입·지출에서 발생할 수 있는 환율 리스크를 줄인다. 국제 거래를 많이 하는 기업에게 매우 중요한 전략이다.

- **금리 헤징**(Interest Rate Hedging): 금리 변동으로 인한 이자 비용의 변화를 줄이기 위해 **이자율 스왑**(Interest Rate Swaps) 등을 활용하여 고정 금리와 변동 금리를 교환하거나, **선도 금리 계약**(Forward Rate Agreements) 등을 사용하여 금리 리스크를 관리한다.
- **상품 가격 헤징**(Commodity Hedging): 원자재 가격 변동으로 인한 리스크를 관리하기 위해 선물(Futures)이나 **옵션**을 사용하여 향후 원자재 가격을 고정하거나 가격 상승에 대비한다. 이는 특히 원자재를 많이 사용하는 기업에서 유용하다.

2. 헤징의 목적

- **변동성 관리**: 헤징을 통해 환율, 금리, 원자재 가격 등 외부 변수의 변동성을 줄여 기업의 현금 흐름과 재무 성과의 안정성을 확보한다.
- **손실 최소화**: 헤징 전략은 리스크가 발생할 경우 손실을 최소화하는 데 도움을 준다. 예를 들어, 환율 변동에 대한 헤징을 통해 예상치 못한 환차손을 방지할 수 있다.
- **재무 예측 가능성 확보**: 헤징은 기업이 미래의 재무 비용을 고정함으로써 재무 예측 가능성을 높이고, 장기적인 재무 계획을 세울 수 있도록 돕는다.

헤징 전략의 예시

1. 환율 헤징 사례: 코카콜라(Coca-Cola)

코카콜라(Coca-Cola)는 전 세계적으로 제품을 판매하는 글로벌 기업으로, 환율 변동에 따른 리스크를 관리하기 위해 **환율 헤징**을 적극 활용하고 있다. 코카콜라는 매출의 상당 부분이 미국 이외의 지역에서 발생하기 때문에, 환율 변동은 기업의 수익성에 큰 영향을 미친다.

- **선물환 계약**: 코카콜라는 주요 통화에 대해 **선물환 계약**을 체결하여 환율 변동으로 인한 리스크를 상쇄시킨다. 이를 통해 환율이 불리하게 변동할 때에도 예상치 못한 손실을 방지하고, 재무 성과의 변동성을 줄일 수 있다.
- **결과**: 환율 헤징 전략을 통해 코카콜라는 글로벌 시장에서 환율 변동성에 따른 위험을 효과적으로 관리하고, 안정적인 매출 성과를 유지할 수 있었다.

2. 금리 헤징 사례: 스타벅스(Starbucks)

스타벅스(Starbucks)는 금리 변동에 민감한 자산과 부채를 보유하고 있어, 금리 리스크를 관리하기 위해 **이자율 스왑**을 사용하고 있다. 금리가 상승하면 차입금의 이자 비용이 증가할 수 있기 때문에, 금리 헤징을 통해 이러한 리스크를 상쇄하고 있다.

- **이자율 스왑**: 스타벅스는 변동 금리로 차입한 부채에 대해 **고정 금리로 스왑**하는 계약을 체결하여, 금리 상승 시에도 고정된 이자 비용을 유지하고 변동성 리스크를 줄인다.
- **결과**: 금리 헤징 전략을 통해 스타벅스는 금리 변동에 따른 재무 부담을 최소화하고, 안정적인 재무 계획을 수립할 수 있었다.

보험(Insurance)은 예상치 못한 손실이나 사건이 발생할 경우, 보험사가 그 손실을 보상하는 방식으로 리스크를 관리하는 방법이다. 보험은 피해 발생 시 금전적 보상을 통해 손실을 최소화할 수 있는 중요한 리스크 관리 도구이다. 보험은 기업이 통제할 수 없는 **외부적 리스크**를 관리하는 데 효과적이다.

1. 보험의 주요 유형

- **자산 보험**(Property Insurance): 기업의 자산(건물, 기계, 재고 등)이 화재, 도난, 자연재해 등으로 손실될 경우 그 피해를 보상받는 보험이다. 이는 물리적 자산의 보호를 목적으로 한다.
- **책임 보험**(Liability Insurance): 기업이 제3자에게 손해를 끼쳤을 때, 그에 대한 배상 책임을 보상해주는 보험이다. 예를 들어, 제품 결함으로 인해 발생한 손해에 대한 배상 책임을 기업이 지게 될 경우 보험을 통해 그 손해를 보상받을 수 있다.
- **신용 보험**(Credit Insurance): 기업의 거래 상대방이 대금을 지불하지 못할 경우 그 손실을 보상받는 보험이다. 신용 리스크를 줄이기 위한 보험으로, 주로 외상 거래가 많은 기업들이 사용한다.

2. 보험의 목적

- **손실 보상**: 보험의 가장 중요한 목적은 예상치 못한 사고나 손실이 발생했을 때, 그 손실을 보상받아 재무적 안정을 유지하는 것이다.
- **리스크 전가**: 보험을 통해 기업은 통제할 수 없는 리스크를 보험사에 전가하고, 그 리스크가 발생했을 때 재정적인 부담을 줄일 수 있다.

- 기업 자산 보호: 보험은 기업의 핵심 자산을 보호하고, 예상치 못한 재난이나 사고로부터 재무적 충격을 완화하는 역할을 한다.

4 헤징과 보험의 비교 및 상호보완적 역할

헤징과 보험은 모두 리스크를 관리하는 방법이지만, 그 방식과 적용 범위가 다르다. 헤징은 주로 시장 **변동성**에 대응하는 반면, 보험은 **예상치 못한 사건**으로 인한 손실을 보상하는 데 중점을 둔다. 두 전략을 적절히 결합하면 기업은 더 강력한 **위험 관리 체계**를 구축할 수 있다.
- 헤징은 금융 시장의 변동성에 대비해 재무적 성과를 **예측 가능**하게 하는 데 유용하며, 특히 시장 리스크를 줄이는 데 적합하다.
- 보험은 예상치 못한 사고나 사건으로 인한 **재정적 충격**을 완화하는 데 효과적이며, 신용 리스크나 물리적 자산 리스크와 같은 리스크를 관리하는 데 적합하다.

5 결론

헤징과 보험은 기업이 다양한 재무적 리스크를 관리하고 가치 보호를 실현하는 데 중요한 도구이다. 헤징은 금융 시장에서의 **변동성** 리스크를 관리하는 데 탁월하며, 보험은 **예상치 못한 사고**나 손실로부터 기업을 보호하는 데 효과적이다. 두 전략을 적절히 결합하여 사용함으로써 기업은 재무적 안정성을 강화하고, 장기적인 성장을 도모할 수 있다.

6 자산 보험 사례: S기업

S기업은 자산 보험을 활용하여 제조 공장에서 발생할 수 있는 다양한 리스크를 관리하고 있다. 이는 재무적 안전성을 확보하고 기업의 밸류업에도 기여하고 있다. 자산 보험을 통해 예상치 못한 손실에 대한 보호막을 제공함으로써, 기업의 지속 가능한 성장 기반을 마련하고 있다.

1. 자산 보험 활용

S기업은 각 제조 공장에 대해 자산 보험을 가입하여, 화재, 폭발, 자연재해 등의 위험으로부터 자산을 보호하고 있다. 이러한 보험금은 사고 발생 시 손실을 보상받을 수 있도록 하여, 운영에 차질이 생길 경우 즉시 재정적 대응이 가능하게 한다.

2. 리스크 관리 사례

S기업은 실제로 여러 차례의 재해 상황에서 자산 보험의 혜택을 받았다. 예를 들어, 2018년 경기도 화성 공장에서 발생한 화재 사고로 인해 보험금을 청구하여 공장의 신속한 복구를 도와 재정적 손실을 줄일 수 있었다. 이러한 사례는 자산 보험이 기업 운영에서 중요한 역할을 하고 있음을 보여준다.

3. 재무적 리스크 감소

자산 보험을 통해 S기업은 예상치 못한 공장 파손이나 운영 중단에 대한 재무적 리스크를 경감하고 있다. 보험금을 통한 즉각적인 재정적 지원이 있기 때문에, 이러한 사고 발생 시에도 기업은 빠르게 회복할 수 있는 기반을 마련하게 된다.

4. 밸류업에 대한 기여

S기업의 자산 보험 활용은 기업의 밸류업에도 긍정적인 영향을 미친다. 안정적인 재무 구조를 통해 기업 가치를 극대화하고 주주들에게 안정적인 투자 환경을 제공하므로, 주가 상승이나 시장 평가에서 긍정적인 영향을 미친다. 밸류업 프로그램의 일환으로, 기업의 자산 보호는 장기적으로 자본 시장에서 긍정적인 신호로 작용하여 장기 투자자의 관심을 유도할 수 있다.

5. 지속 가능한 성장 기반 마련

보험을 통한 자산 보호는 S기업에게 비상 상황에서도 운영의 연속성을 보장하는 중요한 요소이다. 이는 기업의 신뢰성을 높이고, 주주 가치도 동시에 증가시키는 결과를 가져온다. 자산 보험이 있는 기업은 외부 위협에 더 잘 대비할 수 있고, 이는 결국 기업의 지속 가능한 성장으로 이어지므로, 밸류업에 큰 도움이 된다.

이처럼 S기업은 자산 보험을 통해 제조 공장에서 발생할 수 있는 리스크를 효과적으로 관리하고, 기업의 가치 증대에도 기여하고 있다.

⑦ 신용 보험 사례: S중공업

S중공업은 신용 보험을 전략적으로 활용하여 기업의 재무적 안정성을 강화하고 있으며, 이를 통해 기업 가치 제고(밸류업)에 기여하고 있다. 해양 산업 특성상 대규모 프로젝트와 장기 계약이 많아, 신용 보험은 재무 리스크를 효과적으로 관리하는 중요한 도구로 작용한다.

1. 신용 보험의 중요성

해양 산업, 특히 조선업은 대규모 프로젝트와 장기 계약이 많은 특성을 가지고 있다. 이러한 환경에서 신용보험은 기업의 재무 안정성을 유지하는 데 중요한 역할을 한다. 한국해양진흥공사(KOBC), 한국무역보험공사 등 공적 기관에서는 선박 도입 시 채권자(금융기관 등)로부터 차입하는 자금에 대해 채무보증을 제공하여 선사의 채권자 앞 채무불이행 위험을 담보하는 보증사업을 운영하고 있다.

2. S중공업의 신용 보험 활용 사례

S중공업은 2014년 노르웨이의 해양 시추선사인 시드릴(Seadrill)로부터 총 19억 달러 규모의 최신형 드릴십 3척을 수주하였다. 이 과정에서 한국무역보험공사(K-SURE)는 중장기수출보험(구매자신용)을 통해 4억 달러의 금융지원을 제공하였다. 이를 통해 시드릴은 국제 금융시장에서 상환 기간 12년의 장기 선박 구매 자금을 조달할 수 있었으며, S중공업은 대규모 선박 수주 경쟁력을 강화할 수 있었다.

3. 재무 안정성 강화

S중공업은 신용 보험을 통해 대금 미지급 리스크를 줄이며 안정적인 현금 흐름을 유지하고 있다. 이는 기업의 재무 건전성을 높여 투자자들의 신뢰를 강화하는 데 중요한 역할을 한다. 이러한 안정적인 재무 구조는 기업의 지속 가능한 성장 기반을 마련하는 데 기여한다.

4. 신용등급 개선 및 사업 확장 기회

신용 보험은 리스크 관리를 통해 기업의 신용등급 개선에도 기여할 수 있다. 신용등급이 높아지면 자금 조달 비용이 낮아지고, 이는 사업 확장 기회를 모색하는 데 유리한 환경을 조성한다. 결과적으로 기업의 성장 잠재력을 높여 주가 상승과 시장 평가에 긍정적인 영향을 미친다.

5. 밸류업에 대한 긍정적인 영향

S중공업의 신용 보험 활용은 기업의 밸류업에도 긍정적인 영향을 미친다. 안정적인 재무 상태와 높은 신용등급은 투자자들의 관심을 끌며, 자본 시장에서 긍정적인 신호로 작용할 수 있다. 이는 장기 투자자들의 관심을 유도하고, 추가 자본 유치에도 도움이 된다. 또한, 정부의 지원 정책과 연계하여 추가적인 인센티브를 받을 가능성도 높아진다.

6. 결론적 시사점

S중공업의 신용 보험 활용은 재무적 손실 방지뿐만 아니라 기업의 전반적인 가치 제고에 기여하고 있다. 안정적인 재무 상태와 이를 바탕으로 한 새로운 사업 기회 창출은 기업의 성장과 가치 상승으로 이어진다. 신용 보험을 전략적으로 활용하는 것은 S중공업의 장기적인 성장과 밸류업을 이루는 데 중요한 요소이다.

위기 상황에서의 가치 보호 전략

위기 상황(Crisis)에서는 기업이 급격한 시장 변동, 외부 충격, 또는 내부 문제로 인해 재무적·운영적 위협에 직면하게 된다. 이러한 상황에서 가치 보호(Value Protection)는 기업이 생존하고 장기적인 경쟁력을 유지하기 위한 중요한 전략적 대응 방안이다. 위기는 예측 불가능한 경우가 많지만, 사전 준비와 적절한 대응 전략을 통해 기업은 위기속에서도 재무적 안정성을 유지하고, 핵심 자산을 보호하며, 기업 가치를 보존할 수 있다.

1 위기의 주요 원인

위기 상황은 다양한 원인으로 발생할 수 있으며, 기업의 규모와 산업에 따라 그 영향은 다르게 나타난다. 외부적 요인과 내부적 요인으로 나누어 볼 수 있다.

1. 외부적 요인

- 경제 위기: 글로벌 경제 불황, 금리 인상, 인플레이션, 환율 변동 등으로 인해 기업의 매출이 급격히 감소하거나, 자금 조달이 어

려워질 수 있다.

- **정치적 불안정성**: 전쟁, 무역 분쟁, 국제 제재 등 정치적 사건은 기업의 운영과 시장에 큰 타격을 줄 수 있다.
- **자연재해 및 팬데믹**: 지진, 홍수와 같은 자연재해나 팬데믹(예: COVID-19) 상황은 기업의 공급망을 교란시키고, 전반적인 운영을 중단시킬 수 있다.

2. 내부적 요인

- **경영 실패**: 경영진의 잘못된 의사결정이나 내부 통제 부족은 기업의 자금 흐름과 운영에 큰 문제를 초래할 수 있다.
- **재무적 부실**: 과도한 부채나 현금 흐름 관리 실패로 인해 기업은 심각한 재무 위기에 빠질 수 있다.
- **운영 리스크**: 주요 인프라의 고장, 사이버 공격, 내부자 위반 등의 운영 문제도 위기의 주요 원인이다.

---

2 위기 상황에서의 가치 보호 전략

위기 상황에서 기업의 가치를 보호하기 위해서는 **신속한 대응**과 **체계적인 리스크 관리**가 필요하다. 기업은 **비상 계획**을 마련하고, 상황에 맞는 구체적인 전략을 실행하여 재무적·운영적 피해를 최소화하고, 기업 가치를 유지해야 한다.

1. 비상 계획 및 위기 대응 시스템

기업은 위기 상황을 대비한 **비상 계획**(Contingency Plan)을 사전에 마련하여, 위기가 발생했을 때 신속하게 대응할 수 있어야 한다. 이를 통해 예상치 못한 상황에서도 기업 가치를 보호하고, 손실을 줄일 수 있다.

- **비상 계획 수립**: 비상 상황을 대비해 **위기 관리 팀**을 구성하고, **의사결정 구조와 대응 프로세스**를 명확히 설정해야 한다. 비상 계획은 재무, 운영, 법무 등 다양한 부문을 포함해야 하며, 각 부서 간 협력을 강화하는 것이 중요하다.
- **위기 대응 훈련**: 실제 위기 상황에서 효과적으로 대응할 수 있도록 시뮬레이션 훈련을 주기적으로 시행해야 한다. 이를 통해 직원들이 위기 상황에서 취해야 할 행동을 명확히 알고, 신속하게 대응할 수 있다.

2. 재무적 안정성 확보

위기 상황에서 가장 중요한 것은 **재무적 안정성**을 유지하는 것이다. 자금 유동성을 확보하고, 불필요한 비용을 절감하며, 재무적 유연성을 강화해야 한다.

- **유동성 확보**: 비상 자금을 미리 확보하여 현금 흐름을 안정적으로 유지하는 것이 필수적이다. 또한, 기업은 **신용 한도나 긴급 대출**을 통해 필요시 추가 자금을 신속히 조달할 수 있는 방안을 마련해야 한다.
- **비용 절감**: 위기 상황에서는 **불필요한 비용**을 줄이고, 핵심 사업에 집중해야 한다. 비효율적인 지출을 최소화하고, 중요한 투자 외에는 모든 자금 집행을 재검토하는 것이 필요하다.
- **자산 매각**: 필요시, 비핵심 자산을 매각하여 현금을 확보하는 전략도 검토할 수 있다. 이를 통해 단기적으로 현금 흐름을 개선할 수 있다.

3. 운영 유연성 확보

위기 상황에서의 **운영 유연성**은 위기 속에서 사업을 지속하고, 손실을 최소화하는 데 중요한 역할을 한다. **공급망 다변화**와 **비상 운영 계획**을 수립하여 운영 리스크에 대비할 필요가 있다.

- **공급망 관리**: 위기 상황에서는 공급망 중단이 큰 위험이 될 수 있다. 이를 위해 **공급망 다변화**와 다중 공급자 체계를 구축하여, 특정 공급자에 대한 의존도를 낮추고, 공급망 리스크를 분산시켜야 한다.
- **원격 근무 및 디지털화**: 팬데믹 같은 위기 상황에서는 **원격 근무**와 **디지털화**가 기업의 핵심 운영 요소가 될 수 있다. 이를 위해 원격 근무 인프라를 사전에 준비하고, 비즈니스 연속성을 유지할 수 있는 디지털 솔루션을 도입해야 한다.

4. 커뮤니케이션 및 이해관계자 관리

위기 상황에서는 투명하고 신속한 커뮤니케이션이 중요하다. 주주, 직원, 고객 등 모든 이해관계자들과의 소통을 강화하여 신뢰를 유지하고, 혼란을 방지해야 한다.

- **투명한 소통**: 위기 상황에서의 불확실성을 줄이기 위해 경영진은 **투명한 정보 공개**를 통해 주주와 투자자들의 신뢰를 유지해야 한다. 위기 상황에 대한 대응 방안을 명확히 설명하고, 기업이 위기 상황에서 어떻게 대처할 계획인지에 대해 소통해야 한다.
- **직원 소통 강화**: 직원들에게 위기 상황에 대한 정보를 정확히 전달하고, 필요한 지원을 제공해야 한다. 이를 통해 조직 내 혼란을 줄이고, 직원들이 위기 상황에서도 업무에 집중할 수 있도록 지원해야 한다.

5. 브랜드와 평판 관리

위기 상황에서 기업의 평판과 브랜드 가치를 보호하는 것도 중요한 전략 중 하나다. 잘못된 대응은 기업의 신뢰도에 심각한 손상을 줄 수 있으므로, 위기 상황에서도 **책임 있는 경영**을 통해 기업 이미지를 보호해야 한다.

- **사회적 책임 강화**: 위기 상황에서 기업이 사회적 책임을 다하는 모습을 보여주는 것은 브랜드 신뢰도를 유지하는 데 필수적이다. 예를 들어, 팬데믹 상황에서는 기업이 사회적 기여를 통해 신뢰를 구축하고, 장기적으로 브랜드 가치를 보호할 수 있다.
- **위기 소통 전략**: 위기 상황에서의 브랜드 손상을 최소화하기 위해 **위기 소통 전략**을 미리 준비해야 한다. 언론 및 대중과의 소통에서 신속하고 책임 있는 모습을 보여주며, 잘못된 정보 확산을 방지하는 것이 중요하다.

---

③ 사례: 존슨앤드존슨(Johnson & Johnson) 타이레놀 사태

1982년 시카고 지역에서 발생한 타이레놀 독극물 사건은 존슨앤드존슨(J&J)의 위기 관리 능력을 시험하는 중대한 사건이었다. 이 사건으로 인해 타이레놀 캡슐을 복용한 7명이 사망했으며, 독극물은 제조 과정이 아닌 유통 과정에서 투입된 것으로 밝혀졌다.

1. 존슨앤드존슨의 신속한 대응

J&J는 사건 발생 즉시 다음과 같은 조치를 취했다.
- **전국적인 제품 리콜**: 회사는 3,100만 병의 타이레놀을 자발적으로 회수했다.

- **투명한 커뮤니케이션**: J&J는 언론과 대중에게 사건에 대한 명확한 정보를 제공하고, 타이레놀 제품 사용 중단을 권고했다.
- **피해자 가족 지원**: 회사는 피해자 가족들에게 상담 및 재정적 지원을 제공했다.

2. 안전성 강화 조치

사건 이후 J&J는 다음과 같은 혁신적인 안전 조치를 도입했다.
- **삼중 안전 포장**: 접착식 상자, 병 입구의 플라스틱 씰, 호일 씰 등 세 가지 안전 장치를 도입했다.
- **알약 형태 변경**: 쉽게 조작할 수 있는 캡슐에서 알약 형태로 변경했다.
- **무작위 검사**: 출하 전 무작위 검사 절차를 새롭게 도입했다.

3. 신뢰 회복 과정

J&J의 책임감 있는 대응은 신뢰 회복에 크게 기여했다.
- **빠른 시장 회복**: 사건 발생 2개월 만에 새로운 안전 포장을 적용한 제품으로 시장에 복귀했다.
- **시장 점유율 회복**: 30% 가까이 하락했던 시장 점유율을 빠르게 회복했다.
- **긍정적 평판 구축**: J&J의 대응은 윤리경영의 모범 사례로 평가받았다.

4. 밸류업에 미친 영향

타이레놀 사건에 대한 J&J의 대응은 다음과 같은 방식으로 기업 가치 제고에 기여했다.
- **브랜드 가치 유지**: 초기에는 주가가 29% 하락하는 등 큰 타격을 받았지만, 신속하고 책임감 있는 대응으로 브랜드 가치를 유지

할 수 있었다.

- **고객 신뢰 강화**: 투명한 커뮤니케이션과 안전성 강화 조치를 통해 고객 신뢰를 회복하고 강화했다.
- **기업 문화 개선**: 이 사건을 계기로 J&J는 위기 관리와 윤리경영의 중요성을 기업 문화에 더욱 깊이 뿌리내렸다.
- **장기적 성장 기반 마련**: 신뢰 회복을 통해 지속 가능한 성장의 기반을 마련했다.
- **사회적 책임 이미지 구축**: 기업의 사회적 책임을 다하는 기업으로서의 이미지를 강화했다.

5. 결론

존슨앤드존슨의 타이레놀 사건 대응은 위기를 기회로 전환한 대표적인 사례이다. 이 사건을 통해 J&J는 단기적인 재무적 손실을 감수하면서도 장기적인 기업 가치를 높이는 데 성공했다. 이는 위기 상황에서 기업의 윤리적 대응과 투명한 커뮤니케이션이 기업 가치 제고에 얼마나 중요한지를 보여주는 좋은 사례이다.

 사례: 사우스웨스트 항공(Southwest Airlines)의 팬데믹 대응

사우스웨스트 항공의 COVID-19 대응 사례는 위기 상황에서도 장기적인 기업 가치를 고려한 전략의 중요성을 보여주는 사례이다. 재무적 안정성, 고객 신뢰, 운영 효율성을 모두 고려한 균형 잡힌 접근은 단기적인 어려움을 극복하고 장기적인 경쟁력을 강화하는 데 기여했다. 이는 위기 상황에서의 적절한 대응이 어떻게 기업의 밸류업으로 이어질 수 있는지를 보여주는 좋은 사례이다.

1. 재무적 안정성 유지 전략

사우스웨스트 항공은 팬데믹 발생 이전부터 강력한 재무 전략을 통해 위기에 대비해왔다.

- **현금 보유 전략**: 사우스웨스트는 팬데믹 이전부터 강력한 재무 상태를 유지했다. 2020년 초에 사우스웨스트 역사상 가장 좋은 재무상태로 팬데믹에 진입했다.
- **신용한도 확보**: 회사는 10억 달러 규모의 신용한도를 확보하여 추가적인 유동성을 확보했다.
- **정부 지원 활용**: 미국 정부의 CARES Act를 통해 72억 달러의 보조금과 대출을 받아 유동성을 더욱 강화했다.[1]

2. 고객 중심 전략

사우스웨스트는 고객의 신뢰를 유지하기 위해 다음과 같은 정책을 시행했다.

- **유연한 예약 정책**: 고객들이 예약을 무료로 변경할 수 있도록 하여 불확실성 속에서도 예약을 유지할 수 있게 했다.
- **환불 정책 개선**: 환불 요청을 쉽게 처리할 수 있도록 하여 고객 만족도를 높였다.
- **안전 강화**: 기내 청소 강화, 마스크 착용 의무화 등 안전 조치를 강화하여 고객들의 우려를 해소했다.

---

1 • 2020년 4월: 33.5억 달러(23억 달러의 직접 지원금과 9.76억 달러의 대출)
  • 2021년 1월: 19.8억 달러(14.2억 달러의 직접 지원금과 5.66억 달러의 대출)
  • 2021년 4월: 18.5억 달러(13.2억 달러의 직접 지원금과 5.26억 달러의 대출)

3. 운영 효율성 유지

사우스웨스트는 위기 상황에서도 운영 효율성을 유지하기 위해 노력했다.

- **노선 최적화:** 수요가 낮은 노선을 일시적으로 중단하고, 수요가 있는 노선에 집중했다.
- **비용 절감:** 불필요한 지출을 줄이고, 임원 급여 삭감 등의 조치를 취했다.
- **직원 유지:** 대규모 해고 대신 자발적 휴직 프로그램을 통해 직원들을 유지하여 향후 회복에 대비했다.

4. 밸류업에 미친 영향

사우스웨스트 항공의 이러한 대응 전략은 다음과 같은 방식으로 기업 가치 제고에 기여했다.

- **재무적 안정성 강화:** 현금 보유와 유동성 확보로 인해 파산 위험을 낮추고 투자자들의 신뢰를 유지했다. 이는 주가 안정화와 신용등급 유지에 도움이 되었다.
- **브랜드 가치 상승:** 고객 중심의 정책으로 인해 브랜드에 대한 고객 충성도가 높아졌다. 이는 팬데믹 이후 빠른 수요 회복으로 이어질 수 있다.
- **시장 점유율 확대 가능성:** 경쟁사들이 어려움을 겪는 동안 상대적으로 안정적인 운영을 유지함으로써, 향후 시장 점유율을 확대할 수 있는 기회를 얻었다.
- **운영 효율성 개선:** 위기 상황에서의 비용 절감과 효율성 개선 노력은 향후 수익성 향상으로 이어질 수 있다.
- **인적 자원 유지:** 직원들을 유지함으로써 향후 수요 회복 시 빠르게 대응할 수 있는 능력을 확보했다.

5. 결론

사우스웨스트 항공의 COVID-19 대응은 위기 상황에서 기업의 재무적 안정성과 고객 중심의 전략이 얼마나 중요한지 보여준다. 이러한 균형 잡힌 접근은 단기적인 위기 극복뿐 아니라 장기적인 기업 가치 제고에도 기여하는 중요한 요소였다.

제 9 장

디지털 혁신과
데이터 기반 경영

데이터 분석을 통한
경영 의사결정

　　데이터 기반 경영(Data-Driven Management)은 기업이 데이터 분석을 통해 신뢰할 수 있는 **인사이트**를 도출하고, 이를 바탕으로 **효율적인 의사결정**을 내리는 경영 방식이다. 오늘날의 디지털 혁신 시대에서는 데이터를 활용해 경쟁 우위를 확보하고, 기업의 전략적 방향을 설정하는 것이 필수적이다. 빅데이터(Big Data), 인공지능(AI), 머신러닝(ML) 등의 기술을 활용하여 경영진은 데이터 분석을 통해 예측 가능성을 높이고, 빠르게 변화하는 시장에서 더 나은 결정을 내릴 수 있다.

① 데이터 분석의 중요성

　　데이터 분석(Data Analytics)은 기업이 **실시간 정보**와 **정량적 데이터**를 기반으로 더 신속하고 정확한 결정을 내릴 수 있게 해준다. 이러한 분석을 통해 기업은 시장 **변화**, 고객 **행동**, 운영 **효율성** 등의 요소를 명확히 파악할 수 있으며, 이는 경영 성과 향상에 직결된다.

1. 데이터 기반 경영의 주요 이점

- 정확한 예측과 전략 수립: 데이터를 기반으로 과거의 트렌드를

분석하고, 이를 통해 미래를 예측함으로써 더 나은 전략적 결정을 내릴 수 있다. 이를 통해 시장 변화에 능동적으로 대응하고, 리스크를 줄일 수 있다.

- 비용 절감 및 운영 효율성: 데이터 분석은 비효율성을 파악하고, 비용 절감 방안을 찾는 데 매우 효과적이다. 운영 과정에서 발생하는 병목 현상이나 낭비 요소를 분석하여 개선할 수 있다.
- 고객 맞춤형 전략: 고객의 행동 데이터를 분석하여 맞춤형 서비스와 제품을 제공함으로써 고객 만족도와 충성도를 높일 수 있다. 이는 마케팅 효율성을 극대화하는 데에도 중요한 역할을 한다.

2. 데이터 기반 의사결정의 필요성

데이터 기반 의사결정은 감각적 또는 경험에 의존한 의사결정보다 더 높은 정확성과 예측 가능성을 제공한다. 현대의 복잡한 경영 환경에서 데이터 분석은 전략적 의사결정의 중요한 축으로 자리 잡고 있다.

- 데이터의 실시간 활용: 기업은 실시간 데이터를 통해 빠르게 변하는 시장 상황에 대한 즉각적인 반응을 할 수 있다. 이는 특히 금융, IT, 유통 등 신속한 대응이 요구되는 산업에서 매우 중요하다.
- 리스크 관리: 데이터 분석은 위험 요소를 사전에 식별하고, 이를 바탕으로 리스크 관리 전략을 수립하는 데 필수적이다. 예를 들어, 데이터 분석을 통해 시장 리스크, 공급망 리스크 등을 미리 파악하고 대비할 수 있다.

2 데이터 분석을 통한 의사결정의 단계

데이터 분석을 경영 의사결정에 효과적으로 활용하기 위해서는 체계적인 프로세스가 필요하다. 데이터 수집, 분석, 해석, 의사결정의 단계가 차례대로 이루어지며, 각 단계에서의 효율성은 최종 의사결정의 정확성에 중요한 영향을 미친다.

1. 데이터 수집

데이터 수집은 의사결정을 위한 첫 단계로, 기업이 필요로 하는 데이터를 수집하는 과정이다. 다양한 경로에서 데이터를 수집할 수 있으며, 이를 통해 의사결정에 필요한 정보를 확보한다.

- **내부 데이터**: 기업 내부에서 발생하는 데이터는 의사결정에 중요한 자원이다. 판매 기록, 재고 관리, 직원 성과 데이터 등이 이에 포함된다.
- **외부 데이터**: 외부에서 수집한 데이터는 시장 분석, 경쟁사 분석, 고객 행동 분석 등에 활용된다. 소셜 미디어 데이터, 시장 조사 자료, 고객 리뷰 등이 외부 데이터의 예이다.

2. 데이터 분석

데이터 분석은 수집된 데이터를 기반으로 패턴을 발견하고 통찰을 얻는 과정이다. 다양한 분석 기법을 사용하여 데이터에서 경영에 유용한 정보를 추출한다.

- **기술적 분석**: 통계 분석, 회귀 분석, 클러스터링, 데이터 마이닝 등의 방법을 활용해 데이터를 분석한다. 이를 통해 **트렌드와 상관관계**를 파악할 수 있다.
- **예측 분석**: 머신러닝 알고리즘을 사용해 **미래의 결과를 예측**하는 기법이다. 과거 데이터를 학습하여 향후 발생할 가능성이 높은 사건을 예측하는 데 사용된다. 예를 들어, **매출 예측**이나 고객 **이탈 예측**에 활용될 수 있다.

3. 데이터 해석

데이터 해석은 분석 결과를 경영진이나 의사결정권자들이 이해할 수 있는 형태로 **정리**하고, 이를 바탕으로 전략적 판단을 내리는 과정이다. 분석된 데이터를 **직관적**으로 이해할 수 있도록 시각화하거나 보고서로 작성하는 것이 중요하다.

- **시각화 도구**: 데이터를 쉽게 해석하기 위해 **차트나 그래프** 등의 시각화 도구를 사용한다. 이를 통해 복잡한 데이터를 명확하게 이해할 수 있다.
- **비즈니스 인사이트 도출**: 데이터에서 얻은 통찰을 바탕으로 비즈니스 문제를 해결하거나 개선할 수 있는 구체적인 방법을 제안한다. 예를 들어, 분석 결과를 통해 **어떤 고객군**이 이탈 위험이 높은지 파악하고, 이를 줄이기 위한 마케팅 전략을 세울 수 있다.

4. 데이터 기반 의사결정

데이터 기반 의사결정은 분석된 데이터를 토대로 경영 전략을 수립하고 실행하는 단계이다. 데이터에서 얻은 통찰을 의사결정 과정에 적용해, 정확한 판단을 내리고 더 나은 결과를 도출할 수 있도록 한다.

- **전략적 의사결정**: 데이터 분석 결과는 **재무 전략, 마케팅 전략, 운영 효율화** 등 다양한 경영 영역에 적용될 수 있다. 예를 들어, 데이터를 통해 비용 절감 방안을 도출하거나, 새로운 시장에 진입할 시기를 결정할 수 있다.
- **실행 및 피드백**: 데이터 기반으로 수립한 전략을 실행한 후, 그 성과를 다시 데이터로 측정하고, 이를 바탕으로 개선된 전략을 도출하는 **피드백 루프**를 구축해야 한다.

③ 데이터 기반 경영 도입 시의 도전 과제

데이터 기반 경영은 많은 이점을 제공하지만, 이를 효과적으로 도입하기 위해서는 데이터 품질, 기술적 인프라, 인적 자원 등 다양한 요소가 뒷받침되어야 한다.

1. 데이터 품질 및 관리

데이터 기반 의사결정의 성공 여부는 데이터의 품질에 크게 의존한다. 잘못된 데이터나 불완전한 데이터는 잘못된 결정을 내리게 할 수 있다. 따라서 기업은 데이터 관리에 대한 체계적인 시스템을 구축해야 한다.

- 데이터 정확성: 기업은 데이터 수집 과정에서 오류나 중복이 발생하지 않도록 관리해야 한다. 신뢰할 수 없는 데이터는 잘못된 분석 결과를 초래할 수 있다.
- 데이터 보안: 고객 정보나 회사의 민감한 데이터는 철저한 보안 관리가 필요하다. 데이터 유출이나 사이버 공격은 기업의 신뢰와 가치를 훼손할 수 있다.

2. 기술적 인프라

데이터 분석을 위해서는 대규모 데이터를 처리할 수 있는 기술적 인프라가 필수적이다. 빅데이터 처리 기술, AI 및 머신러닝 알고리즘을 도입하려면 관련 기술에 대한 투자가 필요하다.

- 클라우드 컴퓨팅: 대규모 데이터를 저장하고 처리하기 위해 클라우드 기술을 활용할 수 있다. 이를 통해 데이터 저장 비용을 절감하고, 실시간으로 데이터를 분석할 수 있다.
- 데이터 플랫폼 도입: 데이터 분석을 위한 빅데이터 플랫폼이나 분석 툴을 도입함으로써 분석 효율성을 높일 수 있다.

3. 인적 자원 및 데이터 문화 구축

데이터 기반 경영을 성공적으로 도입하려면, 데이터 분석 전문가와 이를 관리할 데이터 과학자가 필요하다. 또한, 조직 전체에 데이터 문화를 정착시키는 것도 중요하다.

- **데이터 과학자 채용**: 데이터를 분석하고 비즈니스에 적용할 수 있는 데이터 과학자와 분석 전문가를 양성하거나 외부에서 채용해야 한다.
- **데이터 문화 확립**: 기업 내에서 데이터를 중심으로 의사결정을 내리는 데이터 문화를 구축하는 것이 필수적이다. 모든 부서에서 데이터를 이해하고 활용할 수 있는 교육이 필요하다.

④ 사례: 아마존(Amazon)의 데이터 기반 고객 관리

아마존은 고객 데이터를 활용한 맞춤형 추천 서비스를 통해 고객 경험을 향상시키고 매출을 증대시켰다.

1. 추천 알고리즘 상세 분석

- **협업 필터링**: 아마존은 고객의 구매 이력과 유사한 패턴을 가진 다른 고객들의 데이터를 분석하여 추천 항목을 생성한다.
- **콘텐츠 기반 필터링**: 고객이 과거에 구매하거나 관심을 보인 제품과 유사한 특성을 가진 상품을 추천한다.
- **실시간 개인화**: 고객의 현재 브라우징 행동, 장바구니 내용, 최근 검색 기록 등을 실시간으로 분석하여 즉각적인 추천을 제공한다.
- **컨텍스트 기반 추천**: 시간, 위치, 디바이스 등의 상황적 요소를 고려하여 더욱 정교한 추천을 제공한다.

2. 데이터 기반 재고 관리 시스템

아마존은 빅데이터 분석을 통해 재고 관리와 물류 시스템을 최적화했다.

- **예측 배송 시스템**: 아마존은 고객의 구매 패턴을 분석하여 주문 전에 미리 상품을 가까운 물류 센터로 배송하는 '예측 배송' 시스템을 개발했다.
- **재고 최적화**: 판매 데이터, 시즌별 트렌드, 지역별 수요 등을 분석하여 각 물류 센터의 재고를 최적화한다.
- **공급망 효율성**: 데이터 분석을 통해 공급업체 선정, 운송 경로 최적화 등 전체 공급망의 효율성을 향상시켰다.

3. 사례 및 성과

- **개인화된 홈페이지**: 아마존은 각 고객에게 개인화된 홈페이지를 제공하여 구매 전환율을 높였다.
- **이메일 마케팅 최적화**: 고객의 관심사와 구매 이력을 바탕으로 개인화된 이메일 마케팅을 실시하여 높은 클릭률과 전환율을 달성했다.
- **크로스셀링 및 업셀링**: "함께 구매 가능한 상품" 추천을 통해 평균 주문 금액을 증가시켰다.
- **고객 충성도 향상**: 개인화된 서비스로 인해 아마존 프라임 멤버십 가입률이 증가하고, 고객 유지율이 향상되었다.

4. 밸류업에 미친 영향

아마존의 데이터 분석 기반 전략은 다음과 같은 방식으로 기업 가치 제고에 기여했다.

- **매출 증대**: 개인화된 추천 서비스를 통해 구매 전환율과 평균 주문 금액이 증가하여 전체 매출이 상승했다.

- **운영 효율성 개선**: 데이터 기반 재고 관리와 물류 최적화를 통해 운영 비용을 절감하고 수익성을 개선했다.
- **고객 생애 가치 증대**: 개인화된 경험을 통해 고객 만족도와 충성도가 향상되어 장기적인 고객 가치가 증가했다.
- **경쟁 우위 확보**: 데이터 분석 역량을 통해 시장에서의 경쟁 우위를 확보하고, 진입 장벽을 높였다.
- **신규 사업 기회 창출**: 축적된 데이터와 분석 역량을 바탕으로 AWS와 같은 새로운 사업 영역으로 확장할 수 있었다.
- **브랜드 가치 상승**: 혁신적인 기술 기업으로서의 이미지를 강화하여 전반적인 브랜드 가치가 상승했다.

5. 결론

아마존의 사례는 데이터 분석을 통한 고객 중심 전략이 어떻게 기업의 장기적인 가치를 증대시킬 수 있는지를 보여준다. 개인화된 고객 경험 제공, 운영 효율성 개선, 그리고 지속적인 혁신을 통해 아마존은 전자상거래 시장에서의 선도적 위치를 공고히 하고, 기업 가치를 크게 향상시켰다. 이는 데이터 분석과 고객 중심 전략이 현대 기업의 밸류업에 얼마나 중요한 역할을 하는지를 잘 보여주는 사례이다.

아마존의 추천 서비스 구현 경험을 기반으로 완전 관리형 개인화 및 추천 서비스

고품질의 추천 서비스

고객의 구매의도 변화 분석

실시간 데이터 반영

자동화된 머신 러닝 제공

쉬운 사용법

딥러닝을 포함한 다양한 알고리즘을
클릭 한 번으로 구현

범용성

대부분의 제품과 콘텐츠에서 사용 가능
Saga maker를 통해 성능의 커스터마이징 가능

출처: https://medium.com/twolinecode/aws-personalize-by-%EB%B0%95%EC%A2%
85%EC%9C%A4-%EB%8B%98-a3b159f1dae2

⑤ **사례: 넷플릭스(Netflix)의 데이터 기반 콘텐츠 추천**

넷플릭스는 데이터 분석을 통해 고객 맞춤형 서비스를 제공하고, 이를 통해 글로벌 스트리밍 시장에서 선두 위치를 유지하고 있다.

1. 추천 시스템의 상세 분석

넷플릭스의 추천 시스템은 다음과 같은 요소들을 고려하여 작동한다.
- **협업 필터링**: 비슷한 취향을 가진 사용자들의 시청 패턴을 분석하여 추천한다.

- **콘텐츠 기반 필터링**: 사용자가 좋아하는 콘텐츠의 특성(장르, 배우, 감독 등)을 분석하여 유사한 콘텐츠를 추천한다.
- **개인화된 랭킹**: 각 사용자의 취향에 맞춰 콘텐츠의 순위를 재배열한다.
- **컨텍스트 기반 추천**: 시청 시간, 디바이스, 위치 등의 상황적 요소를 고려한다.
- **시청 이력 분석**: 사용자의 과거 시청 이력, 평가, 검색 기록 등을 종합적으로 분석한다.

2. 콘텐츠 개발 전략

넷플릭스는 데이터를 활용하여 다음과 같은 콘텐츠 개발 전략을 구사한다.

- **시청자 선호도 분석**: 장르, 배우, 감독 등에 대한 시청자 선호도를 분석하여 콘텐츠 기획에 반영한다.
- **성공 요인 파악**: 인기 있는 콘텐츠의 공통적인 특성을 분석하여 새로운 콘텐츠 제작에 적용한다.
- **지역별 맞춤 전략**: 각 국가와 지역의 시청 패턴을 분석하여 현지화된 콘텐츠를 제작한다.
- **최적의 출시 시기 선정**: 데이터 분석을 통해 콘텐츠의 최적 출시 시기를 결정한다.

3. 구체적인 사례

- **'하우스 오브 카드' 제작 결정**: 넷플릭스는 데이터 분석을 통해 정치 드라마에 대한 수요와 케빈 스페이시의 인기를 확인하고, 이를 바탕으로 '하우스 오브 카드' 제작을 결정했다.
- **개인화된 썸네일**: 넷플릭스는 각 사용자의 취향에 맞는 썸네일 이미지를 보여주어 클릭률을 높인다.

- **'스트레인저 싱스' 성공 예측:** 넷플릭스는 80년대 향수를 자극하는 콘텐츠에 대한 수요를 파악하고, 이를 바탕으로 '스트레인저 싱스' 제작을 결정했다.
- **지역별 맞춤 콘텐츠:** '킹덤'(한국), '다크'(독일) 등 각 지역의 특성을 반영한 오리지널 콘텐츠를 제작하여 글로벌 시장에서 성공을 거두었다.

4. 밸류업에 미친 영향

넷플릭스의 데이터 기반 전략은 다음과 같은 방식으로 기업 가치 제고에 기여했다.

- **구독자 유지율 향상:** 개인화된 추천을 통해 사용자의 만족도를 높이고, 이탈률을 낮추어 안정적인 수익 기반을 확보했다.
- **콘텐츠 투자 효율성 증대:** 데이터 분석을 통해 성공 가능성이 높은 콘텐츠에 집중 투자함으로써 투자 효율성을 높였다.
- **브랜드 가치 상승:** 혁신적인 기술 기업이자 품질 높은 오리지널 콘텐츠 제작자로서의 이미지를 구축하여 브랜드 가치를 높였다.
- **글로벌 시장 확대:** 지역별 맞춤 전략을 통해 전 세계 시장에서의 점유율을 확대했다.
- **경쟁 우위 확보:** 축적된 데이터와 분석 역량을 바탕으로 경쟁사들과의 격차를 벌렸다.
- **수익성 개선:** 효과적인 추천 시스템을 통해 마케팅 비용을 절감하고, 콘텐츠 활용도를 높여 수익성을 개선했다.

5. 결론

넷플릭스의 사례는 데이터 분석과 인공지능 기술을 활용한 개인화 전략이 어떻게 기업의 장기적인 가치를 증대시킬 수 있는지를 잘 보여준다. 고객 경험의 개선, 효율적인 콘텐츠 투자, 그리고 글로벌 시장에서의 경쟁력 강화를 통해 넷플릭스는 스트리밍 시장의 선두 주자로 자리매김했다. 이는 데이터 기반의 의사결정과 고객 중심 전략이 현대 기업의 밸류업에 얼마나 중요한 역할을 하는지를 잘 보여주는 사례이다.

AI와 빅데이터를 활용한 재무 및 운영 효율화

인공지능(AI)과 빅데이터(Big Data)는 오늘날 기업들이 재무 및 운영 효율성을 극대화하는 데 필수적인 기술로 자리잡고 있다. AI는 기업이 데이터를 자동으로 분석하고, 패턴을 발견하며, 미래의 트렌드를 예측할 수 있도록 도와주는 강력한 도구이다. 빅데이터는 방대한 양의 데이터를 처리하여, 경영진이 신뢰할 수 있는 정보에 기반해 정확한 의사결정을 내릴 수 있도록 한다. 이 두 기술을 결합하면, 기업은 비용 절감, 리스크 관리, 운영 효율화 등 다양한 분야에서 혁신적인 성과를 얻을 수 있다.

① AI와 빅데이터의 결합으로 재무 효율화

재무 관리(Financial Management)는 기업의 수익성, 현금 흐름, 투자 전략 등을 관리하는 핵심 요소이다. AI와 빅데이터를 활용하면 재무 데이터를 실시간으로 분석하고, 이를 통해 **예측 모델**을 구축하여 더 나은 재무 결정을 내릴 수 있다.

1. 비용 절감과 예산 관리

AI와 빅데이터는 비용 절감과 효율적인 예산 관리를 가능하게 한다. 기업은 데이터를 통해 비용 발생 요인을 실시간으로 파악하고, 불필요한 비용을 줄이는 전략을 수립할 수 있다.

- **비용 분석 자동화**: AI는 방대한 양의 거래 데이터를 분석하여 비용 패턴을 찾아내고, 이를 바탕으로 예산을 효율적으로 관리할 수 있도록 한다. 예를 들어, AI는 특정 기간 동안 자주 발생하는 비용 항목을 식별해, 불필요한 비용을 줄일 수 있는 방법을 제시한다.
- **실시간 예산 추적**: 빅데이터 기술을 통해 실시간으로 예산 사용 상황을 모니터링하고, 예산이 초과될 위험이 있는 항목을 미리 경고함으로써 예산 관리를 강화할 수 있다.

2. 리스크 관리 및 재무 예측

AI와 빅데이터는 기업의 리스크 관리를 개선하고, 재무 예측 모델을 통해 더 신속하고 정확한 의사결정을 내리도록 돕는다.

- **신용 리스크 관리**: AI 알고리즘은 거래 상대방의 신용 데이터를 분석하여 **신용 리스크**를 사전에 예측하고, 기업이 거래할 상대방의 신용도를 평가하는 데 도움을 준다. 이를 통해 채권 회수 불이행 위험을 줄일 수 있다.
- **재무 예측**: AI는 과거 데이터를 학습하여 **미래의 재무 성과**를 예측하는데, 매출, 비용, 현금 흐름 등의 예측 정확도를 높인다. 이러한 예측 모델을 통해 기업은 자금 조달 계획을 미리 세울 수 있고, 시장 변동에 대비할 수 있다.

3. 투자 관리 및 포트폴리오 최적화

AI와 빅데이터는 투자 관리에서 매우 유용하다. 투자 전략을 최적화하고, 실시간으로 시장 데이터 분석을 통해 투자 위험을 줄이고 수익을 극대화한다.

- **포트폴리오 최적화**: AI는 빅데이터 분석을 통해 수많은 투자 옵션을 신속하게 분석하고, 최적의 투자 포트폴리오를 제안할 수 있다. 예를 들어, 투자 리스크를 분산시키기 위해 각 자산 클래스의 성과와 위험도를 분석하여 **맞춤형 포트폴리오**를 구성할 수 있다.
- **실시간 투자 분석**: AI는 시장 변동과 금융 뉴스 등을 실시간으로 분석해, 투자 타이밍과 전략을 조정할 수 있도록 돕는다. 이를 통해 기업은 투자 위험을 줄이고, 더 높은 수익을 창출할 수 있다.

② AI와 빅데이터를 통한 운영 효율화

운영 관리(Operations Management)에서도 AI와 빅데이터는 혁신적인 효율성을 제공한다. AI는 생산, 물류, 재고 관리 등 다양한 운영 활동에서 **자동화와 최적화**를 가능하게 하고, 빅데이터는 운영 과정에서 발생하는 데이터를 분석하여 더 나은 의사결정을 지원한다.

1. 생산 및 공급망 관리의 최적화

AI와 빅데이터는 생산 프로세스와 공급망 관리를 최적화하여 운영 효율성을 높일 수 있다.

- **생산 프로세스 자동화**: AI는 생산 라인을 모니터링하고 **예측 유지보수**를 수행함으로써 설비 고장을 미리 예측하고, 가동 중단

을 방지할 수 있다. 이를 통해 생산성을 극대화하고, 운영 비용을 절감할 수 있다.

- **공급망 최적화**: 빅데이터 분석을 통해 실시간 공급망 데이터를 수집하고, 이를 바탕으로 물류 경로 최적화, 재고 수준 조정 등 공급망 효율성을 극대화하는 전략을 수립할 수 있다.

2. 재고 관리 자동화

AI는 재고 관리에서 **자동화된 예측 모델**을 활용해 재고 수준을 최적화하고, 재고 과잉 또는 부족을 방지할 수 있다.

- **수요 예측**: AI는 판매 데이터를 분석하여 **미래 수요를 예측**하고, 이에 따라 재고를 미리 준비함으로써 재고 부족으로 인한 판매 기회를 놓치지 않도록 한다.
- **자동 재고 관리 시스템**: AI 기반 재고 관리 시스템은 재고 수준을 자동으로 추적하고, 필요시 주문도 자동으로 생성하여 운영 효율성을 높인다. 이를 통해 인적 오류를 줄이고, 재고 관리 비용을 절감할 수 있다.

3. 인력 배치 및 운영 계획 최적화

AI는 인력 배치와 운영 계획에서도 효율성을 극대화하는 도구로 활용될 수 있다.

- **인력 배치 최적화**: AI는 업무량과 각 직원의 역량을 분석하여 **효율적인 인력 배치**를 가능하게 한다. 이를 통해 인력 운영 효율성을 극대화하고, 인건비 절감 효과를 얻을 수 있다.
- **운영 계획 자동화**: AI 기반의 스케줄링 알고리즘은 **생산 일정**을 최적화하여, 자원 사용을 극대화하고 운영 비용을 절감할 수 있는 방안을 제시한다.

3 사례: 월마트(Walmart)의 재고 관리 최적화

월마트는 AI와 빅데이터를 활용하여 재고 관리와 물류 시스템을 혁신적으로 개선했다. 이를 통해 운영 효율성을 크게 향상시키고 비용을 절감했다.

1. 재고 예측 모델의 상세 분석

월마트의 재고 예측 모델은 다음과 같은 특징을 가지고 있다.
- **머신러닝 알고리즘 활용**: 월마트는 머신러닝 알고리즘을 사용하여 수요와 공급 변동을 예측한다.
- **실시간 데이터 분석**: IoT 센서를 통해 실시간으로 재고 수준 데이터를 수집하고 분석한다.
- **다양한 변수 고려**: 판매 데이터뿐만 아니라 날씨 패턴, 거시경제 트렌드, 지역 인구통계 등 다양한 요소를 고려하여 수요를 예측한다.
- **자동 재고 보충**: 예측 모델을 바탕으로 자동화된 재고 보충 시스템을 운영한다.
- **이상 현상 대응**: 한 번의 이상 현상이 향후 예측에 지속적인 영향을 미치지 않도록 하는 기능을 갖추고 있다.

2. 물류 효율화 전략

월마트의 물류 효율화 전략은 다음과 같다.
- **AI 기반 경로 최적화**: AI를 활용하여 배송 경로를 최적화하고, 배송 시간을 단축한다.
- **실시간 재고 추적**: 4,700개 이상의 매장과 물류 센터를 연결하는 실시간 재고 추적 시스템을 운영한다.

- **지리적 최적화**: AI 시스템을 통해 재고 분배의 지리적 최적화를 실현하여, 우편번호 단위로 고객 수요를 파악한다.
- **Spark 배송 최적화**: 가정 배송을 위한 Spark 배송 경로를 최적화하여 구매 시점부터 배송까지의 시간을 단축한다.
- **지역별 맞춤 재고 관리**: AI 시스템은 지역별 차이를 고려하여 재고를 조정한다.

3. 구체적인 사례

- **홀리데이 시즌 대비**: 월마트는 AI 기반 재고 관리 시스템을 통해 홀리데이 시즌의 수요를 예측하고 대비한다.
- **허리케인 대응**: 플로리다에서 허리케인이 발생했을 때, 월마트의 AI 시스템은 신속하게 대응하여 물품 공급을 재조정하고 수요 증가에 대처했다.
- **자동화 시설 도입**: 월마트는 2026년까지 매장의 65%를 자동화 기술로 운영할 계획을 세우고 있다.
- **재고 감소 효과**: AI 기술을 통해 월마트는 과잉 재고를 감소시켰다.

4. 밸류업에 미친 영향

월마트의 AI와 빅데이터 활용 전략은 다음과 같은 방식으로 기업 가치 제고에 기여했다.

- **운영 비용 절감**: 재고 관리 최적화와 물류 효율화를 통해 운영 비용을 크게 절감했다. 자동화 기술 도입으로 단위 비용 평균이 약 20% 개선될 것으로 예상된다.
- **고객 만족도 향상**: 정확한 재고 예측과 실시간 추적으로 제품 가용성이 향상되어 고객 만족도가 증가했다.
- **수익성 개선**: 불필요한 재고 감소와 물류 비용 절감으로 전반적인 수익성이 개선되었다.

- **경쟁 우위 확보**: AI와 빅데이터 기술을 통한 혁신으로 소매업계에서의 경쟁 우위를 강화했다.
- **지속 가능성 향상**: 정확한 재고 관리와 물류 최적화로 환경 영향을 줄이고 지속 가능한 운영을 실현했다.
- **미래 성장 동력 확보**: AI와 빅데이터 기술에 대한 지속적인 투자로 미래 성장 동력을 확보했다.

5. 결론

월마트의 사례는 AI와 빅데이터 기술이 대규모 소매업체의 운영 효율성과 고객 서비스를 어떻게 혁신적으로 개선할 수 있는지를 보여준다. 재고 관리의 정확성 향상, 물류 비용 절감, 고객 만족도 증가 등을 통해 월마트는 경쟁이 치열한 소매업 시장에서 선도적 위치를 유지하고 기업 가치를 크게 향상시켰다. 이는 AI와 빅데이터 기술이 현대 기업의 운영 효율성 개선과 밸류업에 얼마나 중요한 역할을 하는지를 잘 보여주는 사례이다.

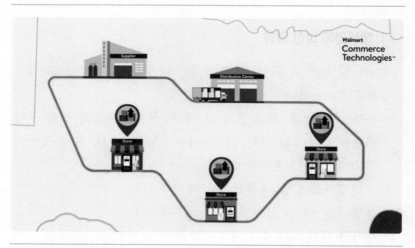

출처: Walmart Commerce Technologies Launches AI-Powered Logistics Product

4 사례: JP모건 체이스(JP Morgan Chase)의 AI 기반 리스크 관리

JP모건 체이스는 AI와 빅데이터를 활용하여 신용 리스크와 재무 리스크를 효과적으로 관리하고 있다. 이를 통해 금융 시장의 변화에 신속하게 대응하고, 고객에게 맞춤형 서비스를 제공하며 경쟁력을 강화하고 있다.

1. AI 기반 신용 분석의 상세 내용

JP모건 체이스의 AI 기반 신용 분석 시스템은 다음과 같은 특징을 가지고 있다.

- **다양한 데이터 소스 활용**: 고객의 신용 기록뿐만 아니라 거래 내역, 소셜 미디어 활동, 온라인 행동 패턴 등 다양한 데이터를 분석한다.
- **실시간 분석**: AI 시스템은 실시간으로 데이터를 수집하고 분석하여 신용 리스크를 지속적으로 평가한다.
- **머신러닝 알고리즘**: 고급 머신러닝 알고리즘을 사용하여 신용 평가 모델을 지속적으로 개선하고 정확도를 높인다.
- **자동화된 의사결정**: AI 시스템은 신용 평가 결과를 바탕으로 대출 승인 여부를 자동으로 결정할 수 있다.
- **개인화된 금융 상품**: 고객의 신용 프로필에 맞춘 개인화된 금융 상품을 제안한다.

2. 리스크 예측 시스템

JP모건 체이스의 리스크 예측 시스템은 다음과 같은 방식으로 운영된다.

- **글로벌 금융 데이터 분석**: 전 세계 금융 시장의 데이터를 실시간

으로 수집하고 분석한다.
- **AI 기반 패턴 인식**: AI 알고리즘을 사용하여 금융 시장의 패턴과 이상 징후를 감지한다.
- **시나리오 분석**: 다양한 경제 시나리오를 시뮬레이션하여 잠재적 리스크를 평가한다.
- **자연어 처리**: 뉴스 기사, 소셜 미디어 포스트 등의 텍스트 데이터를 분석하여 시장 센티먼트를 파악한다.
- **조기 경보 시스템**: 리스크 요인이 감지되면 즉시 관련 부서에 경고를 발송한다.

3. 구체적인 사례

- **COiN 플랫폼**: JP모건은 'COiN'이라는 AI 플랫폼을 개발하여 상업 대출 계약 검토 프로세스를 자동화했다. 이 시스템은 몇 초 만에 12,000개의 연간 상업 신용 계약을 검토할 수 있어, 이전에는 36만 시간이 소요되던 작업을 대폭 단축했다.
- **IndexGPT**: JP모건은 2024년 5월 11일 IndexGPT에 대한 상표 출원을 마쳤으며, 2024년 7월 22일 GPT-4를 활용하여 테마별 인덱스 구축 과정을 개선한 'Quest IndexGPT'를 출시하였고, 고객에게 맞춤형 투자 제안을 제공했다.
- **LOXM**(Limit Order Execution): JP모건은 AI를 활용한 주식 거래 시스템 'LOXM'을 개발했다. 이 시스템은 거래 효율성을 높이고 실행 비용을 줄이는 데 기여했다.
- **문서 분석 자동화**: JP모건은 AI를 통해 의학·법률 문서 검토 및 분석 시간을 크게 절감했다.

4. 밸류업에 미친 영향

JP모건 체이스의 AI와 빅데이터 활용 전략은 다음과 같은 방식으로 기업 가치 제고에 기여했다.

- **운영 효율성 향상**: AI를 통한 업무 자동화로 인력 비용을 절감하고 처리 속도를 높였다.
- **리스크 관리 강화**: 정교한 리스크 예측 모델을 통해 금융 위기에 대한 대응력을 높였다.
- **고객 만족도 증가**: 개인화된 금융 서비스 제공으로 고객 경험을 개선했다.
- **수익성 개선**: 정확한 신용 평가를 통해 부실 대출을 줄이고 수익성을 높였다.
- **새로운 비즈니스 기회 창출**: AI 기반의 혁신적인 금융 상품과 서비스를 개발하여 새로운 수익원을 확보했다.
- **규제 준수 비용 절감**: AI를 활용한 규제 준수 모니터링으로 관련 비용을 절감했다.
- **시장 점유율 확대**: 기술 혁신을 통해 경쟁 우위를 확보하고 시장 점유율을 높였다.

5. 결론

JP모건 체이스의 사례는 AI와 빅데이터 기술이 금융 산업에서 어떻게 혁신적으로 활용될 수 있는지를 잘 보여준다. 신용 리스크 관리의 정확성 향상, 운영 효율성 개선, 고객 서비스 혁신 등을 통해 JP모건 체이스는 글로벌 금융 시장에서의 경쟁력을 강화하고 기업 가치를 크게 향상시켰다. 이는 AI와 빅데이터 기술이 금융 기관의 리스크 관리와 밸류업에 얼마나 중요한 역할을 하는지를 잘 보여주는 사례이다.

핀테크 분야에서 신용평가모델 적용하는 새로운 변수들

출처: https://www.samsungsds.com/kr/insights/1232583_4627.html?referrer=https://getliner.com/

디지털 혁신이 기업 가치에 미치는 영향

디지털 혁신(Digital Transformation)은 기업이 새로운 기술을 도입하고, 기존의 비즈니스 모델과 운영 방식을 혁신함으로써 경쟁력과 효율성을 높이는 과정이다. 인공지능(AI), 빅데이터(Big Data), 클라우드 컴퓨팅(Cloud Computing), 사물인터넷(IoT) 등의 기술이 기업에 도입되면서, 기업의 운영 효율성, 고객 경험, 비즈니스 모델은 크게 변화하게 된다. 디지털 혁신은 단순히 기술 도입을 넘어서, 기업의 가치를 극대화하고, 장기적인 경쟁 우위를 확보하는 데 중요한 역할을 한다.

① 디지털 혁신의 핵심 요소

디지털 혁신은 여러 기술과 비즈니스 요소를 결합하여 기업의 전반적인 경쟁력을 강화한다. 특히 고객 중심의 혁신, 데이터 기반 의사결정, 운영 자동화 등이 주요한 핵심 요소로 작용한다.

1. 데이터 중심 경영

디지털 혁신을 통해 기업은 빅데이터 분석과 AI를 활용하여 실시간 데이터를 기반으로 경영 의사결정을 내릴 수 있다. 이를 통해 시장 변화에 민첩하게 대응하고, 예측 가능한 성과를 도출할 수 있다.

- **데이터 기반 의사결정**: 데이터는 디지털 혁신의 중심에 있으며, 기업이 수집한 데이터는 고객 행동 예측, 생산 최적화, 운영 비용 절감 등의 핵심 요소를 제공한다.
- **데이터 분석을 통한 시장 예측**: AI를 활용해 데이터에서 인사이트를 도출하고, 미래 시장의 변동성을 예측함으로써 보다 정확한 경영 전략을 수립할 수 있다.

2. 고객 경험의 개선

디지털 혁신은 고객 경험(Customer Experience)을 향상시키는 데 중요한 역할을 한다. 기업은 고객 맞춤형 서비스를 제공하고, **디지털 인터페이스**를 통해 고객과의 소통을 강화함으로써 고객 만족도를 극대화할 수 있다.

- **개인화된 고객 서비스**: AI와 빅데이터를 통해 고객의 구매 이력, 선호도 등을 분석해 **개인화된 추천**과 맞춤형 마케팅을 제공함으로써, 고객의 충성도를 높이고 이탈을 방지할 수 있다.
- **옴니채널 경험 제공**: 온라인과 오프라인 채널을 결합하여 고객이 일관된 경험을 제공받을 수 있도록 하는 **옴니채널 전략**은 디지털 혁신의 대표적 성과 중 하나이다.

3. 운영 효율성 향상

디지털 혁신은 자동화, 로봇 프로세스 자동화(RPA), IoT 등을 통해 운영 효율성을 높일 수 있다. 이를 통해 기업은 비용을 절감하고, 인적 오류를 줄이며, 생산성을 극대화할 수 있다.

- **자동화와 생산성 증대**: AI와 RPA는 반복적인 업무를 자동화함으로써 직원들이 더 중요한 업무에 집중할 수 있도록 지원하며, 운영 비용 절감과 동시에 생산성 향상을 도모한다.

- 실시간 모니터링과 운영 최적화: IoT와 클라우드 컴퓨팅을 통해 운영 데이터를 실시간으로 모니터링하고, 이를 분석하여 생산 프로세스 최적화와 장비 유지보수 등의 운영 효율성을 극대화할 수 있다.

2 디지털 혁신이 기업 가치에 미치는 긍정적 영향

디지털 혁신은 기업의 가치에 직접적인 영향을 미친다. 운영 효율성과 고객 경험을 향상시키고, 새로운 비즈니스 기회를 창출한다. 리스크를 관리하는 데 중요한 역할을 하여 기업의 전반적인 가치를 극대화할 수 있다.

1. 비용 절감 및 수익성 증가

디지털 기술을 활용한 자동화와 최적화는 운영 비용을 크게 절감할 수 있다. 이는 기업의 수익성 향상에 직접적인 기여를 하며, 자본 효율성을 극대화한다.

- 자동화로 인한 비용 절감: AI와 RPA를 통해 반복적인 업무를 자동화하면 인건비가 줄어들고, 인적 오류로 인한 비용 발생이 감소한다. 이를 통해 전체적인 운영 비용을 줄이고, 수익성을 높일 수 있다.
- 생산성 향상: 실시간 데이터를 바탕으로 생산 과정을 최적화하고, IoT를 통해 장비의 가동률을 최대화하여 생산성을 극대화한다. 이는 매출 증가로 이어질 수 있다.

2. 고객 충성도와 매출 증대

디지털 혁신은 개인화된 서비스와 고객 맞춤형 마케팅을 통해 고객 경험을 개선하여 고객 충성도를 높인다. 이는 기업의 **매출 증대**와 시장 점유율 상승에 기여한다.

- 개인화된 서비스 제공: 고객 데이터를 분석하여 맞춤형 서비스와 제품을 제공함으로써 고객 만족도와 충성도를 극대화할 수 있다. 이는 반복 구매를 유도하고, 매출 증대로 이어진다.
- 실시간 고객 지원: 챗봇과 AI 기반 고객 지원 시스템을 통해 24시간 실시간으로 고객을 지원하여, 고객의 문제를 신속하게 해결하고, 더 나은 고객 경험을 제공할 수 있다.

3. 새로운 비즈니스 기회 창출

디지털 혁신은 기존 비즈니스 모델을 넘어 새로운 비즈니스 기회를 창출한다. 특히 **디지털 플랫폼 비즈니스, 구독 경제, 데이터 기반 서비스**와 같은 새로운 사업 모델은 기업의 수익 구조를 다변화하고, 장기적인 성장을 가능하게 한다.

- 플랫폼 비즈니스: 디지털 플랫폼을 구축하여 여러 이해관계자들이 연결될 수 있는 생태계를 만들어, 추가적인 수익 기회를 창출할 수 있다. 예를 들어, 아마존과 같은 이커머스 플랫폼은 셀러와 바이어를 연결해 새로운 비즈니스 기회를 창출했다.
- 구독 모델로의 전환: 디지털 기술을 활용해 **구독 경제 모델**을 도입하면 고객과의 장기적인 관계를 구축할 수 있다. 이는 안정적인 수익을 제공하고, 매출 예측 가능성을 높인다.

4. 리스크 관리와 지속 가능성 확보

디지털 혁신을 통해 기업은 다양한 **리스크 관리** 도구를 활용해 경영 리스크를 줄이고, 더 나은 **지속 가능성**을 확보할 수 있다.

- 실시간 리스크 분석: AI 기반 데이터 분석 툴을 사용하면, 실시간으로 시장 위험이나 공급망 리스크를 감지할 수 있다. 이를 통

해 위기 상황에서 더 빠르게 대응할 수 있다.
- **지속 가능한 경영**: 디지털 혁신은 **친환경 기술**과 **에너지 효율화**에도 기여하며, 기업이 ESG(Environmental, Social, Governance) 목표를 달성할 수 있도록 지원한다. 이는 장기적으로 기업 가치를 높이는 데 중요한 요소다.

---

3 디지털 혁신이 기업 가치에 미치는 부정적 영향과 도전 과제

디지털 혁신이 기업 가치를 극대화할 수 있는 기회가 많은 반면, 그 도입 과정에서 발생할 수 있는 **부정적 영향**이나 **도전 과제**도 있다. 이를 잘 관리하지 못할 경우, 디지털 혁신이 오히려 기업에 부정적인 영향을 미칠 수 있다.

1. 데이터 보안 리스크

디지털 혁신은 대량의 데이터를 수집하고 처리하기 때문에 **데이터 보안** 문제가 발생할 수 있다. 특히 고객 데이터나 재무 데이터가 유출되면 기업의 신뢰도가 하락하고, 법적 문제가 발생할 수 있다.
- **사이버 공격**: 디지털화된 환경은 사이버 공격에 취약할 수 있다. 데이터 유출이나 시스템 해킹이 발생할 경우, 기업은 금전적 손실 및 평판에도 큰 타격을 입을 수 있다.
- **데이터 관리 규제**: 각국의 데이터 보호법이나 규제에 맞게 데이터를 관리해야 한다. 규제를 준수하지 않을 경우 법적 제재를 받을 위험이 있다.

2. 초기 투자 비용과 기술 도입 어려움

디지털 혁신은 초기 도입 단계에서 많은 투자 비용이 필요하며, 기술 도입의 어려움도 존재한다. 특히 중소기업의 경우, 이러한 기술적 도입에 있어 큰 어려움을 겪을 수 있다.

- 높은 초기 비용: AI, 빅데이터, IoT 등의 기술 도입에는 큰 초기 투자가 필요하며, 이러한 비용 부담은 중소기업에게는 큰 장벽으로 작용할 수 있다.
- 기술 인프라 구축의 어려움: 새로운 기술 도입을 위해 기존 시스템과의 통합 문제가 발생할 수 있으며, 기술 인프라를 구축하는 데 시간이 소요될 수 있다.

3. 인력 재교육과 조직 변화

디지털 혁신을 성공적으로 도입하기 위해서는 기존 인력을 재교육하거나, 조직 문화를 변화시키는 과정이 필요하다. 새로운 기술 도입에 따른 저항이나 기술 숙련도 부족으로 인해 혁신 속도가 느려질 수 있다.

- 기술 격차: 기존 직원들이 새로운 디지털 기술을 익히지 못하면, 기업의 디지털 혁신이 제대로 실행되지 않을 수 있다. 이를 해결하기 위해서는 재교육과 기술 훈련이 필수적이다.
- 조직 변화 관리: 디지털 혁신을 추진하는 과정에서 조직 구조의 변화와 새로운 일하는 방식을 수용하기 어려워하는 경우도 많다. 이를 위해서는 기업 내에서 혁신에 대한 수용성과 적응력을 높이는 변화 관리 전략이 필요하다.

4 사례: GE(General Electric)의 디지털 혁신

GE(General Electric)는 산업 인터넷(Industrial Internet)을 활용하여 디지털 혁신을 성공적으로 도입했다. 이를 통해 제조 공정의 효율성을 크게 향상시키고, 예측 유지보수와 생산성 최적화를 실현했다.

1. 프레딕스(Predix) 플랫폼의 상세 분석

프레딕스는 GE가 개발한 클라우드 기반 산업용 사물 인터넷(IoT) 플랫폼으로, 다음과 같은 특징을 가지고 있다.
- 데이터 수집 및 통합: 산업 장비에서 발생하는 대량의 데이터를 실시간으로 수집하고 통합한다.
- 분석 및 예측: 머신러닝과 AI 알고리즘을 활용하여 수집된 데이터를 분석하고 미래 상황을 예측한다.
- 클라우드 기반 운영: 클라우드 환경에서 운영되어 확장성과 접근성이 뛰어나다.
- 보안성: 산업용 데이터의 특성을 고려한 강력한 보안 기능을 제공한다.
- 개방형 플랫폼: 다양한 산업 분야에 적용 가능한 개방형 플랫폼으로 설계되었다.

2. 예측 유지보수 시스템

GE의 예측 유지보수 시스템은 다음과 같이 운영된다.
- 실시간 모니터링: IoT 센서를 통해 장비의 상태를 실시간으로 모니터링한다.
- 데이터 분석: 수집된 데이터를 AI 알고리즘으로 분석하여 장비의 이상 징후를 감지한다.

- **고장 예측**: 과거 데이터와 현재 상태를 비교 분석하여 장비의 고장 가능성을 예측한다.
- **최적 유지보수 일정 수립**: 예측 결과를 바탕으로 최적의 유지보수 일정을 수립한다.
- **디지털 트윈 활용**: 장비의 디지털 트윈을 생성하여 시뮬레이션을 통해 유지보수 효과를 사전에 검증한다.

3. 운영 효율성 개선 전략

GE의 운영 효율성 개선 전략은 다음과 같다.
- **실시간 생산 라인 최적화**: 프레딕스 플랫폼을 통해 생산 라인의 효율성을 실시간으로 모니터링하고 최적화한다.
- **에너지 사용 최적화**: AI를 활용하여 에너지 사용량을 예측하고 최적화하여 비용을 절감한다.
- **공급망 관리 개선**: 실시간 데이터를 활용하여 재고 관리와 공급망 최적화를 실현한다.
- **품질 관리 강화**: AI 기반 품질 검사 시스템을 도입하여 제품 품질을 향상시킨다.
- **작업자 생산성 향상**: 디지털 도구를 활용하여 작업자의 생산성과 안전성을 개선한다.

4. 구체적인 사례

- **항공기 엔진 관리**: GE Aviation은 프레딕스 플랫폼을 활용하여 항공기 엔진의 성능을 실시간으로 모니터링하고 예측 유지보수를 수행했다. 이를 통해 연간 수억 달러의 비용 절감 효과를 달성했다.
- **풍력 발전 최적화**: GE Renewable Energy는 프레딕스를 활용하여 풍력 터빈의 성능을 최적화했다. 이를 통해 발전량을 20%

이상 증가시켰다.

- **철도 운영 효율화:** GE Transportation은 프레딕스를 활용하여 철도 운영을 최적화했다. 이를 통해 열차 지연을 25% 감소시키고, 연료 효율성을 10% 향상시켰다.
- **의료 장비 관리:** GE Healthcare는 프레딕스를 활용하여 의료 장비의 예측 유지보수를 실현했다. 이를 통해 장비 가동 시간을 최대화하고 환자 진료의 질을 향상시켰다.

5. 밸류업에 미친 영향

GE의 산업 인터넷과 프레딕스 플랫폼 활용은 다음과 같은 방식으로 기업 가치 제고에 기여했다.

- **운영 비용 절감:** 예측 유지보수와 운영 효율성 개선을 통해 상당한 비용 절감을 달성했다.
- **새로운 수익원 창출:** 프레딕스 플랫폼을 다른 기업에 제공함으로써 새로운 수익원을 창출했다.
- **고객 만족도 향상:** 장비의 가동 시간 증가와 성능 최적화를 통해 고객 만족도를 높였다.
- **시장 경쟁력 강화:** 디지털 혁신을 통해 글로벌 산업계에서의 경쟁 우위를 유지했다.
- **혁신적 기업 이미지 구축:** 산업 인터넷 분야의 선도 기업으로서의 이미지를 구축했다.
- **지속 가능성 향상:** 에너지 사용 최적화와 자원 효율성 증대를 통해 환경 친화적 기업 이미지를 구축했다.
- **인재 유치:** 첨단 기술 기업으로서의 위상을 통해 우수한 인재를 유치할 수 있었다.

6. 결론

GE의 사례는 산업 인터넷과 IoT 기술이 전통적인 제조업을 어떻게 혁신적으로 변화시킬 수 있는지를 잘 보여준다. 예측 유지보수, 운영 효율성 개선, 에너지 최적화 등을 통해 GE는 비용을 절감하고 생산성을 향상시켰다. 이는 결과적으로 기업의 가치를 크게 높이는 데 기여했다. 이러한 디지털 혁신은 GE가 글로벌 산업 시장에서 경쟁력을 유지하고 지속 가능한 성장을 달성하는 데 핵심적인 역할을 했다.

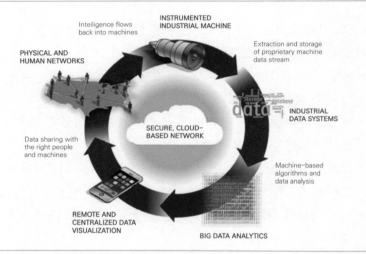

출처: https://blog.naver.com/moons4ir/222454857465

5 사례: 스타벅스(Starbucks)의 디지털 고객 경험 혁신

스타벅스의 디지털 기술 활용 고객 경험 혁신

스타벅스는 디지털 기술을 활용하여 고객 경험을 혁신하고, 특히 모바일 앱과 로열티 프로그램을 통해 매출을 크게 증가시켰다.

1. 모바일 주문 및 결제 시스템 상세 분석

스타벅스의 모바일 주문 및 결제 시스템은 다음과 같은 특징을 가지고 있다.

- **사이렌 오더**: 2014년 출시된 '사이렌 오더'는 스마트폰 앱을 통해 가까운 매장을 찾고 메뉴를 선택하여 선결제하는 시스템이다.
- **실시간 재고 관리**: 주문과 동시에 매장의 재고 상황이 실시간으로 업데이트된다.
- **위치 기반 서비스**: GPS를 활용하여 고객의 위치를 파악하고 가장 가까운 매장을 추천한다.
- **개인화된 메뉴 추천**: 고객의 주문 이력을 분석하여 개인화된 메뉴를 추천한다.
- **다양한 결제 옵션**: 신용카드, 스타벅스 카드, 모바일 지갑 등 다양한 결제 방식을 지원한다.

2. 로열티 프로그램 분석

스타벅스의 로열티 프로그램 '스타벅스 리워드(Starbucks Rewards)'는 다음과 같은 특징을 가지고 있다:

- **별 적립 시스템**: 구매 금액에 따라 '별'을 적립하고, 일정 수의 별을 모으면 무료 음료나 음식을 제공받을 수 있다.
- **개인화된 혜택**: 고객의 구매 패턴을 분석하여 개인별 맞춤형 혜

택을 제공한다.

- **게임화 요소**: 정기적인 챌린지나 이벤트를 통해 고객 참여를 유도한다.
- **다층적 회원 등급**: 구매 빈도와 금액에 따라 회원 등급을 나누어 차별화된 혜택을 제공한다.
- **유연한 보상 체계**: 'Stars for Everyone' 프로그램을 통해 다양한 결제 수단으로도 보상을 받을 수 있게 했다.

3. 구체적인 사례

- **모바일 주문 증가**: 2024년 1월 기준 미국 스타벅스 매장 판매의 31%가 모바일 주문을 통해 이루어졌으며, 전년 대비 4% 증가했다.
- **로열티 프로그램 성과**: 2024년 1분기 기준 스타벅스 리워드 회원들이 회사 순매출의 59%를 차지했으며, 이는 2021년 1분기의 50%에서 크게 증가한 수치다.
- **회원 수 증가**: 2024년 1분기 기준 90일 동안 활동한 스타벅스 리워드 회원 수는 3,430만 명으로, 전년 대비 13% 증가했다.
- **디지털 매출 증가**: 코로나19 상황에서도 모바일 주문을 통한 픽업 서비스 강화로 디지털 매출이 꾸준히 성장했다.

4. 밸류업에 미친 영향

스타벅스의 디지털 혁신은 다음과 같은 방식으로 기업 가치 제고에 기여했다.

- **매출 증가**: 모바일 주문과 로열티 프로그램을 통해 매출이 크게 증가했다.
- **고객 충성도 강화**: 개인화된 서비스와 보상 체계를 통해 고객 충성도가 높아졌다.

- **운영 효율성 개선**: 모바일 주문 시스템을 통해 매장 운영 효율성이 향상되었다.
- **데이터 기반 의사결정**: 고객 데이터 분석을 통해 더 나은 비즈니스 결정을 내릴 수 있게 되었다.
- **브랜드 가치 상승**: 혁신적인 기업 이미지 구축으로 브랜드 가치가 상승했다.
- **새로운 수익 모델 창출**: 디지털 플랫폼을 통해 새로운 수익 모델을 만들어냈다.
- **시장 점유율 확대**: 디지털 서비스를 통해 신규 고객을 유치하고 시장 점유율을 확대했다.
- **비용 절감**: 디지털 거래 증가로 현금 취급 비용과 관련 인건비를 절감했다.

5. 결론

스타벅스의 사례는 디지털 기술을 활용한 고객 경험 혁신이 어떻게 기업의 가치를 크게 높일 수 있는지를 잘 보여준다. 모바일 앱과 로열티 프로그램을 통해 고객 편의성을 높이고 개인화된 서비스를 제공함으로써, 스타벅스는 매출 증가와 고객 충성도 강화라는 두 가지 목표를 동시에 달성했다. 이러한 디지털 혁신은 스타벅스가 글로벌 커피 시장에서의 선도적 위치를 유지하고, 지속적인 성장을 이루는 데 핵심적인 역할을 했다.

Rewards
The most compelling rewards program with everyday relevance

Personalization
Offers, communications and service tailored to individual customers

Payment
The easiest, most sensible ways to pay at Starbucks and beyond

Ordering
The fastest, and most convenient way to order

출처: https://brunch.co.kr/@sportspjm/67

제10장

주주와의 소통 및
신뢰 구축

주주 가치를
높이는 소통 전략

주주와의 소통은 기업이 주주들의 신뢰를 얻고, 장기적으로 주주 가치를 극대화하기 위한 핵심적인 요소이다. 기업은 투명하고 **효율적인** 커뮤니케이션을 통해 주주의 신뢰를 강화하고, 더 나아가 기업의 가치를 유지하거나 증대할 수 있다. 주주들은 기업의 경영 성과에 직접적인 이해관계를 가지고 있기 때문에, 이들과의 소통은 경영진이 비즈니스 의사결정을 설명하고, 기업의 장기적인 비전을 공유하는 중요한 역할을 한다.

1 주주 소통의 중요성

주주 소통(Shareholder Communication)은 기업이 주주들에게 중요한 경영 정보와 성과를 전달하고, 주주들의 의견을 반영함으로써 더 나은 경영을 실현하는 과정을 의미한다. 특히, 소통은 기업의 재무 성과뿐만 아니라, 환경, 사회, 지배구조(ESG)와 같은 비재무적 성과에 대한 신뢰를 구축하는 데에도 중요한 역할을 한다.

1. 주주 소통의 목적

- **투명성 확보:** 주주들은 기업의 주요 경영 결정과 재무 성과에 대한 정보를 투명하게 공유받기를 원한다. 투명한 소통을 통해 기업의 운영에 대한 신뢰를 높일 수 있다.
- **신뢰 관계 구축:** 주주들과 정기적으로 소통함으로써, 기업의 경영진은 주주들의 신뢰를 얻고 유지할 수 있다. 신뢰는 장기적인 투자 유치와 주주들의 충성도를 높이는 데 기여한다.
- **주주 참여 확대:** 소통은 단순히 정보를 전달하는 것을 넘어, 주주들이 기업 경영에 직접 참여할 수 있는 기회를 제공한다. 주주의 의견을 수렴하고 이를 경영에 반영하면 더 강력한 파트너십을 구축할 수 있다.

2. 주주 가치를 극대화하는 소통의 이점

- **장기 투자 유치:** 주주들과의 소통은 장기적인 투자를 이끌어내는 데 중요한 요소이다. 주주들은 기업이 장기적인 비전을 가지고 있으며, 투명한 경영 방식을 유지하고 있음을 알 때, 더 안정적인 투자 결정을 내릴 수 있다.
- **기업 평판 강화:** 적극적이고 투명한 소통은 기업의 평판을 강화할 수 있다. 이는 신뢰도를 높여 더 많은 투자자와 주주를 끌어들이는 데 기여한다.
- **주주 신뢰 향상:** 정기적인 소통을 통해 기업이 주주들의 이해관계를 존중하고 있으며, 장기적인 가치 창출을 위해 노력하고 있음을 보여주면 신뢰가 강화될 수 있다. 이는 주식 가치 상승과 더불어 기업 성장에 긍정적인 영향을 미친다.

2 효과적인 주주 소통 전략

주주 가치를 극대화하는 소통 전략은 투명성, 정기적인 정보 제공, 이해관계자 참여 등의 원칙을 기반으로 해야 한다. 이를 통해 기업은 신뢰를 구축하고, 주주들에게 일관된 메시지를 전달할 수 있다.

1. 정기적인 경영 정보 제공

정기적인 정보 제공은 주주들이 기업의 경영 성과를 지속적으로 파악할 수 있도록 하는 중요한 소통 전략이다. 주주들은 경영진이 어떤 방향으로 기업을 이끌고 있으며, 주요 성과가 어떤지에 대해 알고 싶어 한다.

- 분기 및 연례 보고서: 기업은 재무제표와 분기별 성과 보고서를 통해 경영 실적을 주주들에게 투명하게 제공해야 한다. 이러한 보고서들은 주주들에게 기업의 재정 상태와 운영 성과에 대한 명확한 정보를 제공한다.
- 투자자 설명회(Conference Calls): 분기 또는 연례 재무 보고서 발표 후, 경영진은 투자자 설명회를 개최하여 주주들과 직접 소통할 수 있는 기회를 제공해야 한다. 이는 주주들이 경영진의 전략을 이해하고 질문할 수 있는 중요한 기회이다.

2. 투명하고 일관된 커뮤니케이션

주주와의 소통에서 투명성과 일관성은 신뢰를 형성하는 데 핵심 요소이다. 특히, 불확실성이 높을 때 경영진의 투명한 대응은 주주들의 불안을 줄이고 신뢰를 유지할 수 있다.

- 중요 이슈 공유: 주요 경영 전략 변경, M&A, 경영진 교체 등의 중요한 이슈가 발생했을 때, 주주들에게 신속하고 명확하게 설

명해야 한다. 중요한 변화에 대한 소식을 숨기지 않고 공유함으로써 주주의 신뢰를 유지할 수 있다.
- **위기 상황에서의 투명한 소통**: 위기 상황에서는 경영진이 신속하고 투명하게 상황을 공유하고 대응 계획을 제시해야 한다. 위기를 숨기지 않고 주주들에게 적극적으로 알릴 때, 기업의 신뢰도는 오히려 높아질 수 있다.

3. 주주의 의견 수렴과 참여 확대

주주들은 기업의 의사결정 과정에 참여할 수 있는 기회를 갖는 것이 중요하다. 기업은 정기적인 주주총회 외에도 주주들과의 소통 채널을 마련하여, 주주들의 의견을 경청하고 반영하는 노력을 기울여야 한다.
- **주주총회**: 주주총회는 주주들이 기업의 중요한 의사결정에 참여하고 경영진과 소통할 수 있는 중요한 기회다. 이를 통해 주주들이 회사의 경영 방향에 대한 이해를 높이고, 경영진과의 신뢰 관계를 강화할 수 있다.
- **주주 설문조사**: 주주들의 의견을 직접적으로 수렴하기 위해 설문조사나 인터뷰 등을 시행하는 것도 효과적인 전략이다. 이를 통해 주주들의 요구나 기대를 반영한 경영 전략을 수립할 수 있다.

4. 주주 가치 극대화를 위한 ESG 소통

최근 주주들은 기업의 재무 성과뿐만 아니라 환경, 사회, 지배구조(ESG)에 대한 책임 있는 경영을 중요시하고 있다. 주주들과의 소통에서 ESG 요소를 강조하면 기업의 장기적인 지속 가능성을 보여줄 수 있다.
- **ESG 보고서**: ESG 활동에 대한 정기 보고서를 제공하여 주주들이 기업이 사회적 책임을 다하고 있음을 인식하도록 한다. 이러

한 보고서는 환경 보호, 사회적 기여, 투명한 지배구조 등을 다룬다.

- ESG 관련 투자자 회의: ESG 투자에 관심이 있는 주주들을 대상으로 한 ESG 투자자 회의를 개최하여, 기업의 ESG 전략을 설명하고 이를 통해 기업 가치를 높일 수 있는 방안을 논의할 수 있다.

③ 디지털 소통 채널의 활용

디지털 시대에 주주들과의 소통을 강화하기 위해서는 **디지털 커뮤니케이션 채널**을 적극 활용해야 한다. 기업은 주주들과 더 빠르고 효율적으로 소통할 수 있도록 다양한 디지털 플랫폼을 통해 정보를 제공할 수 있다.

1. 온라인 플랫폼을 통한 소통

주주들에게 기업의 최신 정보를 제공하고 소통하기 위한 온라인 플랫폼을 구축하는 것은 필수적이다.

- 기업 웹사이트: 기업의 공식 웹사이트를 통해 재무 보고서, 기업 뉴스, 이벤트 일정 등을 제공하고, 주주들이 쉽게 접근할 수 있도록 해야 한다.
- 소셜 미디어: 기업의 주요 뉴스와 정보를 소셜 미디어 플랫폼에서 주기적으로 공유함으로써, 보다 넓은 주주층과의 소통을 강화할 수 있다. 소셜 미디어는 정보의 신속성과 접근성을 높일 수 있는 효과적인 도구이다.

2. 주주 전용 포털 제공

주주 전용 포털 사이트나 앱을 통해 맞춤형 정보를 제공하면, 주주들은 자신이 원하는 정보를 쉽게 얻을 수 있다.

- **맞춤형 투자 정보 제공:** 주주 전용 포털을 통해 각 주주에게 맞춤형 투자 정보를 제공하거나, 주주들이 본인의 투자 상황을 실시간으로 확인할 수 있도록 한다.
- **실시간 소통 채널:** 주주 포털을 통해 실시간으로 질문을 하고 답변을 받을 수 있는 **상담 채널**을 제공하면, 주주들의 신뢰를 강화하는 데 도움이 된다.

4 사례: 애플(Apple)의 주주 소통 전략

애플은 주주들과의 소통에서 투명성과 정기적인 정보 제공을 중시하며, 이를 통해 기업 가치를 극대화하는 전략을 사용하고 있다. 이러한 전략은 주주들의 신뢰를 높이고 장기적인 투자를 유치하는 데 큰 도움이 되고 있다.

1. 투명한 실적 발표

애플은 분기별로 투명하고 일관된 방식으로 실적을 발표하고 있다.
- **정기적인 실적 발표:** 애플은 분기마다 재무 결과를 발표하며, 이는 주주들에게 회사의 성과를 정기적으로 알리는 중요한 수단이다.
- **상세한 재무 정보 제공:** 애플은 매출, 순이익, 주당 순이익 등 주요 재무 지표를 상세히 공개한다.
- **부문별 실적 공개:** 애플은 제품 카테고리별(iPhone, iPad, Mac 등)로 매출을 공개하여 각 부문의 성과를 투명하게 보여준다.
- **지역별 실적 공개:** 미주, 유럽, 중국 등 주요 지역별 매출을 공개하여 글로벌 사업 현황을 명확히 보여준다.
- **실적 변동 요인 설명:** CEO와 CFO가 실적 발표 후 컨퍼런스 콜을 통해 실적 변동의 주요 요인을 상세히 설명한다.

2. 디지털 소통 강화

애플은 다양한 디지털 채널을 통해 주주들과 소통하고 있다.

- **공식 웹사이트 활용:** 애플은 투자자 관계(IR) 전용 웹사이트를 운영하여 주주들에게 최신 정보를 제공한다.
- **실시간 스트리밍:** 주주총회나 제품 발표 이벤트를 실시간으로 스트리밍하여 전 세계 주주들이 참여할 수 있게 한다.
- **SEC 문서 공개:** 애플은 SEC에 제출한 모든 문서를 투자자 관계 웹사이트에 공개하여 투명성을 높이고 있다.
- **보도 자료 발행:** 주요 사건이나 결정사항에 대해 즉시 보도 자료를 발행하여 주주들에게 신속하게 정보를 전달한다.
- **투자자 컨퍼런스 참여:** 애플의 경영진은 주요 투자자 컨퍼런스에 참여하여 회사의 전략과 비전을 공유한다.

3. 구체적인 사례

- **2023년 3분기 실적 발표:** 애플은 2023년 8월 3일에 2023년 3분기 실적을 발표했다. 이 발표에서 애플은 818억 달러의 분기 매출을 기록했다고 밝혔다.
- **서비스 부문 성장 강조:** 같은 실적 발표에서 애플은 모든 서비스 부문이 성장했으며, 특히 애플페이가 31%, 애플 케어가 15% 성장하며 높은 실적을 기록했다고 강조했다.
- **주주 환원 정책 공개:** 애플은 주주들에게 240억 달러 이상을 환원했다고 밝혔다.
- **실시간 컨퍼런스 콜:** 실적 발표 직후 팀 쿡 CEO와 루카 마에스트리 CFO가 참여한 실시간 컨퍼런스 콜을 통해 주주들의 질문에 답변했다.

- **투자자 관계 웹사이트 운영**: 애플은 investor.apple.com이라는 전용 투자자 관계 웹사이트를 운영하여 주주들에게 필요한 모든 정보를 제공하고 있다.

4. 밸류업에 미치는 영향

애플의 투명하고 일관된 주주 소통 전략은 다음과 같은 방식으로 기업 가치 제고에 기여하고 있다.

- **주주 신뢰 강화**: 투명한 정보 공개를 통해 주주들의 신뢰를 높이고, 이는 주가 안정화에 기여하고 있다.
- **장기 투자 유치**: 일관된 소통으로 장기 투자자들의 관심을 유지하고, 안정적인 주주 기반을 형성하고 있다.
- **시장 불확실성 감소**: 정기적인 정보 제공으로 시장의 불확실성을 줄이고, 이는 주가 변동성 감소로 이어진다.
- **애널리스트 예측 정확도 향상**: 상세한 정보 제공으로 애널리스트들의 예측 정확도가 높아지며, 이는 시장의 신뢰도 향상으로 이어진다.
- **기업 가치 평가 개선**: 투명한 정보 공개로 기업 가치에 대한 정확한 평가가 가능해지며, 이는 적정 주가 형성에 도움이 된다.
- **규제 리스크 감소**: 투명한 정보 공개로 규제 기관과의 관계가 개선되며, 이는 규제 관련 리스크 감소로 이어진다.
- **브랜드 이미지 개선**: 투명한 소통은 기업의 윤리성과 신뢰성을 높이며, 이는 브랜드 가치 상승으로 이어진다.
- **자본 조달 비용 감소**: 높은 투명성은 자본 시장에서의 신뢰도를 높여 자본 조달 비용을 낮추는 효과가 있다.

5. 결론

애플의 주주 소통 전략은 투명성과 일관성을 핵심으로 하고 있다. 정기적인 실적 발표, 상세한 재무 정보 제공, 다양한 디지털 채널을 통한 소통 등을 통해 애플은 주주들의 신뢰를 높이고 장기적인 투자를 유치하고 있다. 이러한 전략은 주가 안정화, 시장 불확실성 감소, 기업 가치 평가 개선 등 다양한 방식으로 기업 가치 제고에 기여하고 있다. 결과적으로 애플은 이러한 주주 소통 전략을 통해 글로벌 기업으로서의 지위를 굳건히 하고, 지속적인 성장을 이루는 데 성공하고 있다.

---

(5) 사례: 스타벅스(Starbucks)의 ESG 중심 소통 전략

스타벅스(Starbucks)는 ESG(환경, 사회, 지배구조) 요소를 강조하는 주주 소통 전략을 통해 기업 가치를 극대화하고 있다. 이러한 전략은 주주들의 신뢰를 강화하고 지속 가능한 성장에 대한 기대를 충족시키는데 큰 역할을 하고 있다.

1. ESG 보고서 발행

스타벅스는 매년 ESG 보고서를 발행하여 환경 보호, 사회적 책임, 지배구조 투명성에 관한 정보를 주주들에게 상세히 제공하고 있다.

- **정기적인 보고서 발행:** 스타벅스는 매년 글로벌 환경 및 사회적 영향 보고서를 발행하고 있다.
- **환경 보호 활동 공개:** 2023년 보고서에 따르면, 스타벅스의 탄소 배출량이 2019년 기준으로 8% 증가했음을 투명하게 공개했다.
- **사회적 책임 활동 보고:** 보고서에는 직원 복지, 공정 거래, 지역 사회 기여 등 사회적 책임 활동이 상세히 기술되어 있다.

- **지배구조 투명성 강화:** 기업 윤리, 이사회 구성, 주주 권리 등 지배구조 관련 정보를 투명하게 공개하고 있다.
- **ESG 목표 설정 및 진행 상황 공유:** 2030년까지의 ESG 목표를 설정하고, 그 진행 상황을 정기적으로 보고하고 있다.

2. 구체적인 사례

- **2023 글로벌 영향 보고서:** 스타벅스는 2023년 2월에 '2023 스타벅스 글로벌 영향 보고서: ESG 우선순위'를 발행했다.
- **그리너 스토어 이니셔티브:** 스타벅스는 2025년까지 전 세계적으로 1만 개의 '그리너 스토어'를 만들겠다는 계획을 발표하고, 현재까지의 진행 상황을 보고했다.
- **커피 농가 지원 프로그램:** 스타벅스의 Coffee and Farmer Equity(C.A.F.E.) Practices 프로그램을 통한 지속 가능한 커피 재배 지원 활동을 상세히 보고했다.
- **다양성 정책 조정:** 스타벅스는 2024년에 다양성 정책을 조정하여, 2025년까지 소매직의 40% 이상을 유색인종으로, 55% 이상을 여성으로 구성하겠다는 목표를 설정하고 이러한 내용과 배경을 투자자들에게 상세히 설명했다.
- **노사관계 개선 노력:** 스타벅스는 버니 샌더스 상원의원과 노동계가 제기한 노조 관련 우려사항에 대해 청문회 및 공적인 자리에서 대응하며, 자사의 입장을 설명했다.

3. 밸류업에 미치는 영향

스타벅스의 ESG 중심 주주 소통 전략은 다음과 같은 방식으로 기업 가치 제고에 기여하고 있다:
- **투자자 신뢰 강화:** 투명한 ESG 정보 공개를 통해 투자자들의 신뢰를 높이고, 이는 주가 안정화에 기여하고 있다.

- 장기 투자 유치: ESG 성과를 중시하는 장기 투자자들의 관심을 유치하여 안정적인 주주 기반을 형성하고 있다.
- 리스크 관리 개선: ESG 관련 리스크를 선제적으로 파악하고 관리함으로써 잠재적 손실을 줄이고 기업 가치를 보호하고 있다.
- 브랜드 가치 상승: 환경 보호와 사회적 책임 활동을 통해 브랜드 이미지를 개선하고, 이는 매출 증대로 이어지고 있다.
- 운영 효율성 증대: 환경 관련 이니셔티브를 통해 에너지 효율을 높이고 비용을 절감하여 수익성을 개선하고 있다.
- 인재 유치 및 유지: 강력한 ESG 정책은 우수 인재를 유치하고 유지하는 데 도움이 되며, 이는 장기적인 기업 경쟁력 강화로 이어지고 있다.
- 규제 리스크 감소: 선제적인 ESG 활동을 통해 향후 발생할 수 있는 규제 관련 리스크를 줄일 수 있다.
- 신규 사업 기회 창출: ESG 활동을 통해 발견한 새로운 비즈니스 모델이나 혁신적인 제품/서비스는 추가적인 수익원이 될 수 있다.
- 자본 조달 비용 감소: 높은 ESG 평가는 자본 시장에서의 신뢰도를 높여 자본 조달 비용을 낮추는 효과가 있다.

4. 결론

스타벅스의 ESG 중심 주주 소통 전략은 투명성과 책임성을 핵심으로 하고 있다. 정기적인 ESG 보고서 발행, ESG 투자자 회의 개최 등을 통해 스타벅스는 주주들의 신뢰를 높이고 지속 가능한 성장에 대한 기대를 충족시키고 있다. 이러한 전략은 투자자 신뢰 강화, 브랜드 가치 상승, 운영 효율성 증대 등 다양한 방식으로 기업 가치 제고에 기여하고 있다. 결과적으로 스타벅스는 이러한 ESG 중심의 주주 소통 전략을 통해 글로벌 기업으로서의 책임을 다하면서도 지속적인 성장을 이루는 데 성공하고 있다.

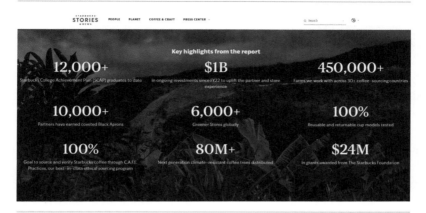

출처: https://about.starbucks.com/annual-impact-report/#explore

주주와의
투명한 커뮤니케이션

투명한 커뮤니케이션(Transparent Communication)은 기업이 주주들과 신뢰를 구축하고, 장기적인 가치 창출을 이끌어내기 위한 핵심 전략 중 하나이다. 투명한 커뮤니케이션은 기업의 재무적, 비재무적 성과를 정확하고 명확하게 전달하는 것을 의미하며, 이를 통해 주주들은 기업의 경영 현황과 전략에 대해 신뢰할 수 있는 정보를 제공받게된다. 투명성이 확보된 소통은 주주의 권익을 보호하고, 기업의 평판을 강화하며, 더 나아가 기업 가치 극대화로 이어질 수 있다.

① 투명한 커뮤니케이션의 중요성

투명한 커뮤니케이션은 기업이 주주들에게 정확한 정보를 적시에 제공함으로써 주주들이 올바른 투자 결정을 내릴 수 있도록 돕는다. 이는 기업이 주주와의 신뢰를 바탕으로 지속 가능한 성장을 도모하는 데 중요한 역할을 한다.

1. 신뢰 구축과 유지

주주들은 자신이 투자한 기업의 경영진이 신뢰할 수 있는 정보를 제공하고 있는지에 대해 높은 관심을 가진다. 투명한 커뮤니케이션은 경영진과 주주 간의 신뢰를 형성하고, 장기적으로 이를 유지하는 데 중요한 요소이다.

- 신뢰성 있는 정보 제공: 기업은 모든 이해관계자에게 신뢰성 있는 정보를 제공해야 한다. 이를 통해 경영진은 주주의 신뢰를 유지할 수 있으며, 투자자들이 기업의 경영 현황을 투명하게 이해할 수 있다.
- 주주 권익 보호: 투명한 커뮤니케이션을 통해 주주들은 기업 경영 상황에 대한 명확한 정보를 제공받고, 의사결정 과정에 참여함으로써 자신의 권익을 보호할 수 있다.

2. 주주 참여와 의사결정 지원

투명한 정보 제공은 주주들이 기업의 의사결정에 대해 명확하게 이해하고, 더 나은 투자 결정을 내리는 데 도움을 준다. 이는 장기적인 투자를 유도하는 중요한 요인이다.

- 정확한 경영 성과 공유: 주주들은 기업의 경영 성과에 대한 명확한 보고를 통해 기업의 성장 가능성을 평가하고, 장기적인 투자 계획을 세울 수 있다.
- 투자자 신뢰 확보: 기업이 주주들에게 중요한 정보를 공개하고, 경영 상황에 대해 솔직한 설명을 제공할 때, 주주들은 더 강한 신뢰를 바탕으로 장기 투자를 고려할 수 있다.

3. 기업 평판 강화

기업이 투명하게 소통할수록 기업 평판은 강화된다. 특히 불확실한 경제 환경에서 투명한 경영을 유지하는 기업은 시장에서 높은 평판을 얻을 수 있으며, 이는 주가 안정성 및 기업 가치 상승으로 이어질 수 있다.

- **평판 리스크 감소**: 기업이 정보를 숨기거나 잘못된 정보를 제공할 경우 주주의 신뢰가 무너질 수 있으며, 이는 기업의 평판에 심각한 손상을 줄 수 있다. 반대로 투명한 소통은 리스크를 줄이고, 기업의 긍정적인 이미지를 유지하는 데 기여한다.

2 투명한 커뮤니케이션 전략

주주들과의 투명한 소통을 위해 기업은 정기적이고 명확한 정보 제공, 위기 상황에서의 신속한 대응, 다양한 소통 채널 활용 등의 전략을 수립해야 한다.

1. 정기적이고 명확한 정보 제공

정기적으로 신뢰성 있는 정보를 제공하는 것은 주주들에게 기업의 현재 상태와 향후 계획에 대해 명확한 이해를 돕는 중요한 요소다.
- **재무 보고서 공개**: 기업은 분기별 및 연례 재무 보고서를 통해 주주들에게 재무 성과와 재정 상태에 대한 명확한 정보를 제공해야 한다. 이는 주주들이 경영 성과를 평가하고, 기업의 성장 가능성을 판단할 수 있는 중요한 자료다.
- **정확한 재무 데이터**: 보고서에는 매출, 순이익, 자산, 부채 등의 핵심 재무 지표뿐만 아니라, 자본 배치와 미래 투자 계획에 대한 명확한 설명이 포함되어야 한다. 이를 통해 주주들은 기업의 장기적인 성장 전략을 명확히 파악할 수 있다.

2. 위기 상황에서의 신속하고 투명한 대응

위기 상황에서의 투명한 커뮤니케이션은 기업의 신뢰도 유지에 필수적이다. 불확실성이 클 때, 기업이 신속하고 투명하게 대응하면 주주들은 기업의 경영 능력에 대한 신뢰를 유지할 수 있다.

- 위기 발생 시 신속한 공지: 위기 상황에서 기업은 즉각적인 공지를 통해 주주들에게 현재 상황을 설명하고, 대응 계획을 공유해야 한다. 주주들에게 불확실성을 해소하는 것이 가장 중요하다.
- 위기 관리 전략 공유: 기업은 위기 대응 계획, 문제 해결을 위한 전략, 예상되는 영향 등을 투명하게 설명해야 한다. 이를 통해 주주들은 기업이 위기에 어떻게 대응하고 있는지, 향후 기대할 수 있는 결과가 무엇인지 이해할 수 있다.

3. 다양한 소통 채널 활용

주주들과의 소통 채널을 다양화함으로써 주주들이 언제든지 기업의 정보를 확인하고, 기업과 소통할 수 있는 환경을 제공하는 것이 중요하다.

- 디지털 소통 채널 활용: 웹사이트, 소셜 미디어, 이메일 등을 통해 주주들이 실시간으로 기업의 주요 경영 현황을 확인할 수 있도록 해야 한다. 주주들에게 접근성이 좋은 다양한 채널을 통해 투명한 정보를 제공하는 것이 효과적이다.
- 주주 대상의 정기 소통 회의: 주주총회와 투자자 설명회와 같은 정기적 소통 회의를 통해 주주들과 직접 소통할 수 있는 기회를 제공해야 한다. 이 자리에서 주주들은 기업의 경영진에게 직접 질문을 하고, 경영 전략에 대한 설명을 들을 수 있다.

4. ESG 관련 정보의 투명한 공개

환경, 사회, 지배구조(ESG) 성과는 주주들에게 중요한 투자 고려 요소가 되고 있다. 기업은 ESG 보고서와 같은 비재무적 정보를 투명하게 공개함으로써 장기적인 가치를 창출하고 있음을 보여줄 수 있다.

- ESG 성과 보고: 기업은 환경 보호, 사회적 책임, 투명한 지배구

조와 관련된 주요 성과를 주기적으로 보고함으로써, 주주들이
기업이 책임 있는 경영을 실천하고 있음을 알 수 있도록 해야 한다.
- **지속 가능성 전략 공개**: 기업이 지속 가능한 성장을 위해 어떤
노력을 하고 있는지에 대한 전략을 주주들과 공유하는 것은 장
기적인 투자 가치를 높이는 데 필수적이다.

③ 사례: 유니레버(Unilever)의 ESG 및 재무 투명성

유니레버(Unilever)는 ESG 성과와 재무 정보를 투명하게 공개함으
로써 주주들과의 신뢰 관계를 강화하고 있다. 이러한 전략은 기업의
지속 가능한 성장을 강조하며 장기 투자자들을 유치하는 데 기여하고
있다.

1. 투명한 ESG 보고

유니레버는 매년 지속 가능성 보고서를 발행하여 환경 보호와 사
회적 책임을 다하는 다양한 활동을 주주들에게 명확히 알리고 있다.
- **연례 지속 가능성 보고서**: 유니레버는 매년 Annual Report and
Accounts를 통해 지속 가능성 공시를 통합적으로 제공하고 있다.
- **다양한 환경 및 사회 지표 공개**: 유니레버는 자발적으로 다양한
환경 및 사회 지표에 대한 데이터를 공개하고 있다.
- **글로벌 보고 기준 준수**: 유니레버는 글로벌 리포팅 이니셔티브
(GRI)의 지속 가능성 보고 지침을 따르고 있어, 경제, 환경, 사회
적 성과에 대한 포괄적인 보고 기준을 준수하고 있다.
- **ESG 평가 및 순위 공개**: 유니레버는 전문 평가 기관, NGO, 투
자 분석가, 학계에서 발표하는 다양한 글로벌 지속 가능성 성과
평가 및 순위를 공개하고 있다.

- **통합 보고 방식**: 유니레버의 연례 보고서는 재무 성과와 ESG 성과를 통합적으로 보고하여, 기업의 전반적인 성과를 종합적으로 파악할 수 있게 한다.

2. 재무 성과와 미래 전략 공유

유니레버는 정기적으로 재무 성과와 장기적인 투자 계획을 주주들과 공유하며, 기업의 장기적인 성장가능성을 투명하게 설명하고 있다.

- **ESG 전략과 재무 성과 연계**: 유니레버는 2018년 지속 가능한 생활 브랜드가 다른 포트폴리오보다 69% 더 빠르게 성장했다고 발표하며, ESG 전략과 재무 성과의 긍정적인 연관성을 보여주었다.
- **ESG 전략 조정**: 2024년 5월, 유니레버는 더욱 '집중된' ESG 전략을 도입한다고 발표했다. 이는 기한 연장과 목표 규모 축소를 포함하며, 현실적인 목표 설정을 통해 주주들에게 신뢰를 주고 있다.
- **장기적 관점의 ESG 투자**: 유니레버는 단기적인 재무 성과 하락에도 불구하고 ESG 성과 개선에 전념하는 기업임을 강조하고 있다.
- **ESG 리스크 관리**: 유니레버는 S&P Global ESG Score를 통해 ESG 리스크, 기회, 영향에 대한 관리 성과를 측정하고 있으며, 이를 주주들과 공유하고 있다.
- **ESG 전략 재조정**: 최근 유니레버는 일부 환경 및 사회적 공약을 수정하거나 포기할 계획을 발표했다. 이는 현실적인 목표 설정과 기업의 핵심 비즈니스에 더욱 집중하겠다는 의지를 보여주었다.

3. 구체적인 사례

- Unilever Sustainable Living Plan: 2010년부터 2020년까지 진행된 이 계획은 유니레버의 ESG 전략의 핵심이었으며, 매년 상세한 진행 상황을 보고했다.

- 새로운 ESG 전략 발표: 2024년 유니레버는 '더 집중적이고, 더 긴급하며, 더 체계적인' 새로운 ESG 전략을 발표했다.
- ESG 리스크 평가: Sustainalytics의 ESG 리스크 평가에서 유니레버는 산업 특정 ESG 리스크에 대한 노출도와 관리 능력을 측정받고 있다.
- ESG 목표 조정: 2024년 4월, 유니레버는 일부 환경 및 사회적 공약을 수정하거나 포기할 계획을 발표했다. 이는 현실적인 목표 설정과 기업의 핵심 비즈니스에 더욱 집중하겠다는 의지를 보여주었다.
- 지속 가능한 브랜드 성과 공개: 유니레버는 지속 가능한 생활 브랜드의 성장률이 다른 브랜드보다 높다는 구체적인 데이터를 공개하여 ESG 전략의 재무적 효과를 입증했다.

4. 밸류업에 미치는 영향

유니레버의 투명한 ESG 성과와 재무 정보 공유 전략은 다음과 같은 방식으로 기업 가치 제고에 기여하고 있다.
- 투자자 신뢰 강화: 투명한 ESG 정보 공개를 통해 투자자들의 신뢰를 높이고, 이는 주가 안정화에 기여하고 있다.
- 장기 투자자 유치: ESG 성과를 중시하는 장기 투자자들의 관심을 유치하여 안정적인 주주 기반을 형성하고 있다.
- 리스크 관리 개선: ESG 관련 리스크를 선제적으로 파악하고 관리함으로써 잠재적 손실을 줄이고 기업 가치를 보호하고 있다.
- 브랜드 가치 상승: 환경 보호와 사회적 책임 활동을 통해 브랜드 이미지를 개선하고, 이는 매출 증대로 이어지고 있다.
- 운영 효율성 증대: 환경 관련 이니셔티브를 통해 에너지 효율을 높이고 비용을 절감하여 수익성을 개선하고 있다.
- 혁신 촉진: ESG 목표 달성을 위한 노력이 새로운 제품 및 서비

스 개발로 이어져 기업의 혁신을 촉진하고 있다.
- 규제 대응력 강화: 선제적인 ESG 활동을 통해 향후 발생할 수 있는 규제 관련 리스크를 줄이고 대응력을 강화하고 있다.
- 이해관계자 관계 개선: 투명한 ESG 보고를 통해 다양한 이해관계자와의 관계를 개선하고, 이는 장기적인 기업 가치 향상으로 이어지고 있다.
- 자본 조달 용이성: 높은 ESG 평가는 자본 시장에서의 신뢰도를 높여 자금 조달을 용이하게 하고 있다.

5. 결론

유니레버의 ESG 성과와 재무 정보의 투명한 공개 전략은 주주들과의 신뢰 관계를 강화하고 기업의 지속 가능한 성장을 촉진하는 데 기여하고 있다. 정기적인 지속 가능성 보고서 발행, ESG 성과와 재무 성과의 연계성 강조, 그리고 장기적인 ESG 전략 공유를 통해 유니레버는 투자자들의 신뢰를 높이고 기업 가치를 제고하고 있다. 이러한 전략은 장기 투자자 유치, 브랜드 가치 상승, 운영 효율성 증대 등 다양한 방식으로 기업의 밸류업에 긍정적인 영향을 미치고 있다.

4 사례: 테슬라(Tesla)의 위기 상황 소통 전략

테슬라(Tesla)는 위기 상황에서 투명한 커뮤니케이션을 통해 주주들과의 신뢰를 유지하는 전략을 채택하고 있다. 이러한 접근 방식은 기업의 장기적인 성장과 가치 창출에 중요한 역할을 하고 있다.

1. 위기 상황 시 즉각적인 대응

테슬라는 중요한 경영 문제나 생산 차질이 발생할 경우, 신속하게 주주들에게 상황을 공유하고 해결 전략을 제시했다.

- 생산 목표 미달 사례: 2017년 7월, 테슬라는 Model 3의 생산 목표 달성에 어려움을 겪었을 때, 이를 즉시 공개하고 대응 계획을 설명했다.
- 배터리 공급 문제: 2021년, 테슬라는 반도체 부족으로 인한 생산 차질 가능성을 언급했으며, 대체 공급망 확보를 위해 노력하고 있다고 발표했다.
- 안전 문제 대응: 2021년 Model S의 충돌 사고로 발생한 배터리 화재 문제가 제기되었을 때, 테슬라는 조사에 착수하고 안전 조치를 강화하겠다고 발표했다.
- CEO의 직접 소통: 일론 머스크 CEO는 Twitter를 통해 주요 이슈에 대해 직접 소통하며, 투자자들에게 실시간으로 정보를 제공했다.
- 투명성 강화 노력: 테슬라는 2021년 상하이 모터쇼에서 발생한 항의 시위에 대해 적극적으로 대응하며, 해당 차주와의 소통 노력을 공개적으로 밝혔다.

2. 미래 계획에 대한 투명한 설명

위기 상황 속에서도 테슬라는 향후 생산 계획과 성장 전략을 명확히 설명하여, 주주들이 장기적인 성장 가능성을 믿고 투자를 유지할 수 있도록 했다.

- 생산 계획 공유: 테슬라는 정기적으로 투자자 데이에서 향후 5년간의 생산 계획과 신기술 개발 로드맵을 공개했다.
- 신규 공장 건설 계획: 중국 상하이와 독일 베를린 공장 건설 계획을 사전에 공개하고, 진행 상황을 주기적으로 업데이트했다.
- 자율주행 기술 개발: 테슬라는 자율주행 기술 개발 진행 상황과 향후 계획을 정기적으로 공유하여, 투자자들에게 미래 성장 가

능성을 제시했다.

- **배터리 기술 혁신**: 테슬라는 배터리 데이 행사를 통해 새로운 배터리 기술 개발 계획과 이에 따른 비용 절감 효과를 상세히 설명했다.
- **지속 가능성 목표**: 테슬라는 환경 친화적인 제품 개발과 생산 과정에서의 탄소 배출 감소 계획을 구체적으로 공유했다.

3. 구체적인 사례

- **Model 3 생산 지연 대응**: 2017년 Model 3 생산 목표 미달 시, 테슬라는 주간 생산량 업데이트를 제공하고 생산 프로세스 개선 계획을 상세히 설명했다.
- **상하이 공장 건설**: 중국 시장 진출을 위한 상하이 공장 건설 과정에서, 테슬라는 건설 진행 상황과 예상 생산 능력을 주기적으로 공개했다.
- **자율주행 기능 업데이트**: 테슬라는 자율주행 소프트웨어 업데이트 내용과 향후 개선 계획을 상세히 공유하여, 기술 발전에 대한 투자자들의 신뢰를 유지했다.
- **배터리 데이 이벤트**: 2020년 9월 개최된 배터리 데이에서, 테슬라는 새로운 배터리 셀 설계와 생산 방식을 공개하고, 이를 통한 비용 절감 효과를 구체적인 수치로 제시했다.
- **2021년 중국 시위 대응**: 상하이 모터쇼에서 발생한 고객 항의에 대해, 테슬라는 해당 고객과의 적극적인 소통 노력을 공개적으로 밝히며 투명성을 강조했다.

4. 밸류업에 미치는 영향

테슬라의 투명한 위기 대응 소통 전략은 다음과 같은 방식으로 기업 가치 제고에 기여하고 있다.

- **투자자 신뢰 강화:** 위기 상황에서의 투명한 소통은 투자자들의 신뢰를 유지하고, 이는 주가 안정화에 기여하고 있다.
- **장기 투자 유도:** 미래 계획에 대한 명확한 설명은 투자자들이 단기적 위기에도 불구하고 장기적 투자를 유지하도록 한다.
- **브랜드 가치 향상:** 투명한 커뮤니케이션은 테슬라의 브랜드 이미지를 개선하여, 고객 신뢰도와 매출 증대로 이어지고 있다.
- **규제 리스크 관리:** 안전 문제 등에 대한 신속한 대응은 규제 기관과의 관계를 개선하고, 잠재적인 규제 리스크를 줄인다.
- **혁신 가치 인정:** 미래 기술에 대한 투명한 공개는 테슬라의 혁신 능력에 대한 시장의 평가를 높이고, 이는 기업 가치 상승으로 이어진다.
- **시장 선도자 위치 강화:** 투명한 소통을 통해 테슬라는 전기차 및 자율주행 시장에서의 선도적 위치를 강화하고, 이는 시장 점유율 확대로 이어진다.
- **자본 조달 용이성:** 투자자들의 신뢰 유지는 향후 자본 조달을 용이하게 하여, 성장에 필요한 자금 확보를 가능하게 한다.
- **인재 유치:** 투명한 기업 문화는 우수한 인재 유치에 도움이 되며, 이는 장기적인 기업 경쟁력 강화로 이어진다.

5. 결론

테슬라의 위기 상황에서의 투명한 커뮤니케이션 전략은 주주들과의 신뢰 관계를 강화하고, 기업의 장기적인 성장 가능성에 대한 믿음을 유지하는 데 중요한 역할을 했다. 생산 목표 미달이나 안전 문제와 같은 위기 상황에서도 신속하고 투명한 대응을 통해 테슬라는 투자자들의 신뢰를 유지할 수 있었다. 또한, 미래 계획에 대한 명확한 설명은 투자자들이 단기적 어려움에도 불구하고 테슬라의 장기적 성장 가능성을 믿고 투자를 유지하도록 했다. 이러한 전략은 테슬라의 기업 가치를 높이고, 지속적인 성장을 위한 기반을 마련하는 데 기여했다.

기업 가치 측정을 위한 주요 성과 지표(KPI) 관리

기업 가치는 주주와 이해관계자들에게 중요한 요소로, 지속 가능한 성장과 경쟁력 유지를 위한 지표로 사용된다. 주요 성과 지표(KPI: Key Performance Indicators)는 기업의 가치 창출 능력을 평가하기 위해 활용되는 핵심적인 수단이다. KPI는 기업이 재무적, 비재무적 성과를 측정하고, 경영 전략을 실행하는 과정에서 **성과를 정량화**하는 데 필수적이다. 효과적인 KPI 관리는 기업이 올바른 방향으로 성장하고 있는지 평가하고, 조직 전반의 목표와 전략적 비전을 실현하는 데 중요한 역할을 한다.

1 KPI 관리의 중요성

KPI 관리는 기업이 목표를 달성하고 기업 가치를 극대화하는 데 중요한 요소다. KPI는 기업의 성과를 명확히 파악하고, 강점과 약점을 식별하며, 지속적인 개선 방향을 제시한다.

1. 전략적 목표와의 일치

KPI는 기업의 전략적 목표와 직접적으로 연결되어 있어야 하며,

이를 통해 기업은 전략 실행 상황을 명확하게 모니터링하고, 필요한 조치를 신속하게 취할 수 있다. KPI는 장기적인 성장과 단기적인 성과를 함께 고려하며, 이를 통해 **전략적 목표와의 일치**를 보장할 수 있다.

- **비전과의 연계**: KPI는 기업의 **비전과 미션**에 부합하는 지표로 설정되어야 하며, 경영진은 이를 통해 기업이 장기적으로 어디로 나아가고 있는지 명확히 이해할 수 있다.

2. 성과 평가와 피드백

KPI는 경영진이 **성과를 평가**하고, 직원들에게 **명확한 피드백**을 제공하는 데 중요한 도구다. KPI를 통해 조직의 성과를 평가하고, 이를 바탕으로 **보상 체계**나 **인센티브 구조**를 구축할 수 있다.

- **성과 기반 보상**: 명확한 KPI는 직원들이 목표 달성에 기여한 정도를 객관적으로 평가할 수 있는 기준을 제공하며, 이를 통해 성과 기반 보상이 가능해진다.

3. 의사결정 지원

KPI는 경영진이 의사결정을 내리는 데 있어 중요한 **데이터 기반 지표**로 활용된다. KPI 관리를 통해 기업의 경영 상태를 정확히 파악하고, 의사결정 과정에서 **구체적인 성과 데이터**를 반영할 수 있다.

- **문제 식별과 개선**: KPI를 통해 성과가 저조한 영역을 식별하고, 이를 개선하기 위한 전략을 수립하는 데 도움을 받을 수 있다.

② 기업 가치 측정을 위한 주요 KPI

기업 가치를 평가하기 위한 KPI는 재무적 지표와 비재무적 지표로 나누어진다. 재무적 지표는 주로 기업의 수익성, 자산 **효율성** 등을 평가하며, 비재무적 지표는 고객 만족도, ESG 성과, 혁신 활동 등과 같은 요소를 다룬다.

1. 재무적 KPI

재무적 KPI는 기업의 재정적 건전성과 수익성을 평가하는 데 사용되는 주요 지표다. 이러한 지표들은 기업이 자본을 얼마나 효율적으로 활용하고 있는지, 수익성과 현금 흐름은 어떠한지를 평가한다.

- **매출 성장률**(Sales Growth Rate): 기업의 매출이 일정 기간 동안 얼마나 성장했는지를 측정하는 지표로, 기업의 시장 점유율 확대와 성장을 평가하는 데 사용된다.
- **영업이익률**(Operating Profit Margin): 영업 활동에서 발생한 이익을 매출로 나눈 값으로, 기업의 수익성을 평가하는 핵심 지표이다. 이 지표는 기업이 영업 비용을 얼마나 효율적으로 관리하고 있는지를 보여준다.
- **순이익률**(Net Profit Margin): 기업의 최종 순이익을 매출로 나눈 비율로, 총수익 대비 기업이 실제로 얼마나 이익을 창출했는지를 평가하는 데 사용된다.
- **자산 회전율**(Asset Turnover): 총 매출을 총 자산으로 나눈 비율로, 기업이 보유한 자산을 얼마나 효율적으로 활용하고 있는지를 평가하는 지표이다.
- **ROE**(자기자본이익률, Return on Equity): 기업의 순이익을 자기자본으로 나눈 비율로, 주주 자본에 대한 수익성을 평가하는 중요한 지표이다.

2. 비재무적 KPI

비재무적 KPI는 기업의 장기적 지속 가능성, 고객 관계, 내부 프로세스 등의 성과를 평가하는 데 중요한 역할을 한다. 이는 기업이 단기적인 재무 성과뿐만 아니라, 장기적인 **가치 창출**에 얼마나 기여하고 있는지를 평가한다.

- **고객 만족도**(Customer Satisfaction, CSAT): 고객이 기업의 제품 또는 서비스에 대해 얼마나 만족하고 있는지를 평가하는 지표로, 고객의 충성도와 재구매 가능성을 예측할 수 있다.
- **고객 유지율**(Customer Retention Rate): 일정 기간 동안 기업이 얼마나 많은 고객을 유지했는지를 보여주는 지표로, 고객 이탈을 방지하는 데 중요한 역할을 한다.
- **ESG 성과**(Environmental, Social, Governance): 기업이 **환경 보호, 사회적 책임** 및 **지배구조 투명성**에서 얼마나 성과를 달성하고 있는지를 측정하는 지표로, 주주 및 투자자들이 기업의 장기적 지속 가능성을 평가할 때 중요하게 여기는 요소이다.
- **신제품 개발 비율**(New Product Development Rate): 기업이 일정 기간 동안 개발한 신제품 수를 기준으로, **혁신 역량과 시장 대응력**을 평가하는 지표이다.
- **직원 이직률**(Employee Turnover Rate): 기업 내 직원들이 떠나는 비율로, 조직의 안정성과 직원 만족도를 평가하는 중요한 지표이다.

---

③ **KPI 관리의 핵심 전략**

효과적인 KPI 관리를 위해서는 구체적이고 측정 가능한 KPI를 설정하고, 정기적인 모니터링과 성과 피드백을 통해 지속적으로 개선해 나가는 과정이 필요하다.

1. SMART 기준에 따른 KPI 설정

SMART 기준은 KPI 설정 시 **구체성**(Specific), **측정가능성**(Measurable),

달성가능성(Achievable), 관련성(Relevant), 시간 기반(Time-bound)을 고려해야 한다는 원칙이다. 이를 통해 실현 가능한 목표와 성과 지표를 설정할 수 있다.

- **구체성**(Specific): KPI는 명확한 성과 목표를 제시해야 하며, 측정 가능한 수치나 목표를 포함해야 한다.
- **측정가능성**(Measurable): KPI는 수치화될 수 있는 지표로 설정되어야 하며, 성과를 객관적으로 평가할 수 있어야 한다.
- **달성가능성**(Achievable): KPI는 기업의 현실적 상황에 맞게 설정되어야 하며, 과도하게 어려운 목표는 조직의 사기를 저하할 수 있다.
- **관련성**(Relevant): KPI는 기업의 **전략적 목표와 장기 비전과 연계**되어 있어야 한다.
- **시간 기반**(Time-bound): KPI는 성과를 달성해야 하는 **기한을 명확히 설정**해야 하며, 이를 통해 목표를 달성할 수 있는 구체적인 계획이 필요하다.

2. 정기적인 KPI 모니터링과 조정

KPI는 정기적으로 **모니터링**되고, 필요할 때 **조정**되어야 한다. 기업의 경영 환경은 변화할 수 있으며, 이에 따라 KPI도 조정이 필요할 수 있다.

- **성과 리뷰**: 주기적으로 KPI 성과를 리뷰하여, **목표 달성 여부**를 평가하고, 목표 달성에 실패한 경우 원인을 분석하여 개선 방안을 마련해야 한다.
- **데이터 기반 피드백**: KPI 성과를 바탕으로 데이터를 분석하고, 이를 통해 더 나은 성과를 도출하기 위한 **피드백 루프**를 만들어야 한다.

3. KPI 성과 공유 및 피드백 제공

KPI 성과는 조직 내 모든 부서와 직원에게 공유되어야 하며, 경영진은 **명확한 피드백**을 제공해야 한다. 이를 통해 모든 직원이 성과에 대한 이해를 높이고, 기업의 목표에 기여할 수 있도록 한다.

- **성과 시각화**: KPI 성과는 차트, 그래프 등 **시각화 도구**를 통해 조직 내 모든 구성원이 쉽게 이해할 수 있도록 전달해야 한다.
- **피드백 제공**: 경영진은 성과 달성 여부에 대해 정기적으로 피드백을 제공하고, 필요한 경우 추가적인 교육이나 자원을 제공하여 성과를 개선해야 한다.

4 사례: 아마존(Amazon)의 KPI 관리

아마존(Amazon)은 데이터 기반 KPI 관리를 통해 고객 중심의 전략을 구현하고 기업 가치를 크게 향상시켰다. 아마존의 KPI 관리 전략을 더 자세히 분석하고 구체적인 사례를 살펴보겠다.

1. 고객 만족도 지표 관리

아마존은 고객 만족도를 핵심 KPI로 관리하며, 이를 통해 서비스 품질을 지속적으로 개선하고 있다.

1) 고객 만족도 측정 방법

아마존은 다양한 방법으로 고객 만족도를 측정하고 있다.

- **피드백 시스템**: 구매 후 고객 리뷰와 평점을 수집하여 제품과 서비스에 대한 만족도를 평가한다.
- **NPS(Net Promoter Score)**: 고객이 아마존을 다른 사람에게 추천할 가능성을 측정하여 전반적인 고객 충성도를 파악한다.

- 고객 서비스 성과 지표: 문의 응답 시간, 해결률 등을 통해 고객 서비스의 품질을 평가한다.

2) 데이터 활용

아마존은 수집된 고객 데이터를 다음과 같이 활용한다.
- 추천 시스템 개선: 고객의 구매 이력과 검색 패턴을 분석하여 개인화된 제품 추천을 제공한다.
- 사용자 경험 최적화: 웹사이트와 모바일 앱의 사용성을 지속적으로 개선하여 고객 만족도를 높인다.

3) 구체적 사례

- Amazon Connect: 아마존은 고객 서비스 플랫폼인 Amazon Connect를 통해 고객 서비스 성과를 실시간으로 모니터링한다. 이를 통해 최초 문의 사례 해결 비율이나 사례 재개설 비율과 같은 주요 지표를 관리하여 고객 만족도를 높이고 있다.
- 고객 피드백 루프: 아마존은 고객의 피드백을 수집하고 이를 제품 개발과 서비스 개선에 즉각적으로 반영하는 시스템을 구축했다. 이를 통해 고객의 니즈를 빠르게 파악하고 대응할 수 있다.

2. 배송 효율성 지표 관리

아마존은 배송 속도와 정확성을 핵심 KPI로 관리하여 고객 만족도를 높이고 있다.

1) 배송 효율성 측정 방법

- 배송 시간 추적: 주문부터 배송 완료까지의 시간을 측정하여 배송 속도를 관리한다.
- 배송 정확도: 잘못된 배송이나 손상된 제품의 비율을 추적하여 배송 품질을 관리한다.

- 재고 관리 효율성: 재고 회전율과 가용성을 측정하여 배송 준비 상태를 최적화한다.

2) 구체적 사례

- 재고 성과 지수(IPI): 아마존은 판매자들의 재고 관리 효율성을 측정하기 위해 IPI(Inventory Performance Index)를 사용한다. IPI 점수가 450점 이하로 떨어지면 추가 재고 입고가 제한되어, 판매자들이 효율적인 재고 관리를 하도록 유도한다.
- 아마존 프라임: 아마존은 프라임 멤버십을 통해 2일 이내 무료 배송 서비스를 제공하며, 이를 위해 물류 네트워크를 지속적으로 최적화하고 있다.

3. KPI 관리가 기업 가치에 미친 영향

아마존의 체계적인 KPI 관리는 다음과 같은 방식으로 기업 가치 향상에 기여했다.

- 고객 충성도 증가: 고객 만족도 향상을 통해 재구매율과 고객 생애 가치(CLV)가 증가했다.
- 운영 효율성 개선: 배송 효율성 향상으로 비용이 절감되고 수익성이 개선되었다.
- 시장 점유율 확대: 고객 중심의 서비스로 새로운 고객을 유치하고 시장 지배력을 강화했다.
- 혁신 촉진: 데이터 기반의 의사결정으로 새로운 서비스와 제품 개발이 가속화되었다.
- 브랜드 가치 상승: 지속적인 고객 경험 개선으로 아마존의 브랜드 가치가 크게 증가했다.

4. 밸류업에 미치는 영향

아마존의 KPI 관리 전략은 다음과 같은 방식으로 기업의 밸류업에 기여한다.

- **지속 가능한 성장:** 고객 중심의 KPI 관리를 통해 장기적이고 지속 가능한 성장 기반을 마련했다.
- **경쟁 우위 확보:** 데이터 기반의 의사결정으로 시장 변화에 빠르게 대응하고 경쟁 우위를 유지할 수 있다.
- **투자 유치 용이성:** 체계적인 KPI 관리와 성과 개선은 투자자들의 신뢰를 높여 자본 조달을 용이하게 한다.
- **신규 사업 확장:** 축적된 데이터와 노하우를 바탕으로 새로운 사업 영역으로의 확장이 가능해진다.
- **위험 관리 개선:** 실시간 데이터 모니터링을 통해 잠재적 리스크를 조기에 파악하고 대응할 수 있다.

5. 결론

아마존의 사례는 체계적인 KPI 관리가 기업의 성장과 가치 향상에 크게 기여할 수 있음을 보여준다. 고객 만족도와 운영 효율성을 핵심 KPI로 관리함으로써 아마존은 지속적인 서비스 개선과 혁신을 이룰 수 있었고, 이는 궁극적으로 기업 가치의 큰 상승으로 이어졌다. 기업들은 아마존의 접근 방식을 참고하여 자사의 핵심 KPI를 정의하고 체계적으로 관리함으로써 장기적인 성장과 가치 향상을 추구할 수 있을 것이다.

출처: https://aws.amazon.com/ko/executive-insights/content/the-hu-
man-side-of-innovation/

⑤ 사례: 구글(Google)의 혁신 KPI 관리

구글(Google)은 데이터 기반 KPI 관리 전략을 통해 혁신을 촉진하
고 기업 가치를 크게 향상시키고 있다. 구글의 KPI 관리 전략을 더 자
세히 분석하고 구체적인 사례를 살펴보겠다.

1. 신제품 개발 비율 KPI

구글은 신제품 개발 비율을 주요 KPI로 관리하여 지속적인 혁신을
추구하고 있다.

1) 신제품 개발 프로세스

구글은 혁신적인 제품 개발을 위해 다음과 같은 프로세스를 활용한다.

- 5일 스프린트 프로세스: 구글은 아이디어를 빠르게 검증하고 리스크를 최소화하기 위해 5일 스프린트 프로세스를 사용한다.
- 작은 범위의 테스트: 구글은 작고 좁은 범위에서 테스트를 수행하여 효율적으로 아이디어를 검증한다.
- 상호작용 테스트: 구글은 신제품 개발 과정에서 다른 시스템과의 통합 및 상호작용을 철저히 테스트하여 제품의 안정성과 호환성을 확보한다.

2) AI 기술 활용

구글은 AI 기술을 적극적으로 활용하여 신제품 개발 속도를 높이고 있다.

- AI 개발 가속화: 구글 리서치와 구글 딥마인드를 통합하여 AI 개발 속도를 높이고 있다.
- AI 기술의 빠른 적용: BERT(2019)와 PaLM 2(2023) 등의 AI 기술을 빠르게 구글 검색 및 다양한 서비스에 적용하고 있다.

3) 구체적 사례

- 구글 바드(Bard): 2023년 3월에 출시된 생성형 AI 시스템으로, 현재 전 세계 대부분의 국가에서 40개 이상의 언어로 사용 가능하다.
- PaLM 2: 2023년 5월에 출시된 차세대 대규모 언어 모델로, 이미 25개 이상의 구글 제품 및 기능에 적용되어 있다.

2. 기술 혁신 속도 KPI

구글은 기술 혁신 속도를 측정하고 관리하여 시장에서의 경쟁력을 유지하고 있다.

1) 혁신 속도 측정 방법

- AI 기술 통합 속도: 새로운 AI 기술이 제품에 통합되는 시간을 측정한다.
- 오픈소스 프레임워크 개발: TensorFlow 같은 오픈소스 프레임워크를 개발하여 AI 커뮤니티 전체의 발전 속도를 가속화한다.

2) 구체적 사례

- 알파폴드(AlphaFold): 2022년에 구글은 2억 개의 알파폴드 단백질 구조를 무료로 공유하여 과학 연구를 가속화했다.
- 텐서 처리 장치(TPU): AI 모델 훈련 및 실행 속도를 크게 향상시키는 맞춤형 칩을 개발했다.

3. 직원 만족도 KPI

구글은 직원 만족도를 핵심 KPI로 관리하여 혁신적인 기업 문화를 유지하고 있다.

1) 직원 만족도 측정 방법

- 연례 설문조사: 구글은 매년 직원 만족도 설문조사를 실시하여 데이터를 수집하고 분석한다.
- 심리적 안전감 측정: 직원들이 자유롭게 의견을 제시할 수 있는 환경을 조성하고 있는지 평가한다.

2) OKR(Objectives and Key Results) 시스템

구글은 OKR 시스템을 활용하여 직원들의 목표 설정과 성과 측정을 관리한다.

- **명확한 목표 설정**: 직원들이 구체적이고 측정 가능한 목표를 설정하도록 한다.
- **정기적인 평가**: OKR을 통해 직원들의 성과를 정기적으로 평가하고 피드백을 제공한다.

3) 구체적 사례

- **구글코리아의 높은 직원 만족도**: 구글코리아는 블라인드 지수 조사에서 4년 연속 직원 행복도 1위를 차지했으며, 100점 만점에 75점을 기록했다. 2023년 상반기 잡플래닛 평가에서도 일하기 좋은 기업 1위로 선정되었다.
- **포용성 중시 문화**: 같은 조사에서 구글은 '심리적 안전감' 부문에서 가장 높은 점수를 받아, 직원들이 자유롭게 의견을 제시할 수 있는 문화를 조성하고 있다.

4. KPI 관리가 기업 가치에 미치는 영향

구글의 KPI 관리 전략은 다음과 같은 방식으로 기업 가치 향상에 기여하고 있다.

- **지속적인 혁신 촉진**: 신제품 개발 비율과 기술 혁신 속도를 KPI로 관리함으로써, 구글은 지속적인 혁신을 이뤄내고 시장에서의 경쟁력을 유지하고 있다.
- **인재 유치 및 유지**: 높은 직원 만족도를 유지함으로써, 구글은 최고의 인재를 유치하고 유지할 수 있다. 이는 장기적으로 기업의 혁신 역량과 생산성 향상으로 이어진다.
- **기술 리더십 강화**: AI 기술 개발과 빠른 적용을 통해 구글은 기술 시장에서의 리더십을 강화하고 있다. 이는 기업 가치와 브랜

드 이미지 향상에 크게 기여한다.

- **생태계 확장:** 오픈소스 프레임워크 개발과 데이터 공유를 통해 구글은 더 큰 기술 생태계를 구축하고 있다. 이는 장기적으로 구글의 플랫폼 가치를 높이는 데 기여한다.
- **재무적 성과 개선:** 혁신적인 제품과 서비스 개발, 효율적인 운영, 높은 직원 생산성 등은 궁극적으로 구글의 재무적 성과 향상으로 이어진다.

5. 결론

구글의 KPI 관리 전략은 혁신, 기술 발전, 직원 만족도 등 다양한 측면에서 기업 가치 향상에 기여하고 있다. 신제품 개발 비율, 기술 혁신 속도, 직원 만족도 등의 KPI를 체계적으로 관리함으로써 구글은 지속적인 성장과 시장에서의 경쟁력을 유지하고 있다. 이러한 접근 방식은 구글이 세계적인 기술 기업으로서의 위상을 공고히 하는 데 큰 역할을 하고 있으며, 장기적으로 주주 가치 증대에도 긍정적인 영향을 미치고 있다.

나가며

미래 비즈니스 환경에서의 가치 창출 전략

　미래 비즈니스 환경은 디지털 혁신, ESG 경영, 글로벌화 등의 영향으로 빠르게 변화하고 있으며, 기업들은 이러한 변화 속에서 지속 가능한 가치 창출을 위한 새로운 전략을 모색해야 한다. 기존의 재무적 성과에만 의존하는 접근 방식에서 벗어나, 비재무적 요소인 혁신, 고객 경험, 지속 가능성, 사회적 책임 등을 포함한 포괄적인 가치 창출 전략을 수립하는 것이 필수적이다. 기업이 미래의 비즈니스 환경에서 지속 가능한 경쟁력을 확보하고 장기적인 성과를 유지하기 위해서는 유연하고 혁신적인 전략을 통해 변화에 능동적으로 대응해야 한다.

① 디지털 혁신을 통한 가치 창출

　디지털 기술은 기업의 운영 방식과 비즈니스 모델을 혁신적으로 변화시키며, 효율성, 생산성, 고객 경험에서 새로운 가치를 창출하고 있다. 인공지능(AI), 빅데이터(Big Data), 클라우드 컴퓨팅(Cloud Computing), 사물인터넷(IoT) 등 첨단 기술을 활용한 디지털 혁신은 미래 비즈니스 환경에서 경쟁력을 강화하는 중요한 도구가 될 것이다.

- 데이터 기반 의사결정: 기업은 빅데이터와 AI를 활용하여 더 정확한 의사결정을 내리고, 변화하는 시장에 민첩하게 대응함으로써 경쟁력을 확보할 수 있다.
- 운영 자동화와 효율성 증대: AI 및 자동화 기술을 통해 운영 프로세스를 최적화하고 비용을 절감하는 한편, 생산성과 수익성을 극대화할 수 있다.
- 고객 맞춤형 서비스 제공: 데이터를 활용한 개인화된 고객 경험을 제공함으로써 고객 충성도를 높이고, 지속 가능한 매출 성장을 도모할 수 있다.

2 ESG 경영을 통한 장기적 가치 창출

ESG(환경, 사회, 지배구조)는 미래 비즈니스 환경에서 필수적인 경영 요소로 자리잡고 있으며, 기업은 이를 통해 장기적인 신뢰와 지속 가능한 가치를 창출할 수 있다. ESG는 투자자와 소비자들로부터 점점 더 중요한 고려 요소로 떠오르고 있으며, 기업의 사회적 책임과 환경적 책임을 충실히 이행하는 것이 기업 가치에 긍정적인 영향을 미친다.

- 지속 가능한 경영: 환경 보호와 사회적 책임을 고려한 경영 전략을 통해 기업은 장기적인 지속 가능성을 확보하고, 이해관계자들에게 신뢰를 쌓을 수 있다.
- 지배구조의 투명성: 투명하고 윤리적인 지배구조는 기업의 신뢰성을 높이고, 더 많은 주주와 투자자를 유치하는 데 기여한다.
- 친환경 혁신: 친환경 기술과 에너지 효율화를 통해 기업은 환경

리스크를 줄이고, 규제 변화에 적응함으로써 장기적인 성장을 도모할 수 있다.

3 인재와 조직 역량 강화

미래의 비즈니스 환경에서 기업이 성공하기 위해서는 **인재와 조직의 역량**이 핵심적인 역할을 한다. 기술이 발전하고 업무 방식이 변화함에 따라 기업은 **혁신을 주도할 인재를 육성**하고, 조직 내 **지속적인 학습과 성장을 촉진하는 환경을 구축**해야 한다.

- **혁신적인 인재 유치 및 유지**: 기업은 창의적이고 유연한 사고를 가진 인재를 유치하고, 그들의 성장을 지원하는 문화를 조성해야 한다. 이는 기업이 빠르게 변화하는 환경에서 적응력을 키우고 **경쟁 우위를 확보**하는 데 필수적이다.
- **조직의 학습 문화**: 디지털 혁신과 새로운 기술 도입에 따라 직원들의 기술 역량을 지속적으로 발전시키기 위한 **학습 문화**를 강화하는 것이 중요하다.

4 글로벌 확장과 협력

글로벌화는 미래 비즈니스에서 더 큰 기회를 제공하는 동시에, **지역별 특성과 규제에 적응**하는 유연한 접근을 요구한다. 글로벌 시장에서 성공하기 위해서는 **현지화 전략과 전략적 제휴**가 중요한 역할을 한다.

- **현지화 전략**: 글로벌 시장에서 성공하려면 **지역적 특성**을 고려한 맞춤형 전략이 필요하며, 현지의 문화와 규제를 이해하는 것

이 중요하다.

- 전략적 제휴 및 파트너십: 글로벌 확장을 위해 기업 간 전략적 제휴와 협력을 통해 새로운 시장에 진출하거나, 혁신적인 기술을 공유하여 시너지를 극대화할 수 있다.

⑤ 리스크 관리와 유연한 경영

미래 비즈니스 환경에서는 불확실성이 높아지고, 외부 충격에 대한 리스크 관리의 중요성이 더욱 커진다. 기업은 예상치 못한 변화에 신속하게 대응하고, 위기 관리 전략을 통해 경영 안정성을 확보해야 한다.

- 리스크 관리 시스템 구축: 기업은 재무적 리스크, 운영 리스크, 시장 리스크 등을 실시간으로 모니터링하고, 이를 관리할 수 있는 시스템을 구축하여 위기 대응 능력을 높여야 한다.
- 유연한 경영 전략: 시장 변화에 유연하게 대응할 수 있는 경영 구조와 의사결정 프로세스를 마련함으로써, 예측하지 못한 외부 충격에도 빠르게 적응할 수 있어야 한다.

지속 가능한 성장을 위한 로드맵

    지속 가능한 성장은 기업이 경제적 가치, 환경적 책임, 사회적 기여를 균형 있게 달성하면서, 장기적으로 경쟁력과 수익성을 유지하는 전략이다. 이를 위해 기업은 단순한 단기적 성과에 그치지 않고, 환경, 사회, 거버넌스(ESG)를 포함한 포괄적인 관점에서 기업 활동을 조율해야 한다. 지속 가능한 성장을 달성하기 위한 로드맵은 미래 예측, 리스크 관리, 혁신적인 비즈니스 모델 등을 바탕으로 한 구체적인 전략적 계획이 필요하다.

① 단계별 지속 가능한 성장 로드맵

1. 1단계: 현황 분석과 목표 설정

    지속 가능한 성장을 위해 첫 단계는 기업의 현재 상태를 명확히 분석하고, 장기적인 목표를 설정하는 것이다. 이를 통해 기업은 성장을 방해하는 요소를 파악하고, 어떤 방향으로 나아갈 것인지 결정할 수 있다.

- 현재 상태 분석: 기업의 재무적 성과, ESG 요소를 포함한 비재

무적 성과, 경쟁 환경 등을 분석하여 현재 위치를 명확히 파악한다.

- 장기적 목표 설정: 지속 가능한 성장을 위해 재무 목표뿐만 아니라, 사회적 책임과 환경적 목표를 설정한다. 예를 들어, 탄소 중립을 달성하기 위한 목표, 사회적 기여도를 높이기 위한 계획 등을 수립한다.

2. 2단계: 디지털 혁신과 기술 도입

디지털 혁신은 효율성과 생산성을 극대화하고, 기업이 미래 시장 변화에 대비할 수 있도록 도와주는 중요한 요소다. 기업은 디지털 기술을 도입해 운영 방식을 혁신하고, 데이터 기반 의사결정을 통해 더 나은 전략적 결정을 내릴 수 있어야 한다.

- 디지털 전환 전략 수립: AI, 빅데이터, IoT 등 디지털 기술을 도입해 운영 프로세스를 최적화하고, 의사결정의 효율성을 높인다.
- 자동화 및 효율성 제고: 로봇 프로세스 자동화(RPA)와 AI 기반의 분석 도구를 통해 운영의 자동화를 실현하고, 인적 오류를 줄이며 비용 절감과 생산성 향상을 달성한다.

3. 3단계: ESG 경영 강화

ESG 경영은 지속 가능한 성장을 위한 필수적인 요소로 자리 잡고 있다. 기업은 환경적 책임, 사회적 기여, 투명한 지배구조를 실현함으로써 장기적으로 신뢰받는 경영을 해야 한다.

- 환경(E): 기업 활동이 환경에 미치는 영향을 줄이고, 탄소 배출 감축 및 친환경 기술을 도입한다. 예를 들어, 재생 에너지 사용 확대와 자원 효율성 개선이 포함된다.
- 사회(S): 기업은 사회적 책임을 강화하고, 지역사회와의 상생을 도모한다. 이는 공정한 노동환경 제공, 지역사회 기여 활동 등이 포함될 수 있다.

- 지배구조(G): 투명한 지배구조를 구축하고, 이사회 독립성과 투명한 의사결정 프로세스를 통해 신뢰를 얻는다. 윤리 경영과 책임 있는 리더십도 이 과정에 포함된다.

4. 4단계: 혁신적 비즈니스 모델 구축

미래의 지속 가능한 성장은 혁신적 비즈니스 모델을 통해 가능하다. 새로운 시장 기회를 포착하고, 변화하는 고객 요구에 맞추어 새로운 사업 영역을 개척하는 것이 중요하다.
- 신성장 동력 발굴: 기존 제품 및 서비스 외에 새로운 성장 동력을 발굴해 장기적인 성장을 도모한다. 예를 들어, 디지털 플랫폼 비즈니스나 구독 경제 모델을 도입하여 지속적인 매출원을 확보할 수 있다.
- 지속 가능한 제품 및 서비스: 소비자의 친환경 소비 요구가 증가함에 따라, 지속 가능한 제품과 친환경 서비스를 제공하는 것이 새로운 기회를 창출할 수 있다.

5. 5단계: 인재와 조직 역량 강화

기업이 지속 가능한 성장을 이루기 위해서는 인재와 조직 역량을 강화해야 한다. 혁신을 주도할 핵심 인재를 육성하고, 창의적 사고와 유연한 조직 문화를 구축하는 것이 중요하다.
- 인재 개발 및 유지: 기업은 창의적이고 혁신적인 인재를 유치하고, 이들을 지속적으로 개발하는 노력을 기울여야 한다. 교육 프로그램과 역량 개발 기회를 제공함으로써 직원들의 성장 가능성을 높인다.
- 조직 문화 개선: 유연한 조직 구조와 협력적인 조직 문화를 통해 직원들이 적극적으로 혁신을 주도할 수 있는 환경을 조성한다.

　로드맵 실행을 위한 핵심 성공 요소

지속 가능한 성장을 위한 로드맵을 성공적으로 실행하려면 몇 가지 핵심 성공 요소가 필요하다.

1. 리더십의 강력한 의지

기업의 최고 경영진은 지속 가능한 성장을 위해 **강력한 리더십**을 발휘해야 한다. 리더십은 변화의 방향을 제시하고, 기업 전반에 걸친 **문화적 변화**를 이끌어야 한다.

- **리더십의 역할**: 최고 경영진은 지속 가능성을 핵심 전략으로 설정하고, 이에 대한 **명확한 비전과 지속적인 의사소통**을 통해 전사적으로 공감대를 형성해야 한다.

2. 성과 측정과 피드백 시스템

지속 가능한 성장을 추구하기 위해서는 KPI(주요 성과 지표)를 설정하고, 성과를 측정하는 체계적인 **피드백 시스템**이 필요하다. 이는 로드맵이 올바른 방향으로 진행되고 있는지 지속적으로 평가하는 역할을 한다.

- **성과 모니터링**: 지속 가능한 성장을 위해 설정한 **재무적, 비재무적 목표**에 대한 성과를 정기적으로 측정하고, 필요에 따라 **전략**을 조정하는 체계를 구축해야 한다.

3. 이해관계자와의 협력

지속 가능한 성장을 이루기 위해서는 **이해관계자와의 협력**도 필수적이다. 주주, 고객, 직원, 공급업체 등 다양한 이해관계자들과 지속적인 **대화와 협력**을 통해 장기적인 목표를 실현할 수 있다.

- 이해관계자 소통: 주주들과의 투명한 소통, 고객의 피드백 수렴, 공급망 파트너와의 **협력**을 통해 기업이 추구하는 지속 가능한 성장을 함께 실현해 나갈 수 있다.

4. 지속적인 학습과 혁신

미래 비즈니스 환경에서 지속 가능한 성장을 이루기 위해서는 끊임없는 학습과 혁신이 필요하다. 빠르게 변화하는 시장에서 기업은 유연성과 민첩성을 유지하며, 새로운 기회를 지속적으로 탐색해야 한다.

- 조직 내 학습 문화 조성: 조직 전체가 새로운 기술과 트렌드에 대해 지속적으로 학습하는 문화를 조성해야 한다. 이는 조직이 빠르게 변화하는 시장에서 **경쟁력**을 유지하는 데 필수적이다.

저자 소개

신현한
연세대학교 경영대학 교수

　1987년 연세대학교 경영학과를 졸업하고, 미국 오하이오 주립대학교에서 경영학 석사(MBA, 재무 분야) 및 경영학 박사(재무 분야) 학위를 받았다. 미국 오리건 대학교 조교수, 캘리포니아 폴리테크닉 주립대학교 부교수, 뉴욕 주립대학교 조교수를 거쳐 2002년부터 연세대학교 경영대학에서 재무관리 조교수, 부교수, 교수로 재직하고 있다.

　롯데호텔, SK루브리컨츠, LG이노텍, GS건설, 미래에셋자산운용 등 다수 기업의 사외이사를 역임하였고, 지금은 삼성SDS의 사외이사로 활동하고 있다. 예금보험공사 성과평가위원, 기간산업안정기금 운용위원, 코넥스 상공위원회 위원장 등 다수 위원회의 위원을 역임하였고, 현재 국민연금 실무평가위원, 한국자산관리공사 국유채권관리위원, 금융채권자조정위원회 위원 등을 맡고 있으며, 2023 한국증권학회장을 역임하였다.

　저서로는 『파이낸셜 스토리텔링』, 『9일 동안 배우는 기업 가치평가』 등이 있고, 다수의 논문을 Quarterly Journal of Economics, Review of Financial Studies, Journal of Banking and Finance, Journal of Corporate Finance, Asia Journal of Financial Studies, 재무연구, 증권학회지, 금융학회지, 경영학연구 등 국내외 유수학회지에 게재하였다.

VALUE UP: 기업 가치를 극대화하는 실질적 전략

초판발행	2025년 3월 1일
지은이	신현한
펴낸이	안종만·안상준
편 집	이혜미
기획/마케팅	장규식
표지디자인	이은지
제 작	고철민·김원표
펴낸곳	(주) **박영사**
	서울특별시 금천구 가산디지털2로 53, 210호(가산동, 한라시그마밸리)
	등록 1959.3.11. 제300-1959-1호(倫)
전 화	02)733-6771
f a x	02)736-4818
e-mail	pys@pybook.co.kr
homepage	www.pybook.co.kr
ISBN	979-11-303-2170-7 93320

정 가	28,000원